财政与金融

曹海原　著

哈爾濱工業大學出版社

内容简介

本书根据我国当前推进国家治理体系和治理能力现代化背景下，建立现代财政制度与深化金融体制改革的实践，依照应用创新型人才胜任力培养的基本素养要求，突出市场经济条件下财政、金融运行的特征，本着既充分反映我国财政与金融领域中国特色的新成果，又兼顾我国现代经济体系现状与发展趋势的指导思想编写。立足于我国社会主义市场经济建设实践，在吸收国内外最新研究成果的基础上，比较系统地反映和阐述了财政、金融两门学科的基础理论、基础知识与必要的基本技能。

本书共包括十五个项目，分别介绍了财政、财政收入、税收收入、国债、财政支出、国家预算及预算管理体制、金融和金融体系、金融机构体系、金融市场、货币与货币制度、信用、中央银行、商业银行、票据与结算、财政政策与货币政策。

本书结构清晰且逻辑性强，内容丰富，贴近实际，既可供高等院校财政、税收、会计、金融等经济管理类专业学生使用，也可作为财政金融业务培训用书。

图书在版编目（CIP）数据

财政与金融/曹海原著. —哈尔滨：哈尔滨工业大学出版社，2021.10

ISBN 978-7-5603-9752-8

Ⅰ.①财… Ⅱ.①曹… Ⅲ.①财政金融 Ⅳ.①F8

中国版本图书馆 CIP 数据核字（2021）第 211461 号

策划编辑　闻　竹
责任编辑　马　媛
封面设计　宣是设计
出版发行　哈尔滨工业大学出版社
社　　址　哈尔滨市南岗区复华四道街 10 号　邮编 150006
传　　真　0451-86414749
网　　址　http：//hitpress.hit.edu.cn
印　　刷　北京荣玉印刷有限公司
开　　本　787mm×1092mm　1/16　印张　14　字数 358 千字
版　　次　2021 年 10 月第 1 版　2021 年 10 月第 1 次印刷
书　　号　ISBN978-7-5603-9752-8
定　　价　42.00 元

前　言

随着社会主义市场经济体制的建立和发展，财税体制改革的加快，以及金融体制改革的深化，财政与金融在社会经济生活中发挥着越来越大的作用。为适应21世纪经济全球化的新形势，满足高等院校经济管理类专业教学和广大经济工作者学习财政金融理论，提高运用、驾驭财政金融工具的能力的需要，根据我国经济改革所带来的巨大变化，我们编写了本书。

本书以当代财政金融理论、我国现行的财政金融业务和财政金融法规为依据，立足于我国社会主义市场经济建设实践，在吸收国内外最新研究成果的基础上，比较系统地反映和阐述了财政、金融两门学科的基础理论、基础知识与必要的基本技能。本书注重理论联系实际，内容新颖、实用，分析力求规范、简洁，语言通俗易懂。

本书共包括十五个项目，分别介绍了财政、财政收入、税收收入、国债、财政支出、国家预算及预算管理体制、金融和金融体系、金融机构体系、金融市场、货币与货币制度、信用、中央银行、商业银行、票据与结算、财政政策与货币政策。

本书可供高等院校财政、税收、会计、金融等经济管理类专业学生使用，也可作为财政金融业务培训用书。

由于编者水平有限，书中难免存在纰漏之处，恳请专家和读者批评指正。

编　者

2021年3月

目录
CONTENTS

项目一 财政

学习目标

1. 掌握财政的定义。
2. 了解财政产生的条件。
3. 掌握财政职能的定义和类型。

任务一 财政概述

一、财政的定义

财政是国家为了实现其职能，满足社会公共需要，凭借政治权力和所有权，主要对一部分社会剩余财富进行强制性、无偿性分配与再分配的活动。这种分配与再分配过程，集中体现了国家与集体、个人之间，不同层次政府之间，以及政府与其所属机构之间的特定分配关系。国家在筹集到财政资金后，合理安排和使用其所获得的资金，以保证政府各项活动的开展。

概括起来，财政的含义主要有以下三点：

(1) 财政分配活动的主体是国家。

(2) 财政分配的对象是社会产品（主要是剩余产品）。

(3) 财政分配方案的目的是实现国家的职能，满足社会公共需要。

二、财政产生的条件

财政的产生需要两个条件：经济条件和政治条件。

（一）经济条件

生产力的发展、剩余产品（生产的劳动产品除满足生存需要外剩余的部分）的出现是财政产生的经济条件。

财政分配的对象是一部分社会总产品，然而，只有社会生产力发展，有了剩余产品，一些人脱离生产专门从事社会管理才可能实现。

原始社会初期，由于生产力极其低下，人们不得不过原始群居的生活。在严峻的自然灾害面前，个人无法独自获得维持生存的物质资料，只能以群体的方式与自然做斗争。人们在一个氏族内共同劳动，共同占有劳动成果，平均分配产品。公共事务由氏族机构管理，在机构中担任组织者的既是领导者，又是劳动者，服务全体成员。由于受生产力限制，任何人都不可能脱离生产活动，也无剩余产品参与分配，因此原始社会没有独立的财政。

原始社会末期，生产力发展，手工业从农业中分离出来，使得商品生产得以发展，剩余产品不断增多，这是财政产生的物质基础。

（二）政治条件

私有制、阶级和国家的出现是财政产生的政治条件，财政是随国家的产生而产生的。

由于剩余产品的增多，各个家庭逐渐脱离氏族而成为独立的家庭单位，私有制开始产生。

后来，一些管理者成为氏族贵族和奴隶主，他们不必再从事生产，因为他们可以利用自己的职权霸占共有土地，掠夺公共财产，占有战利品和交换的产品，剥削他人。而“他人”指的就是奴隶。奴隶的来源有两个：一是氏族之间常因各种原因而发生战争，随着生产力的进一步发展，战争中的俘虏不再被杀掉，而是被留下来为奴隶主创造剩余产品，这些人便成为奴隶。二是由于氏族内部的演变、分化，一部分人不得不卖身为奴，加入到奴隶的行列。于是阶级产生，阶级斗争也随之而来。

奴隶主阶级为了维护他们在经济上的既得利益和政治上的统治地位，实现对奴隶阶级的剥削，就需要掌握一种拥有暴力的统治工具，以镇压奴隶阶级的反抗。于是，昔日处理原始公社内部事务的氏族组织逐步地转变为国家。国家是阶级矛盾不可调和的产物。

国家区别于氏族组织的一个重要特征是公共权力的设立，而构成这种公共权力的，是统治整个社会的军队、法庭、监狱等机构。奴隶制国家为了维持它的存在和实现其职能，需要占有和消耗一定的物质资料。由于国家本身并不从事物质资料的生产，它的物质资料需要就只能依靠国家的政治权力，强制地、无偿地把一部分社会产品据为己有。这样，在整个社会产品分配过程中，就分化独立出一种由国家直接参与的社会产品分配，这就是财政分配。

三、财政的发展

随着不同性质国家的更迭，国家财政经历了奴隶制国家财政、封建制国家财政、资本主义国家财政和社会主义国家财政的发展过程，经历了以生产资料私有制为基础的国家财政和以生产资料公有制为基础的国家财政两大发展阶段。在不同的社会制度下，由于国家的性质不同，财政的性质也就不同。

1. 奴隶制国家财政

在奴隶社会中，财政的基本目的是维持奴隶主的统治。其特点如下：

（1）国王个人收支与财政收支没有分开。

（2）国家财政以直接剥削奴隶劳动的收入为主。

（3）奴隶制国家直接占有大量的生产资料和奴隶，这是取得财政收入的一个主要来源。

奴隶社会，财政收支采取实物与劳役形式。

奴隶制国家财政收入的主要来源有：

（1）王室土地收入。这是指国王强制奴隶从事农业、畜牧业、手工业等劳动创造的财富。

（2）贡物收入和掠夺收入。贡物收入包括诸侯与王公大臣的贡赋以及被征服的国家所交纳的贡品；掠夺收入是指在战争中掠夺其他国家和部族所得的财物。

（3）军赋收入。这是指为保证战争和供养军队需要而征集的财物。

（4）捐税收入。这主要是指对自由民中占有少量生产资料的农民、手工业者和商人征收的捐税，如粟米之征、布缕之征、关市之征等。这些收入主要被奴隶制国家用于军事支出、维护政权机构的支出，以及王室的享用、宗教和祭祀等方面的支出。

奴隶制国家的财政支出包括：王室支出（生活性支出）；祭祀支出；军事支出（战争给养武器运输）；俸禄支出；农业、水利等生产性支出。

【延伸阅读】

我国古代第一个奴隶制国家夏朝，出现了“贡”，即臣属将物品进献给君主。当时，虽然臣属必须履行这一义务，但由于贡的数量、时间尚不确定，所以，“贡”只是税的雏形。“贡”可以说是最早的财政征收方式。

而后出现了“赋”。“赋”原指军赋，即君主向臣属征集的军役和军用品。但事实上，国家征集的收入不仅限于军赋，还包括用于国家其他方面支出的产品。此外，国家对关口、集市、山地、水面等征集的收入也称“赋”。所以，“赋”已不仅指国家征集的军用品，而且具有了“税”的含义。公元前594年（鲁宣公十五年），鲁国实行“初税亩”，按平均产量对土地征税。后来，“赋”和“税”就统称为赋税。

2. 封建制国家财政

在封建社会中，财政的基本目的依然是维持统治。其特点如下：

（1）国家的财政收入由以官产收入为主转为以税收为主，税收与地租逐渐分开，成为纯粹意义上的税收。

（2）财政关系与一般的经济分配关系逐渐分开。

（3）财政收支日益转变为货币形式（与实物形式并存）。

封建社会，财政收支采取实物与货币形式。

封建制国家的财政收入主要包括官产收入（剥夺农奴收入）、诸侯贡赋、捐税田赋、专卖收入（盐铁、烟酒等收入）和特权收入（国家对矿山、森林、湖泊、河流、海域等自然资源以及铸币等经营权进行出卖和发放许可证而收取许可费等）。

封建制国家的财政支出主要是用于维护其统治的战争支出、行政支出、皇室的享乐支出（如用于建造宫殿和坟墓、游乐、赏赐等）以及封建文化、宗教活动等方面的支出。这时，国王的个人收支与国家的财政收支逐渐分离，出现了国债和国家预算。

3. 资本主义国家财政

在资本主义社会中，税收成为国家财政的主要收入形式（如所得税等），同时国家充分运用税收、公债、财政支出等手段干预经济，支出中出现了用于维持经济发展的支出。

资本主义社会，财政收支主要采取货币形式。

资本主义国家的财政收入主要有税收、公债收入、财政性货币发行，主要支出包括行政性支出、军事支出、社会保险和福利支出。

4. 社会主义国家财政

社会主义国家财政是为实现社会主义国家职能，巩固人民政权，发展社会主义经济，不断满足人们日益增长的物质文化生活需要服务的，它始终反映着社会主义国家与广大劳动人民之间根本利益一致的分配关系。社会主义经济是以生产资料公有制为主体，多种经济成分共同发展的经济。

任务二 财政职能

一、财政职能的定义

财政职能是指财政作为国家政府分配社会产品、调节经济活动的重要手段所具有的职责和功能，是由财政本质所决定的，是财政所固有的，是不以人的意志为转移的。

二、财政职能的类型

在我国确立社会主义市场经济体制的条件下，从财政宏观调控的目标看，财政职能一般包括三个方面：资源配置职能、收入分配职能、经济稳定职能。

（一）资源配置职能

财政的资源配置职能是指对市场提供过度的商品和劳务数量进行校正，对市场提供不足的产品和服务进行补充，提高资源利用效率，以实现社会资源的有效配置。

1. 经济社会资源的配置方式

在市场经济体制下，经济社会资源的配置可以通过两种方式，即市场机制和政府机制来实现。市场对资源的配置起基础性作用，但由于存在着公共品、垄断、信息不对称、经济活动的外在性等情况，仅仅依靠市场机制并不能实现资源配置的最优化，还需要政府在市场失灵领域发挥资源配置作用。

2. 资源配置职能的主要内容

资源配置职能的主要内容包括以下三个方面：

（1）财政可通过采取转移支付制度和区域性的税收优惠政策、加强制度建设、消除地方封锁和地方保护、完善基础设施、提供信息服务等措施，促进要素市场的建设和发展，推动生产要素在区域间的合理流动，实现资源配置的优化。

（2）财政通过调整投资结构，形成新的生产能力，以实现优化产业结构的目标。如交通、能源等基础产业项目的资金和技术“门槛”高，政府就可通过产业政策指导和集中性资金支持，防止规模不经济的产生。除了政府直接投资外，还可利用财政税收政策引导企业投资方向以及补贴等方式，调节资源在国民经济各部门之间的配置，以形成合理的产业结构。

（3）市场无法有效提供公共产品，提供公共产品是政府的基本职责。政府一般以税收等形式筹措资金，以不损害市场机制和秩序为原则，提供公共产品。

【延伸阅读】

我国是如何实现资源配置职能的？

1. 合理运用财政政策，调节社会投资方向

通过财政投资、税收政策、国债和财政补贴等手段的运用，调节非政府部门的资源配置，特别是按照国家的发展战略和经济发展规划，引导社会资源在不同地区和不同部门之间流动，鼓励和支持基础设施与重点项目的建设，带动和促进社会投资，使社会总资源在公共产品和私人产品之间的配置达到均衡，从而提高社会总体的资源配置效率。

2. 优化财政支出结构

我国国民经济和社会发展战略规划明确规定了当前对资源配置的要求：向农业、教育、社会保障、公共卫生和就业等经济社会发展的薄弱环节倾斜，向困难的地区和群体倾斜，向科技创新和转变经济增长方式倾斜。着力支持就业和再就业，完善社会保障，促进构建和谐社会；着力推动自主创新，促进经济发展方式的转变；着力加大转移支付力度，促进区域协调发展等。因此，优化财政支出结构，要求保证重点支出，压缩一般支出，提高资源配置的结构效率。党的十七大以来，国家财政进一步加强了对民生等重点支出的保障。中央财政安排用于“三农”（农村、农民和农业）的各项支出主要用于增加对农民的补贴，大力支持农业生产，加快发展农村社会事业。全国财政增加安排教育支出，保障教育优先发展；安排社会保障和就业支出，重点支持完善社会保障体系、促进就业等；安排医疗卫生支出，推进医药卫生体制改革等。财政支出的公共性、公益性特征日益明显。

3. 提高财政资源配置本身的效率

对每项生产性投资的确定和考核都要进行成本–效益分析，对于公用基础设施和国防工程之类属于不能回收的投资项目，财政拨款应视为这种工程的成本，力求以最少的耗费实现工程的高质量。我国近年来编制部门预算、实行政府采购制度、实施集中收付制度、实行“收支两条线”制度以及加强税收征管，都是提高财政资源配置效率的重大举措。

（二）收入分配职能

财政的收入分配职能是政府为了实现公平分配的目标，对市场经济形成的收入分配格局

予以调整的职责和功能。

1. 收入分配职能的主要内容

财政的收入分配职能是为了弥补市场分配的缺陷而存在的，它是对市场分配结果的调节和修正。其主要内容包括以下两个方面：

（1）通过财政、税收等政策，企业的利润水平能够反映企业的生产经营管理水平和主观努力状况，使企业在大致相同的条件下获得大致相同的利润。这主要是通过征税剔除或减少客观因素对企业利润水平的影响，为企业创造一个公平竞争的外部环境。

（2）调节个人之间的收入分配关系。市场按照个人对生产所做贡献（包括劳动、资本和土地等）的大小来分配收入。由于个人所拥有的体力、智力、天赋和资本在质和量上会有很大差别，按市场规则进行分配会造成贫富差距，而且这种差距又会成为收入分配差距进一步扩大的原因。收入分配的差距悬殊不仅与公平目标相抵触，还会引起许多社会问题，直接威胁市场机制本身的存在。因此，可通过税收，如征收个人所得税、财产税等，来缩小个人收入和财产的差距；也可通过加大转移性支出，如增加社会保障支出、财政补贴等，来保证低收入群体的最低生活水平。

2. 实现再分配的手段

在各种不同的财政手段中，实现再分配的最直接手段有：

（1）税收转移支付，即对高收入家庭课征累进所得税与对低收入家庭给予补助相结合的方法。

（2）用累进所得税的收入，为使低收入家庭获益的公共服务提供资金。

（3）对主要由高收入消费者购买的产品进行课税，并同时对主要为低收入消费者使用的其他产品给予补贴相结合的方法。

（4）完善社会福利制度，使低收入者实际收入增加，个人收入差距缩小。

（5）建立统一的劳动力市场，促进城乡之间和地区之间人口的合理流动，这是调动劳动者劳动积极性，遏制城乡差距和地区差距进一步扩大的有效途径。

（三）经济稳定职能

经济稳定是指经济适度增长的稳定，它是动态的。

1. 经济稳定职能的表现

在市场经济中，财政的经济稳定职能主要表现为充分就业、物价稳定、国际收支平衡三个方面。

（1）充分就业。充分就业是指就业率达到社会认可的某一比率，而不是100%的就业率。社会经济结构总是在不断地调整变化，与此相适应，就业结构也在不断地调整变化。在这一过程中，不可避免地会出现一部分人暂时脱离工作岗位，重新就业。

（2）物价稳定。物价稳定是指物价总水平的稳定，即物价上涨幅度维持在不影响国民经济正常运行的一个范围内，而不是指物价上涨率为零。一般认为，年物价上涨率保持在3%以下就可认为物价是稳定的。在纸币制度下，物价上涨是正常现象。随着商品比价的调整，总会出现商品价格有的上升、有的下降、有的保持不变的现象，但总的来看，社会的物价总水平一般是上升的。

（3）国际收支平衡。国际收支平衡是指一国在国际经济交往中，其经常性项目收支应保持大体平衡。由于一国的国际收支同国内的收支是密切联系的，国际收支不平衡就会导致国内收支不平衡。一般来说，经济稳定的要求是国际收支不出现大的逆差和顺差。

2. 实现经济稳定职能的手段

（1）即时变动财政收入政策。要保证社会经济的正常运转，保持经济稳定发展，就必须采取相应的抉择政策，即根据经济形势的变化，即时变动财政收入政策，如积极的财政政策、消极的财政政策、稳健的财政政策以及扩张的财政政策。

（2）注意以不变应万变，减缓经济的波动。在政府税收方面，这主要体现在累进所得税上。当经济处于高峰期时，可抑制需求；当经济处于低谷时，可刺激需求，促使经济复苏。在政府支出方面，这主要体现在社会保障支出上，用以控制在不同经济发展时期失业人口的数量。

（3）财政政策的选择。即通过有选择地改变政策的办法实施财政政策，进而调节社会总需求与结构，如政府的农产品价格支持制度。

课后练习题

1. 什么是财政？
2. 简述什么是财政职能。
3. 财政职能的类型有哪些？

项目二

财政收入

学习目标

1. 掌握财政收入的含义。
2. 了解财政收入的原则。
3. 掌握财政收入的分类。

任务一 财政收入概述

财政收入是政府从事一切活动的物质前提。财政收入的状况如何，不仅直接影响政府各项职能的发挥和政府各项政策目标的实现，而且会对私人资本获取利润的过程产生重要影响，从总量上改变社会总需求和总供给的均衡状况，从结构上影响产业结构和经济结构的变动方向。此外，财政收入也会对居民的收入水平、生活状况、经济利益等产生显著影响。

一、财政收入的含义

财政收入也称政府收入或公共收入，是政府为实现政府职能，满足社会公共需要，凭借政治权力和经济权力而筹集的一切货币资金的总和。

财政收入有广义和狭义之分。广义的财政收入是指各级政府所支配的全部资金，其范围与政府收入一致，包括预算内收入和预算外收入。狭义的财政收入通常指预算收入。

二、财政收入的原则

1. 发展经济，扩大财源

组织财政收入的根本原则是发展经济，扩大财源。随着社会财富的增加，经济的发展，政府部门可支配的资源也随之增加，财政收入的来源亦会增加。实际上，财政收入的规模和增长速度取决于国民收入的规模和增长速度。国民收入的切实增长有赖于加快转变经济发展方式，优化经济结构。应着力于各产业部门之间的协调发展，强化政策支持，大力促进战略性新兴产业和劳动密集型产业的发展，培育新的经济增长点和扩大就业。同时落实重点产业调整振兴规划，大力推进技术改造，加快传统产业优化升级。

2. 兼顾国家、企业和个人三者的利益

在我国，国家、企业和个人三者的根本利益是一致的，但是在国民收入确定的条件下，国家的财政收入和企业、个人的收入之间存在此消彼长的关系。企业、个人作为生产的直接参与者和财富的创造者，应该保证其合理利润的留存和正常消费的需求。只有在满足企业自我积累、自我发展的需要和人们合理的负担能力限度的前提下，国家的财政收入才能获得稳定而持续的增长。要达到兼顾三者利益的基本要求，就必须注意选择和运用兼顾三者利益的方法、政策。从财政收入的角度看，主要是税种的设置、税率的确定。它影响国家收入的数量，涉及各种经济成分和个人的利益分配格局。

3. 所有社会成员的负担要均衡

国家财政收入的取得要使缴纳者承受的负担与其经济状况相适应，并使各个缴纳者之间的负担水平保持均衡。具体而言，包括两个方面：一是经济能力或收入相同的社会成员应当向国家缴纳相同数额的税收，即以同样的方式对待条件相同的社会成员；二是经济能力或收入不同的社会成员应当向国家缴纳不等数额的税收，即以不同的方式对待条件不同的社会成员。

三、财政收入的内容

财政收入包括各项税收、专项收入、其他收入和国有企业计划亏损补贴。

1. 各项税收

各项税收包括增值税、消费税、土地增值税、城镇维护建设税、资源税、城镇土地使用税、印花税、个人所得税、企业所得税、关税、耕地占用税、契税、教育费附加、车船税、房产税等。

2. 专项收入

专项收入包括征收排污费收入、征收城市水资源费收入、征收教育费附加收入等。

3. 其他收入

其他收入包括基本建设贷款归还收入、基本建设收入、捐赠收入等。

4. 国有企业计划亏损补贴

这项为负收入，冲减财政收入。

任务二 财政收入的分类

财政收入分类是财政分配的重要组成部分，是财政分析的前提和基础。财政收入从形式和结构上看具有明显的复杂性，为了保证各种分析的顺利进行，必须对财政收入进行科学的分类和层次划分，以便全面、准确、明细地反映财政收入的总量、结构及来源情况。财政收入分类具有自身的实践价值，它可以帮助人们寻求组织和增加财政收入的有效途径，加强对财政收入的组织和管理。

一、按政府取得财政收入的形式分类

国际上对财政收入的分类，通常按政府取得财政收入的形式进行分类。在这种分类方法下，财政收入可分为税收收入、国有资产收益、国债收入、收费收入和其他收入等。

二、按财政收入的所有制构成分类

财政收入的所有制构成是指财政收入作为一个整体是由不同所有制的经营单位各自上缴的税收利润和费用等部分构成的。改革开放以前，公有制经济在我国经济中处于绝对优势，我国财政收入也是以国有经济为支柱。国民经济恢复时期，国有经济提供的财政收入占整个财政收入的 50.1%，到“四五”计划时期，国有经济提供的财政收入占整个财政收入的 87.4%，达到最高点，以后逐年下降。随着经济体制改革的不断深入，集体经济和其他经济成分有了较快的发展，提供的财政收入逐年增加，相比之下，国有经济的比重有所下降。自 2003 年以来，央企国有资产总量逐年递增，5 年增加 26 万亿元，年均递增 13.7%。

三、按财政收入的部门构成分类

财政收入的部门构成是指国民经济中各部门对财政收入的贡献程度，即财政收入是从哪些部门集中的，集中的比例有多大。对财政收入部门构成的分析，有利于根据各产业的发展趋势和特点，合理组织财政收入，发展新兴产业，开辟新的财源。部门构成既包括传统意义上的国民经济分类，如工业、农业、建筑业、交通运输业、服务业等，又包括现代意义上的产业结构分类，即第一产业、第二产业、第三产业。

1. 第一产业主要涉及农业

农业是国民经济的基础，第一产业的发展会影响整个国民经济的发展。

从这个意义上说，第一产业也是财政收入的基础。第一产业对财政收入的影响主要表现为以下两个方面：一是直接来自第一产业的收入，主要是涉农税收。尽管我国是农业大国，但是目前农业劳动生产率比较低，农业收入扣除内部积累和个人消费部分后所剩不是很多。2006 年，我国取消了农业税，直接来自农业的税收收入只有烟叶税，其占财政收入的比重极低。二是间接为财政收入提供收入来源。主要表现为由于工农业产品“剪刀差”，农业部门创造的一部分价值转移到工业部门，以工业部门的税负形式实现。近年来，国家不断完善农业补贴和价格支持制度，提高主要粮食品种最低收购价格，促进了农业发展和农民增收。目前农业部门仍然通过种种方式间接为财政提供收入。

2. 第二产业包括工业和建筑业

第二产业是国民经济的主导。我国财政收入的绝大部分直接来自第二产业。第二产业生产技术装备先进，劳动生产率高，创造的剩余产品价值大，同时，由于我国主体税种大多选择在产制环节课税，因此，来自工业部门的财政收入最多，工业的发展对财政收入的增长起着决定性作用。

2008年国际金融危机发生后，第二产业面临两个重要变化：一是政府一系列经济刺激计划对基础设施超常规投入，为产业升级创造了良好条件；二是在资源环境约束日趋严峻，以及面临更多贸易保护主义的压力下，工业必须加快结构调整，推进技术改造和节能减排，发展低碳经济。前者会增加第二产业对财政收入的贡献，后者则需要更多的财税政策支持。在相当长的时期内，第二产业仍然是我国最重要的财政收入来源。

3. 第三产业包括交通运输业和服务业

第三产业产值在国民生产总值中的比重随经济发达程度而发生变化。随着社会生产力的发展和科学技术的进步，特别是以网络和信息技术为主要支撑的现代服务业的发展，使第三产业产值在国民生产总值中的比重越来越大，同时财政收入来源于第三产业的比重也越来越大。据世界银行统计，当前全球服务业产值比重平均已超过60%，发达国家甚至超过70%，其中，现代服务业产值已超过服务业总产值的50%，占财政总收入的50%以上。在我国，第三产业部门提供的财政收入近年来增长很快，沿海经济发达地区特别突出，部分经济发达地区的财政收入部门结构已呈现出中等发达国家的特征，即第三产业占国内生产总值GDP的比重超过60%，提供的财政收入占全部财政收入的50%以上。

与世界发达国家相比，我国现代服务业发展水平仍严重滞后，创新能力薄弱，近年来服务业占GDP的比重一直在40%左右徘徊，而且以传统服务业为主，吸引就业率仅为31%，不仅远低于经济合作与发展组织（Organization for Economic Co-operation and Development，OECD）国家的64.1%的平均水平，甚至还低于大多数发展中国家40%以上的水平。随着我国经济结构的优化和升级，第三产业在GDP和财政收入中的比重将会持续上升。

四、按我国政府收支现行收入分类

2007年1月1日我国正式实施政府收支分类改革，现行收入分类采用国际通行做法，不仅包括预算内收入，还包括预算外收入、社会保险基金收入等应属于政府收入范畴的各项收入，从而全面反映了政府收入的来源和性质。从分类结构上看，新的收入分类科目设类、款、项、目四级，四级科目逐级细化，以满足不同层次的管理需求。第一类：税收收入，下设增值税等二十一款。第二类：社会保险基金收入，下设基本养老保险基金收入等六款。第三类：非税收入，下设政府性基金收入等七款。第四类：贷款转贷回收本金收入，下设国内贷款回收本金收入等四款。第五类：债务收入，分设国内债务收入、国外债务收入两款。第六类：转移性收入，分设返还性收入等十款。

除上述四种基本分类方法外，财政收入还有按照财政管理的层级结构、地区结构、技术经济结构等进行的分类。从不同的角度对财政收入进行研究，有助于更加全面地分析财政收入来源，优化收入结构，从而更有效地组织财政收入，履行政府职能。

【延伸阅读】

地方财政收入

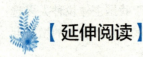

地方财政收入是指地方所属企业收入和各项税收收入，包括地方财政预算内收入和预算外收入。

（1）各项税收收入包括：地方企业所得税、个人所得税、城镇土地使用税、土地增值税、城市维护建设税、房产税、车船税、印花税、耕地占用税、契税、增值税、印花税25%的部分和海洋石油资源税以外的其他资源税。

（2）中央财政的调剂收入、补贴拨款收入及其他收入。地方财政预算外收入的内容主要包括：各项税收附加；城市公用事业收入；文化、体育、卫生及农、林、牧、水等事业单位的事业收入；市场管理收入；物资变价收入等。

课后练习题

1. 财政收入的原则有哪些？
2. 简述财政收入按照部门构成如何分类。

项目三

税收收入

学习目标

1. 掌握税收的概念和分类。
2. 了解我国税收的发展历史。
3. 掌握税收的特征和税收原则。
4. 了解税收制度与我国目前的主要税种。
5. 掌握流转税、所得税、财产税及其他税的计算。

任务一 税收概述

一、税收的概念与特征

（一）税收的概念

税收是政府为实现其职能的需要，凭借其政治权力并按照特定的标准，强制、无偿地取得财政收入的一种形式。

对税收概念理解时应把握以下三个方面：

第一，税收与国家的存在本质地联系在一起，是政府机器赖以存在并实现其职能的物质基础。

第二，征税的依据是国家政治权力。在对社会产品的分配过程中，存在着两种权力：一种是财产权力，也就是所有者的权力，即依据对生产资料和劳动力的所有权取得产品；另一种是政治权力，即国家的权力，依据这种权力把私人占有的一部分产品变为国家所有，税收是国家凭借政治权力而不是财产权力的分配形式。

第三，税收是财政收入的一种主要形式。财政收入就是国家通过一定的形式和渠道集中起来的货币资金。在国家财政收入中，税收始终占重要地位，这是由税收的形式特征决定的。

（二）税收的特征

税收的特征，通常被概括为三性，即税收作为一种分配形式，同其他分配形式相比，具有强制性、无偿性和固定性的特征。

1. 税收的强制性

税收的强制性是指税收是国家凭借政治权力，通过法律或法令对税收征纳双方的权利和义务进行制约，任何单位和个人都不得违抗，否则就要受到法律的制裁。在日常生活中，人们常说税收是“硬”的，不能随便改变，就是指的这种强制性。

税收的强制性包括两个方面：一是税收分配关系的建立具有强制性，是通过立法程序确定的，国家依法征税，纳税人依法纳税；二是税收征收过程具有强制性，其法律保障是税法。

2. 税收的无偿性

税收的无偿性是指国家征税之后，税款即为国家所有，不再直接归还给纳税人，也不向纳税人直接支付任何代价或报酬。但必须指出，税收无偿性也是相对的，因为从个别的纳税人来说，纳税后并未直接获得任何报酬，即税收不具有偿还性。但是若从财政活动的整体来考察，税收的无偿性与财政支出的无偿性是并存的，这又反映出有偿性的一面，即所谓的“取之于民，用之于民”。

3. 税收的固定性

税收的固定性是指税收是国家按照法律规定的标准向纳税人征收的，具有事前规定的特征，未经严格的立法程序，任何单位和个人都不能随意变更或修改。它意味着将政府和纳税人之间的征税关系以法律形式固定下来，纳税人必须按法律预先规定的征税标准缴纳税款，不得少纳、多纳和迟纳；税务机关也必须按这一标准征税，不得随意更改。当然，税收的固定性并不意味着税收是永久固定不变的。它的实质含义是征税必须按照法律事先确定的标准进行，同时税收法律一经制定就要保持相对稳定性的特点，不能“朝令夕改”。但是，随着社会经济形势的变化，对征收标准进行调整和改动也是必要的。

税收的上述三个特征是密切联系的。税收的强制性，决定着征收的无偿性，因为如果是有偿的话就无须强制征收；而税收的强制性和无偿性又决定和要求征收的固定性，否则，如果国家可以随意征收，那就会侵犯、剥夺现存的所有制关系，使正常的经济活动无法维持下去，从而会危及国家的存在。

税收的强制性、无偿性和固定性是统一的，缺一不可的，只有同时具备这三个特征才构成税收。这也是税收区别于其他财政收入形式的主要标志，其他财政收入或者不具备，或者不完全具备这三个基本特征。例如，国有企业上缴的利润收入具有无偿性和一定程度的强制性，但不具有固定性；国家机关的收费具有固定性，但不具有无偿性，因为它以国家机关向交费者提供服务为前提；罚没收入具有强制性和无偿性，但对缴纳者来说没有固定性。

二、税收的作用

在市场经济条件下，根据政府与市场的分工定位，政府提供公共物品，市场提供私人物品。政府提供公共物品的资金来源也主要依赖于税收。因此可以认为，市场经济中的税收是人们为享受公共物品所支付的价格。从现代市场经济背景分析，税收的作用主要体现在以下几个方面。

（一）组织财政收入

自税收产生以来，不论奴隶社会、封建社会、资本主义社会还是社会主义社会，税收都是国家组织财政收入的重要手段。只要税收存在，国家自然就会得到财政收入。古今中外，各国税收收入在财政收入中的比重都很大，是国家财政的重要支柱，成为国家机器的经济基础。如果没有税收，国家的职能无法实现，那么国家也就无法存续。由于税收具有强制性、无偿性、固定性，决定了税收取得财政收入具有及时、稳定、可靠的功能，因而成为世界各国最主要的财政收入来源。针对我国税费并存（政府收费）的宏观分配格局，我国实施费改税改革，一个重要的目的就是要逐步提高税收占国民生产总值的比重，惩治偷逃税款的行为，防止税款流失，以保障财政收入。

（二）调控经济

税收是国家调控经济的重要杠杆之一，通过制定税法，以法律的形式确定国家与纳税人之间的利益分配关系，调节社会成员收入分配和财富占有状况，解决分配不公问题；调整产业结构和社会资源的优化配置，使之符合国家的宏观经济政策；同时，使经营单位和个人的税收负担公平、鼓励平等竞争，为市场经济的发展创造良好的条件；通过税种的设置，税率、税目、减免税等方面的规定，对产业结构、生产消费、公平分配、吸引外资等方面进行有效调节，促进国民经济持续稳定地发展。

（三）监督管理

监督管理即税收对整个社会经济生活进行有效监督管理的职能，它一方面能够反映有关的经济动态，为国民经济管理提供依据；另一方面能够对经济组织、单位和个人的经济活动进行有效的监督。历史上任何一个国家的税收都具有监督管理职能。

三、税收原则

税收作为以国家为主体的特定分配关系，在具体征收过程中，一部分社会资源从企业和个人那里转移到政府部门，既增加了国家的财力，也对经济运行和社会发展产生了影响。这既有积极影响，也有消极影响。一般情况下，政府总是希望发挥税收的积极作用，减少或避免消极影响。因此，制定国家税收法律制度和政策时必须依照整体上协调一致的基本准则，这种基本准则就是税收原则。我国目前的税收原则包括以下三个方面。

（一）财政原则

税收作为国家财政的重要支柱，其收入状况直接决定了财政收支状况，因此保障财政收入是税收制度设计的首要原则。财政原则包含两层含义：一是充分原则，即通过征税取得的财政收入应当能够为政府活动提供足够的资金，保证政府提供公共服务的需要；二是弹性原则，即税收收入应当能够随着国民收入的增长而增长，以满足长期的公共产品与私人产品组合效率的要求。

（二）公平原则

税收公平原则就是政府征税应确保公平。一般认为，它应当具有横向公平和纵向公平两层含义。所谓横向公平，是指条件相同的人应缴纳相同的税收；所谓纵向公平，是指条件不同的人应当缴纳不同的税收。那么，所谓“条件”具体指什么，到底用什么来衡量呢？目前经济学家对这一问题的解释大体可以概括为两类，即受益原则和能力原则。受益原则认为，纳税人所承担的税负应与他从政府所提供公共产品中的受益相一致。根据受益原则，横向公平即为受益相同者承担相同的税负，纵向公平即为受益多者承担较多的税负。能力原则认为，应根据纳税人的纳税能力来确定各人应承担的税负。根据能力原则，横向公平即为纳税能力相同者应承担同等税负，纵向公平即为能力强者承担较多的税负。

（三）效率原则

税收效率原则就是政府征税应讲求效率。通常包含两层含义：一是经济效率，即税收应有利于促进经济效率的提高，或者对经济效率的不利影响最小。二是行政效率，也就是征收过程本身的效率，要求尽量降低税收成本。具体而言，税收成本包括税务机关征收成本和纳税人纳税成本两个方面，因此，税收行政效率就是要求在税收征收和缴纳过程中成本耗费最小。

任务二 税收制度的要素与分类

一、税收制度的概念

税收制度，简称税制，是指一个国家制定的各种有关税收的法令和征收管理办法的总和。税收制度有广义和狭义的区别。

广义的税收制度指国家设置的所有税种组成的税收体系及各项征收管理制度。内容有税收基本法规，包括已完成全部立法手续的税收法律和尚未完成全部立法手续的条例、办法、暂行规定等；税收管理体制；税收征收管理制度；税务机构和税务人员制度；税收计划、会计、统计制度等。

狭义的税收制度指国家设置某一具体税种的课征制度。它由纳税人、课税对象、税率、纳税环节、纳税期限、减税免税、违章处理等基本要素所构成。国家要设置税种征税，必须对这些要素以法律或制度的形式做出明确的规定。

二、税收制度的要素

税收制度的要素，是指狭义的税收制度所必须具备的要素。这些基本要素包括纳税人、征税对象、计税依据、税目、税率、纳税环节、纳税期限、纳税地点、减免税、违章处理等。

（一）纳税人

纳税人是纳税义务人的简称，是指税法规定的直接负有纳税义务的单位和个人，也称纳税主体。纳税人可以是自然人，也可以是法人。所谓自然人，是指依法享有民事权利，并承担民事义务的公民，一般指的是公民个人。所谓法人，是指依法成立并能独立行使法定权利和承担法律义务的社会组织，如企业、社会团体等。

与纳税人相关的概念还有负税人和扣缴义务人。负税人是指最终实际承担税收负担的人。它与纳税人既有可能一致也可能不同。如果不存在税负转嫁，税款由纳税人承担，则纳税人与负税人是同一个人。如果发生了税负转嫁，则纳税人和负税人不同。扣缴义务人是指有义务从纳税人收入中扣除其应纳税款并代为缴纳的单位和个人。一般情况下，税务机关和纳税人之间是直接发生征纳关系的，此时不需要扣缴义务人。但在某些特殊情况下，规定由和纳税人发生经济关系的单位和个人，代国家扣缴税款。

（二）征税对象

征税对象又称课税对象，是指税法规定的征税标的物，即对什么征税，是征税的客体。课税对象规定着课税对象的范围，是确定税种的主要标志（此外，与纳税人也有关系）。它是一种税区别于另一种税的最主要标志，是税收制度中的核心要素。在每一类课税对象中，某种具体课税对象构成某一税种，如以增值额为课税对象构成增值税、以个人所得为课税对象构成个人所得税、以企业所得为课税对象构成企业所得税。

（三）计税依据

计税依据是指计算应征税额的依据，又称税基。征税对象和计税依据之间有着密切关系，它们反映的都是征税客体。前者明确的是征税对象是什么，属于质的规定性，后者回答的是如何计量，属于量的规定性。例如，房产税，其征税对象是在城乡的房产，其计税依据是房产的评估值；企业所得税，其征税对象是企业生产经营所得和其他所得，其计税依据是相应的所得额。

计税依据分为两种：一种是计税金额，即征税对象的货币价值，如销售额、所得额等；另一种是计税数量，即以征税对象的数量、面积、容积、质量等作为计税依据，如消费税中对啤酒征税，计税依据是销售吨数。

（四）税目

税目是指税法规定的具体征税项目。税目是征税对象的具体化，反映了某一税种具体的征税范围和广度。不是所有的税种都规定有税目，对于征税对象简单明确的税种，如房产税，就没有必要另行规定税目。对大多税种来说，一般征税对象都比较复杂、笼统，在实行征税时，对这些税的征税对象还需要进一步划分，并做出具体的界限规定，这个规定的界限范围，就是税目。

规定税目的意义在于：一是对于征税对象比较复杂的税种，它可以使征税对象的界限更加明确；二是便于根据征税对象具体项目的不同在同一税种中采用差别税率。

（五）税率

税率是税额与课税对象数额之间的比例，是对征税对象的征收比例或征收额度。在课税对象既定的条件下，税额和税负的大小就决定于税率的高低。税率的高低，直接关系到国家财政收入和纳税人的负担，起着调节收入的作用。因此，税率是税收政策和制度的中心环节。我国现行税率可以分为以下三种。

1. 比例税率

比例税率是对同一征税对象，无论其数额大小，都按相同的比例征收。我国的增值税、城建税、所得税等采用的都是比例税率。

在具体运用上，比例税率又可以分为三种类型：

（1）统一比例税率，也叫单一比例税率，即一种税只采用一个税率。

（2）差别比例税率，是指一种税设两个或两个以上的税率，不同纳税人按不同比例计算应纳税额的税率。具体包括产品差别比例税率、行业差别比例税率、地区差别比例税率。

产品差别比例税率，即一种产品采用一个税率，不同产品税率的高低存在差别；行业差别比例税率，即同一行业内采用一个税率，不同行业的税率高低不同；地区差别比例税率，即根据不同地区的不同情况，采用不同的税率。

（3）幅度比例税率，即国家只规定一个最高税率和最低税率，在这一幅度内，由地方政府根据本地区的情况具体确定。

2. 累进税率

累进税率是指根据课税对象的数额大小，按照一定的累进依据规定不同等级的税率。即课税对象数额越大，税率越高。累进税率的特点是随着征税对象数额的增加，征收比例也随之提高。在我国，采用累进税率的典型是个人所得税。

累进税率又分为全额累进税率、超额累进税率、超率累进税率和超倍累进税率（本书不做表述）四种形式。

第一，全额累进税率，即以征税对象金额的多少作为累进依据来划分区段级次，并按其达到的级次规定不同的税率。课税对象的金额达到哪一级，即全部按相应的税率征税。全额累进税率在调节收入方面，较之比例税率要合理。但因为累进的速度过于急剧，不够科学合理，我国现行税法已不再采用。

第二，超额累进税率，即以征税对象按数额大小划分为若干等级，每一等级规定一个税率，税率依次提高，每一纳税人的征税对象则依所属等级同时适用几个税率分别计算，将计算结果相加后得出应纳税款。目前采用这种税率的是个人所得税。

第三，超率累进税率，即以征税对象数额的相对率划分若干级距，分别规定相应的差别税率，相对率每超过一个级距的，对超过的部分就按高一级的税率计算征税。它与超额累进税率的原理相同，只是税率累进的依据不是征税对象的数额，而是征税对象的某种比率。目前我国采用这种税率的是土地增值税。

3. 定额税率

定额税率又称固定税额，是指按课税对象的一定计量单位直接规定固定的税额，而不采取百分比的形式。它实际上是比例税率的一种特殊形式。定额税率一般适用于从量计征的税种，其计量单位可以是质量、数量、面积、体积等，与价格无关。目前我国的资源税、城镇土地使用税、车船税等采用的都是定额税率。

定额税率也可分为单一定额税率和差别定额税率。在同一税种中只采用一种定额税率的为单一定额税率；同时采用几个定额税率的，为差别定额税率。

（六）纳税环节

纳税环节是指税法规定的征税对象在从生产到消费的流转过程中应当缴纳税款的环节。任何一种税都要确定纳税环节，有的税种纳税环节比较明确、固定，有的税种则需要在许多流转环节中选择和确定适当的纳税环节。例如，对一种商品，在生产、批发、零售诸环节中，可以选择只在生产环节征税，称为“一次课征制”，也可以选择在两个环节征税，称为“两次课征制”，还可以实行在所有流转环节都征税，称为“多次课征制”。确定纳税环节，是流转课税面临的一个重要问题。它关系到税制结构和税种的布局，关系到税款能否及时足额入库，关系到地区间税收收入的分配，同时也关系到企业的经济核算和是否便利纳税人缴纳税款等问题。

（七）纳税期限

纳税期限是税法规定的纳税人向国家缴纳税款的法定期限，它是税收强制性、固定性在时间上的体现。确定纳税期限，要根据国民经济各个部门生产经营的不同特点和不同的征税对象来决定。纳税期限可以分为两种：一是按期纳税，二是按次纳税。例如，增值税的纳税期限分别为 1 日、3 日、5 日、10 日、15 日、1 个月或 1 个季度。

（八）纳税地点

纳税地点是税法规定的缴纳税款的行政地域。确定纳税地点的目的在于方便税款的缴纳和防止偷税、漏税。纳税地点对于确定主管税务机关、方便纳税人缴纳税款、控制税源等行为的发生具有重要意义。

（九）减免税

减免税是税法规定的对特定的纳税人与征税对象给予鼓励和照顾的一种特殊措施。减税是从应征税款中减征部分税款；免税是对应当征收的税款全额免除。

减免税是为了发挥税收的奖限作用或照顾某些纳税人的特殊情况而做出的规定。例如，为了支持和鼓励某些行业、产品和经营项目的发展，可以在税收上给予减免税的照顾。

在有些税收中，还有起征点和免征额的规定。起征点是税法规定的课税对象开始征税时应达到的一定数额。课税对象未达到起征点的，不征税；但达到起征点时，全部课税对象都要征税。免征额是课税对象中免于征税的数额。对有免征额规定的课税对象，只就其超过免征额的部分征税。

税法具有严肃性，而税收制度中关于附加、加成和减免税的有关规则把税收法律制度的严肃性和必要的灵活性密切地结合起来，使税收法律制度能够更好地因地因事制宜，贯彻国家的税收政策，发挥税收的调节作用。

（十）违章处理

违章处理是对纳税人违反税法行为的处置，它对维护国家税法的强制性和严肃性有重要意义。纳税人的违章行为通常包括偷税、抗税、漏税、欠税等不同情况。偷税是指纳税人以不缴或者少缴税款为目的，采取各种不公开的手段，隐瞒真实情况，欺骗税务机关的行为。抗税是指纳税人以暴力、威胁方法不缴税款的行为。漏税是指纳税人出于无意而未缴或少缴税款的违章行为。欠税即拖欠税款，是指纳税人不按规定期限缴纳税款的违章行为。对纳税人的违章行为，应根据《税收征收管理法》的规定，分别承担行政责任和刑事责任。

二、税收分类

税收是一个总的范畴。各个国家的税收通常都由许多具体的税种所组成。为了进一步认识税收的性质和特点，正确发挥税收的作用，建立合理的税制结构和加强税收管理，有必要对不同税种进行科学的分类。

（一）按照征税对象性质和作用的不同划分

按照征税对象性质和作用的不同，可将我国现行税划分为流转税、所得税、资源税、财产税和行为税五大类。这是常用的主要分类方法。

1. 流转税

流转税是指以流转额为课税对象的税类。流转额包括商品流转额和非商品流转额。商品流转额是指商品在流转过程中所发生的货币金额。非商品流转额是指一切不从事商品生产和商品流通的单位和个人，因从事其他经营活动而取得的业务或劳务收入金额。流转税是我国税制结构中的主体税种，属于流转课税的税种包括增值税、消费税、关税等，这是目前我国最大的税类。

2. 所得税

所得税是规定对纳税人在一定期间获取的应纳税所得额课征的一类税。所得税属于终端税种，它体现了量能负担的原则，即所得多的多征，所得少的少征，没有所得的不征。对纳税人的应纳税所得额征税，便于调节国家与纳税人之间的利益分配关系，能使国家、企业、个人三者之间的利益分配关系较好地结合起来。所得税可以根据纳税人的不同分为对企业课税和对个人课税两大类。前者称为企业所得税，后者称个人所得税。

3. 资源税

资源税是以自然资源为课税对象的税类，其目的在于对从事自然资源开发的单位和个人所取得的级差收入进行适当调节，以促进资源的合理开发和使用。我国现行的资源税属于此类。

4. 财产税

财产税是指对纳税人所有或属其支配的财产数量或财产价值额课征的一类税。西方国家有一般财产税、遗产税、赠予税等。我国现行的房产税、车船使用税、城镇土地使用税等就属于财产税类。

5. 行为税

行为税是指以某种特定行为为课税对象的税类。开征这类税是为了贯彻国家某项政策的需要。我国现行的印花税、车辆购置税、城市维护建设税、契税、耕地占用税等都属于行为税类。

（二）按照计税标准不同划分

按照计税标准不同，可以划分为从价税、从量税和复合税。

1. 从价税

从价税是以课税对象的价格为计税依据征收的一种税，一般采用比例税率或者累进税率，从价税的应纳税额随商品价格的变化而变化，能够贯彻合理负担的税收政策，因而大部分税种都采用这一计税方法。我国目前的增值税、个人所得税等都采取从价税计征形式。

2. 从量税

从量税是以课税对象的数量、质量、容积或体积为计税依据征收的一种税，一般采用定额税率，从量税的税额随课税对象数量的变化而变化，具有计税简便的优点，但税收负担不能随价格高低而增减，这一方法不尽合理，因而只有少数税种采用这一计税方法。我国现行的车船税、资源税等均实行从量计征形式。

3. 复合税

复合税是指对征税对象采取从价和从量相结合的复合计税方法征收的一种税，一般采用复合税率。我国现行对卷烟、白酒征收的消费税就是采取从价和从量相结合的复合计税方法。

（三）按照税收管理和使用权限的不同划分

按照税收管理和使用权限的不同，可划分为中央税、地方税和中央与地方共享税。

1. 中央税

中央税是指由中央政府征收和管理使用或由地方政府征收后全部划解中央政府所有并支配使用的一类税，如我国现行的关税和消费税等。这类税一般收入较大，征收范围广泛。

2. 地方税

地方税是指由地方政府征收和管理使用的一类税，如我国现行的个人所得税、城镇土地使用税等。这类税一般收入稳定，并与地方经济利益关系密切。

3. 中央与地方共享税

中央与地方共享税是指税收的管理权和使用权属中央政府和地方政府共同拥有的一类税，如我国现行的增值税和资源税等。这类税直接涉及中央与地方的共同利益。

（四）按照税负是否转嫁划分

按照税负是否转嫁，可以划分为直接税和间接税。

1. 直接税

直接税是指纳税人本身承担税负，不发生税负转嫁关系的一类税，如所得税和财产税等。直接税中纳税人和负税人是一致的。

2. 间接税

间接税是指纳税人本身不是负税人，可将税负转嫁给他人的一类税，如流转税和消费税等。间接税中纳税人和负税人不一致，纳税人只是法律意义上的纳税人，负税人是经济意义上的纳税人。

（五）按照税收与价格的关系不同划分

按照税收与价格的关系不同，可划分为价内税和价外税。

[illegible]

价内税是指税款包含在商品价格内，作为商品价格一个组成部分的一类税，如我国现行的消费税、关税等税种。

2. 价外税

价外税是指税款不在商品价格之内，不作为商品价格的一个组成部分的一类税，如我国现行的增值税（商品的价税合一并不能否认增值税的价外税性质）。

任务二 我国现行主要税种

一、流转课税

流转课税又称商品课税，是指以流转额为课税对象的税类。流转额包括商品流转额和非商品流转额。商品流转额是指在商品交换（买进和卖出）过程中发生的交易额。对卖方来说，具体表现为商品销售额；对买方来说，则是购进商品支付金额。它们都可以成为流转税的课税对象。非商品流转额是指交通运输、邮电通信以及各种服务性行业的营业收入额。此外，流转课税既可以全部流转额为课税对象，又可以部分流转额为课税对象。

流转课税有以下几个特点：

（1）以商品交换为前提，课征普遍。由于流转税的课税对象是流转额，而流转额只能在商品（包括劳务、服务）交换过程中形成，因此，流转课税的征收必须以商品交换为前提。同时流转课税中的许多问题，像计税价格、纳税环节、重复征税、税负转嫁等，都直接

[illegible]

主要形式，流转课税自然成为最普遍的税系。

（2）税额与价格关系密切。在税率已定的条件下，流转税额的大小直接依存于商品

[illegible]

增价值或商品的附加值征收的一种流转税，实行价外税，也就是由消费者负担，有增值才征税，没增值不征税。

（2）特殊项目。

货物期货（包括商品期货和贵金属期货）业务——货物期货在实物交割环节纳税；银行销售金银业务；典当业销售死当物品业务；寄售业销售代委托人寄售物品业务；集邮商品的生产、调拨及邮政部门以外的其他单位和个人销售集邮商品业务；缝纫业务；预制构件业务；电力公司向发电企业收取的过网费业务；航空运输企业已经售票，但为提供航空运输服务获得的逾期票证收入，按照航空运输服务征收增值税。

（3）特殊行为。

第一类是视同销售。以下十一种行为在增值税法中被视同为销售货物，均要征收增值税：

将货物交由其他单位或者个人代销；销售代销货物；设有两个以上分支机构并实行统一核算的纳税人，将货物从一地移送至另一地用于销售（但相关机构在同一县市除外）；将自产或委托加工的货物用于非应税项目；将自产、委托加工的货物用于集体福利或个人消费；将自产、委托加工或购买的货物作为对其他单位或个体工商户的投资；将自产、委托加工或购买的货物分配给股东或投资者；将自产、委托加工或购买的货物无偿赠送其他单位或者个人；单位或者个体工商户向其他单位或者个人无偿提供服务（但用于公益事业或者以社会公众为对象的除外）；单位或者个人向其他单位或者个人无偿转让无形资产或者不动产（但用于公益事业或者以社会公众为对象的除外）；财政部和国家税务总局规定的其他情形。

第二类是混合销售。混合销售是指纳税人在同一项销售行为中，既涉及货物行为又涉及服务的销售行为。混合销售行为成立的标准有两点：一是销售行为必须是一项；二是该行为必须是既涉及货物又涉及服务。从事货物的生产、批发或者零售的单位和个体工商户的混合销售行为按照销售货物缴纳增值税；其他单位和个体工商户的销售行为，按照应税服务缴纳增值税。

第三类是兼营。兼营是指纳税人的经营中既包括销售货物和加工修理修配劳务，又包括销售服务的行为，并且这两项经营活动间并无直接的联系和从属关系。纳税人兼营销售货物、劳务、服务，适用不同税率或者征收率的，应当分别核算适用不同税率或者征收率的销售额；未分别核算的，从高适用税率。

3. 纳税人

增值税纳税人是指中华人民共和国境内销售货物或者提供加工、修理修配劳务、销售服务以及进口货物的单位和个人。

由于增值税实行凭增值税专用发票抵扣税款的制度，因此对纳税人的会计核算水平要求较高，要求能够准确核算销项税额、进项税额和应纳税额。但实际情况是有众多的纳税人达不到这一要求，因此，《中华人民共和国增值税暂行条例》将纳税人按其经营规模大小以及会计核算是否健全划分为一般纳税人和小规模纳税人。

（1）一般纳税人。

一般纳税人是指年应税销售额超过小规模纳税人标准的企业和企业性单位，主要分为两类。

第一类，应该申请资格认定的纳税人。年应税销售额超过小规模纳税人标准的企业和企业性单位，无论其是否愿意，都应该向其所在地税务机关申请办理一般纳税人认定手续。否则按照一般纳税人的应税额计算，不得抵扣进项税额，也不得使用增值税专用发票。

年应税销售额是指纳税人在连续不超过12个月或者4个季度的经营期内，累计应征增值税销售额，包括纳税申报销售额、稽查查补销售额、纳税评估调整销售额。

兼有销售货物、提供应税劳务以及应税服务的纳税人，应当分别计算货物（含劳务）销售额和服务销售额，分别适用增值税一般纳税人资格认定标准。

第二类，可以申请资格认定的纳税人。会计核算健全、能够全面准确提供税务材料的小规模纳税人和新办企业，可以向主管税务机关申请一般纳税人资格认定，依照有关规定计算应纳税额，抵扣进项税额。

（2）小规模纳税人。

小规模纳税人是指年应税销售额在规定标准以下，并且会计核算不健全、不能按规定报送有关税务资料的增值税纳税人。

会计核算不健全是指纳税人不能正确核算增值税的销项税额、进项税额、应纳税额。

2018年5月1日起，增值税小规模纳税人标准为年应征增值税额在500万元及以下。

原来按照《中华人民共和国增值税暂行条例实施细则》第二十八条规定，已经登记为增值税一般纳税人的单位和个人，在2018年12月31日前，可以选择继续作为一般纳税人；但是符合下列条件的，也可以转登记为小规模纳税人，其未抵扣的进项税额做转出处理。转登记日前，纳税人为一般纳税人且连续12个月或者4个季度的累计应税销售额未超过500万元的，可以申请转登记为小规模纳税人；纳税人在转登记日前，为一般纳税人且经营期不满12个月或4个季度的，按照月（季）平均应税销售额估算，年应税销售额未超过500万元的，可以申请转登记为小规模纳税人。

下列情况可以选择按照小规模纳税人纳税：非企业性单位、不经常发生应税行为的企业；应税服务年销售额超过规定标准，但不经常提供应税服务的单位和个体工商户；旅店业和饮食业销售非现场消费的食品；兼有销售货物、提供加工修理修配劳务以及应税服务，且不经常发生应税行为的单位和个人。

4. 税率和征收率

（1）税率。

一般纳税人适用的税率有13%、9%、6%、0%等。

适用13%税率的：销售货物、提供加工修理修配劳务、进口货物、提供有形动产租赁服务。

适用9%税率的有两大类：第一大类是销售货物类：粮食等农产品、食用植物油、食用盐；自来水、暖气、冷气、热水、煤气、石油液化气、天然气、沼气、二甲醚、居民用煤炭制品；图书、报纸、杂志、音像制品、电子出版物；饲料、化肥、农药、农机、农膜。第二类是提供服务类：提供交通运输业服务、邮政服务、基础电信服务、建筑服务、不动产租赁服务；销售不动产；转让土地使用权。

适用6%税率的：提供增值电信服务、金融服务、现代服务（租赁服务除外）、生活服务；转让土地使用权以外的其他无形资产的应税行为。

适用0%税率的：出口货物，但国务院另有规定的除外。

（2）征收率。

小规模纳税人适用征收率，征收率为3%。

特殊规定：

①一般纳税人销售自己使用过的属于《中华人民共和国增值税暂行条例》第十条规定不得抵扣且未抵扣进项税额的固定资产，按照简易办法依照3%征收率减按2%征收增值税。

②小规模纳税人销售自己使用过的固定资产，依照3%征收率减按2%征收增值税。

③一般纳税人销售自产的下列货物，可选择按照简易办法依照3%征收率计算缴纳增值税：

县级及县级以下小型水力发电单位（装机容量为5万kW以下）生产的电力；建筑用和生产建筑材料所用的砂、土、石料；以自己采掘的砂、土、石料或其他矿物连续生产的砖、瓦、石灰（不含黏土实心砖、瓦）；用微生物、微生物代谢产物、动物毒素、人或动物的血液或组织制成的生物制品；自来水；商品混凝土（仅限于以水泥为原料生产的水泥混凝土）。

一般纳税人选择简易办法计算缴纳增值税后，36个月内不得变更。

④一般纳税人销售以下物品，暂按简易办法依照3%征收率计算缴纳增值税：

寄售商店代销寄售物品（包括居民个人寄售的物品在内）；典当业销售死当物品；经国务院或国务院授权机关批准的免税商店零售的免税品。

5. 应纳税额的计算

（1）一般纳税人增值税计算。

增值税一般纳税人，应纳税额的计算公式为

应纳税额 = 当期销项税额 − 当期进项税额

销项税额是指纳税人按照销售货物、提供应税劳务、提供应税服务的销售额与规定的税率计算，并向购买方收取的增值税税额。销项税额的计算公式为

销项税额 = 销售额 × 适用税率

进项税额是指纳税人按照买价所支付或者负担的增值税额。进项税额的计算公式为

进项税额 = 买价 × 适用税率

①准予抵扣的进项税额的确定。

一般而言，准予抵扣的进项税额可以根据以下两个方法来确定：一是进项税额体现支付或者负担的增值税，直接在销售方开具的增值税专用发票和海关完税凭证上注明的税额，不需要计算；二是买方的进项税额是根据支付金额和法定的扣除率计算出来的。

②不得扣除进项税额的项目。

根据《财政部国家税务总局关于全面推开营业税改征增值税试点的通知》（财税〔2016〕36号）文件附件一《营业税改征增值税试点实施办法》第二十七条规定：

“下列项目的进项税额不得从销项税额中抵扣：

（一）用于简易计税方法计税项目、免征增值税项目、集体福利或者个人消费的购进货物、加工修理修配劳务、服务、无形资产和不动产。其中涉及的固定资产、无形资产、不动产，仅指专用于上述项目的固定资产、无形资产（不包括其他权益性无形资产）、不动产。

纳税人的交际应酬消费属于个人消费。

（二）非正常损失的购进货物，以及相关的加工修理修配劳务和交通运输服务。

（三）非正常损失的在产品、产成品所耗用的购进货物（不包括固定资产）、加工修理修配劳务和交通运输服务。

（四）非正常损失的不动产，以及该不动产所耗用的购进货物、设计服务和建筑服务。

(五)非正常损失的不动产在建工程所耗用的购进货物、设计服务和建筑服务。

纳税人新建、改建、扩建、修缮、装饰不动产，均属于不动产在建工程。

(六)购进的旅客运输服务、贷款服务、餐饮服务、居民日常服务和娱乐服务。

(七)财政部和国家税务总局规定的其他情形。”

进口货物按照组成计税价格和规定的增值税率计算应纳税额，不得抵扣任何税额。

(2)小规模纳税人增值税计算。

小规模纳税人，实行简易计征办法，按照销售额乘以3%的征收率计算应纳税额。

小规模纳税人的应纳税额=含税销售额÷(1+征收率)×征收率

应纳税额=(不含税)销售额×征收率

销售额=(含税)销售额÷(1+征收率)

小规模纳税人，不得抵扣进项税额。

(3)进口货物增值税计算。

根据《中华人民共和国增值税暂行条例》的规定，申报进入中华人民共和国海关境内的货物，均应缴纳增值税。

进口货物的计税依据是组成计税价格：

组成计税价格=关税完税价格+关税

进口货物的增值税适用税率与销售货物增值税适用税率相同。

进口货物增值税计算公式为

进口货物应税税额=组成计税价格×适用税率

=(关税完税价格+关税)×适用税率

如果进口货物属于消费税的征税范围，计算公式为

进口货物应税税额=组成计税价格×适用税率

=(关税完税价格+关税+消费税)×适用税率

海关征收增值税时，不得抵扣任何税额。

6. 优惠政策

(1)增值税起征点的规定。

增值税起征点的适用范围是个人，不包括认定为一般纳税人的个体工商户和小规模纳税人。

纳税人销售额未达到国务院财政、税务主管部门规定的增值税起征点的，免征增值税；达到起征点的，依照规定全额计算缴纳增值税。

按期纳税的，为月销售额5 000~20 000元(含本数)；

按次纳税的，为每次(日)销售额300~500元(含本数)。

(2)免税项目。

《中华人民共和国增值税暂行条例》第十五条规定了下列七个项目免征增值税：

农业生产者销售的自产农业产品；避孕药品和用具；古旧图书；直接用于科学研究、科学试验和教学的进口仪器、设备；外国政府、国际组织无偿援助的进口物资和设备；由残疾人组织直接进口供残疾人专用的物品；销售的自己使用过的物品。

(3)其他免税项目——小微企业免税标准。

根据《财政部、税务总局关于实施小微企业普惠性税收减免政策的通知》(财税

〔2019〕13号）和《国家税务总局关于小规模纳税人免征增值税政策有关征管问题的公告》（国家税务总局公告2019年第4号）规定：

“小规模纳税人发生增值税应税销售行为，合计月销售额未超过10万元；以1个季度为1个纳税期的，季度销售额未超过30万元的，免征增值税。”

以上规定自2019年1月1日起生效。

此次提高增值税小规模纳税人月销售额免税标准，政策的适用对象是年应税销售额500万元以下、身份为小规模纳税人的纳税人。

7. 发票类型

增值税发票分为增值税普通发票、增值税专用发票。区别是增值税专用发票可以抵扣进项税款。

8. 增值税纳税义务的发生时间、纳税期限、纳税地点

（1）纳税义务的发生时间。

对于增值税纳税义务发生时间的界定，总体来说是“发生应税销售行为的，为收讫销售款项或者取得索取销售款项凭据的当天；先开具发票的，为开具发票的当天。进口货物，为报关进口的当天”。

就发生应税销售行为而言，确定其增值税纳税义务发生时间的总原则就是，以“收讫销售款项、取得索取销售款项凭据或者发票开具时间”三者孰先（谁在前）的原则确定。

进口货物的，其纳税义务的发生时间为报关进口的当天。

增值税扣缴义务发生时间为纳税人增值税纳税义务发生的当天。

（2）纳税期限。

增值税的税款计算期分别为1日、3日、5日、10日、15日、1个月或1个季度。

纳税人的具体纳税期限，由主管税务机关根据纳税人应纳税额的大小分别核定。不能按固定期限纳税的，可以按次纳税。

纳税人以1月或者1个季度为一个纳税期限的，自期满之日起15日内申报纳税；纳税人以1日、3日、5日、10日、15日为一个纳税期限的，自期满之日起5日内预缴税款，于次月1日起15日内申报纳税，并结清上个月应缴税款。

纳税人进口货物，应当自海关填发海关进口增值税专用缴款书之日起15日内缴纳税款。

（3）纳税地点。

固定业户应当向其机构所在地主管税务机关申报纳税。总机构和分支机构不在同一县（市）的，应当分别向各自所在地主管税务机关申报纳税；经国家税务总局或其授权的税务机关批准，可以由总机构汇总向总机构所在地主管税务机关申报纳税。固定业户的总、分支机构不在同一县（市），但在同一省、自治区、直辖市范围内的，其分支机构应纳的增值税是否可由总机构汇总缴纳，由省、自治区、直辖市税务局决定。

固定业户到外县（市）销售货物、应税劳务、应税服务、无形资产的，应当向其机构所在地主管税务机关，申请开具外出经营活动税收管理证明，向其机构所在地主管税务机关申报纳税。未持有其机构所在地主管税务机关核发的外出经营活动税收管理证明的纳税人，到外县（市）销售货物、应税劳务、应税服务、无形资产的，应当向销售地主管税务机关申报纳税。

非固定业户销售货物、应税劳务、应税服务、无形资产、不动产的，应当向销售地主管税务机关申报纳税；非固定业户到外县（市）销售货物、应税劳务、应税服务、无形资产，未向销售地主管税务机关申报纳税的，由其机构所在地或者居住地主管税务机关补征税款。

扣缴义务人应当向其机构所在地或者居住地的主管税务机关申报缴纳其扣缴的税款。

进口货物，应当由进口人或其代理人向报关地海关申报纳税。

（二）消费税

消费税是指对特定的消费品和消费行为在特定的环节征收的一种流转税。具体地说，是指对从事生产、委托加工和进口应税消费品的单位和个人，就其消费品的销售额或销售量或者销售额与销售量相结合征收的一种流转税。我国现行消费税的基本规范是2008年11月5日国务院第34次常务会议修订通过的《中华人民共和国消费税暂行条例》，自2009年1月1日起施行。

现行的《中华人民共和国消费税暂行条例》主要包括以下内容。

1. 纳税人

消费税的纳税人是在我国境内从事生产、委托加工和进口应税消费品的单位和个人。具体包括生产应税消费品的单位和个人；进口应税消费品的单位和个人；委托加工应税消费品的单位和个人。

2. 征税范围

我国选择以下几种类型的消费品列入消费税征税范围：

（1）过度消费会对人身健康、社会秩序、生态环境等方面造成危害的消费品，如烟、酒、鞭炮、焰火、电池、涂料等。

（2）奢侈品、非生活必需品，如高档化妆品、贵重首饰及珠宝玉石、高档手表、高尔夫球及球具等。

（3）高能耗及高档消费品，如摩托车、小汽车、游艇等。

（4）使用和消耗不可再生和替代的稀缺资源的消费品，如成品油、木制一次性筷子、实木地板等。

3. 税目、税率

消费税税目的设置主要考虑到尽量简化、科学，征税主旨明确，课税对象清晰，兼顾历史习惯。列入征税范围的税目有烟，酒，高档化妆品、贵重首饰及珠宝玉石，鞭炮、焰火，成品油，摩托车，小汽车，高尔夫球及球具，高档手表，游艇，木制一次性筷子，实木地板，电池，涂料十五种（表3-1）。

表3-1 消费税税目、税率表

税目	税率
一、烟	
1. 卷烟	56%加0.003元/支
（1）甲类卷烟	36%加0.003元/支
（2）乙类卷烟	11%加0.005元/支
（3）批发环节	36%
2. 雪茄烟	30%
3. 烟丝	

续表

税目	税率
二、酒	
1. 白酒	20%加0.5元/500克
2. 黄酒	240元/吨
3. 啤酒	
（1）甲类啤酒	250元/吨
（2）乙类啤酒	220元/吨
4. 其他酒	10%
三、高档化妆品	15%
四、贵重首饰及珠宝玉石	
1. 金银首饰、铂金首饰和钻石及钻石饰品	5%
2. 其他贵重首饰和珠宝玉石	10%
五、鞭炮、焰火	15%
六、成品油	
1. 汽油	1.52元/升
2. 柴油	1.2元/升
3. 航空煤油	1.2元/升
4. 石脑油	1.52元/升
5. 溶剂油	1.52元/升
6. 润滑油	1.52元/升
7. 燃料油	1.2元/升
七、摩托车	
1. 气缸容量（排气量）为250毫升	3%
2. 气缸容量（排气量）为250毫升以上的	10%
八、小汽车	
1. 乘用车	
（1）气缸容量（排气量，下同）在1.0升（含1.0升）以下的	1%
（2）气缸容量在1.0升以上至1.5升（含1.5升）的	3%
（3）气缸容量在1.5升以上至2.0升（含2.0升）的	5%
（4）气缸容量在2.0升以上至2.5升（含2.5升）的	9%
（5）气缸容量在2.5升以上至3.0升（含3.0升）的	12%
（6）气缸容量在3.0升以上至4.0升（含4.0升）的	25%
（7）气缸容量在4.0升以上的	40%
2. 中轻型商用客车	5%
3. 高档小汽车（超豪华小汽车）（零售环节）	10%
九、高尔夫球及球具	10%
十、高档手表	20%
十一、游艇	10%

续表

税　目	税　率
十二、木制一次性筷子	5%
十三、实木地板	5%
十四、电池	4%
十五、涂料	4%

4. 应纳税额的计算

（1）自行销售应税消费品应纳税额的计算。

从应税消费品的价格变化情况和便于征纳等角度出发，分别采用从量定额、从价定率、复合三种计税办法。

①实行从量定额计征办法的计税依据。

我国消费税对卷烟、白酒、黄酒、啤酒、汽油、柴油等实行定额税率，采用从量定额的办法征税，其计税依据是纳税人销售应税消费品的数量，其计税公式为

应纳税额=应税消费品数量×消费税单位税额

②实行从价定率计征办法的计税依据。

实行从价定率办法征税的应税消费品，计税依据为应税消费品的销售额。应纳税额的计算公式为

应纳税额=应税消费品的销售额×适用税率

应税消费品的销售额包括销售应税消费品从购买方收取的全部价款和价外费用。即

销售额=应税消费品销售额+价外收费

注意：实行从价定率征收的消费品，其消费税税基与增值税税基是一致的，都是以含消费税（价内税）而不含增值税（价外税）的销售额作为计税基数。“销售额”不包括应向购买方收取的增值税额。

应税消费品的销售额=含增值税的销售额÷（1+增值税税率或者征收率）

③实行复合计征办法的计税依据。

我国消费税对卷烟、粮食白酒、薯类白酒等实行从量定额和从价定率相结合计算应纳税额的复合计税办法。

应纳税额=销售数量×定额税率+销售额×比例税率

（2）自产自用应税消费品应纳税额的计算。

凡自产自用的应税消费品，用于连续生产应税消费品的，不再征税，体现了税不重征和计税简便的原则，避免了重复征税。纳税人自产自用的应税消费品，不是用于连续生产应税消费品的，而是用于其他方面的，于移送使用时纳税。纳税人自产自用的应税消费品，凡用于其他方面，应当纳税。具体分为以下两种情况：

第一，有同类消费品的销售价格的，按照纳税人生产的同类消费品的销售价格计算纳税。

应纳税额=同类消费品销售价格×自产自用数量×适用税率

第二，没有同类消费品销售价格的，应按组成计税价格计算纳税，组成计税价格计算公式为

组成计税价格=（成本+利润）÷（1−消费税税率）

=［成本×（1+成本利润率）］÷（1−消费税税率）

应纳税额=组成计税价格×适用税率

“成本”，是指应税消费品的产品生产成本。“利润”，是指根据应税消费品的全国平均成本利润率计算的利润。应税消费品全国平均成本利润率由国家税务总局确定。

（3）委托加工应税消费品应纳税额的计算。

委托加工应税消费品是指由委托方提供原料和主要材料，受托方只收取加工费和代垫部分辅助材料加工的应税消费品。委托加工的应税消费品，受托方是法定的代收代缴义务人，由受托方在向委托方交货时代收代缴税款。受托方在交货时已代收代缴消费税，委托方收回后直接销售的，不再征收消费税。

委托加工应税消费品组成计税价格的计算分为以下两种情况：

第一，委托加工应税消费品，按照受托方的同类消费品的销售价格计算纳税。

应纳税额=同类消费品销售单价×委托加工数量×适用税率

第二，没有同类消费品销售价格的，按照组成计税价格计算纳税。

组成计税价格=（材料成本+加工费）÷（1−消费税税率）

应纳税额=组成计税价格×适用税率

（4）进口应税消费品应纳税额的计算。

实行从价定率办法计算应纳税额的，按照组成计税价格计算纳税。组成计税价格计算公式为

组成计税价格=（关税完税价格+关税）÷（1−消费税税率）

应纳税额=组成计税价格×适用税率

实行从量定额办法的应税消费品的应纳税额的计算公式为

应纳税额=应税消费品数量×消费税单位税额

5. 消费税的纳税义务发生时间

（1）纳税人销售的应税消费品，其纳税义务的发生时间为：纳税人采取赊销和分期收款结算方式的，其纳税义务的发生时间，为销售合同规定的收款日期的当天；纳税人采取预收货款结算方式的，其纳税义务的发生时间，为发出应税消费品的当天；纳税人采取托收承付和委托银行收款方式销售的应税消费品，其纳税义务的发生时间，为发出应税消费品并办妥托收手续的当天；纳税人采取其他结算方式的，其纳税义务的发生时间，为收讫销售款或者取得索取销售款的凭据的当天。

（2）纳税人自产自用的应税消费品，其纳税义务的发生时间，为移送使用的当天。

（3）纳税人委托加工的应税消费品，其纳税义务的发生时间，为纳税人提货的当天。

（4）纳税人进口的应税消费品，其纳税义务的发生时间，为报关进口的当天。

除委托加工纳税义务发生时间是消费税的特有规定之外，消费税的纳税义务发生时间与增值税一致。纳税期限的规定也与增值税一样。

注意：委托加工的应税消费品，纳税义务发生时间为纳税人提货的当天。

二、所得课税

所得课税又称收益课税，是以所得额（亦称收益额）为课税对象的税类。所得额，是指单位和个人在一定时期内从全社会的国民收入总额中，通过各种方式分配到的那部分份额。目前我国的所得税主要是对企业所得、个人所得征收。

所得课税具有以下几个特点：

（1）税负不易转嫁。

由于所得税的课税对象是纳税人的最终所得，一般不易进行税负转嫁，这一特点有利于直接调节纳税人的收入，缩小收入差距，实现公平分配的目标。在采用累进税率的条件下，这一作用尤为明显。

（2）一般不存在重复征税，税负较公平。

所得课税以所得额为课征对象，征税环节单一，只要不存在两个以上课税主体，就不会存在重复征税。另外，所得课税一般是以净所得为计税依据，实行所得多的多征、所得少的少征，体现了量能负担原则。同时，所得课税通常都规定起征点、免征额及扣除项目，可以照顾低收入者，不会影响纳税人的基本生活。

（3）税源普遍，课征有弹性。

在正常条件下，凡从事生产经营活动的一般都有所得，都要缴纳所得税，因此，所得课税的税源很普遍。同时，随着社会生产力的发展和经济效益的提高，各种所得会不断增长，国家可以根据需要灵活调整税负，以适应财政支出增减的变化。

（4）计税方法复杂，稽征管理难度大。

由于所得课税的对象是纳税人的所得额，而所得额的多少又直接取决于成本、费用的高低，这就使得费用扣除问题成为计征所得税的核心问题，从而带来了所得课税计征方法复杂、稽征管理难度大等问题。

我国现行所得课税的主要税种有企业所得税、个人所得税，下面就这两种税种做简要介绍。

（一）企业所得税

企业所得税是对企业或经济组织在一定时期内的生产经营所得和其他所得征收的一种税。在我国现行税法体系中，企业所得税是指对内外资企业征收的所得税，它是国家参与内外资企业利润分配的重要手段。我国现行企业所得税的基本规范是中华人民共和国第十届全国人民代表大会第五次会议于2007年3月16日通过的《中华人民共和国企业所得税法》及2007年11月28日国务院第197次常务会议通过的《中华人民共和国企业所得税法实施条例》（自2008年1月1日起施行）。

1. 纳税人

《中华人民共和国企业所得税法》规定，在中华人民共和国境内，企业和其他取得收入的组织（以下统称企业）为企业所得税的纳税人，但个人独资企业、合伙企业不缴纳企业所得税，应由投资者缴纳个人所得税。企业分为居民企业和非居民企业。

(1) 居民企业。

居民企业是指依法在中国境内成立，或者依照外国（地区）法律成立但实际管理机构在中国境内的企业。在中国境内成立的企业，包括依照中国法律、行政法规在中国境内成立的企业、事业单位、社会团体以及其他取得收入的组织。依照外国（地区）法律成立的企业，包括依照外国（地区）法律成立的企业和其他取得收入的组织。实际管理机构是指对企业的生产经营、人员、账务、财产等实施实质性全面管理和控制的机构。

(2) 非居民企业。

非居民企业是指依照外国（地区）法律成立且实际管理机构不在中国境内，但在中国境内设立机构、场所的，或者在中国境内未设立机构、场所，但有来源于中国境内所得的企业。

2. 征税对象

居民企业承担无限纳税义务，应当就其来源于中国境内、境外的所得缴纳企业所得税。非居民企业在中国境内设立机构、场所的，应当就其所设机构、场所取得的来源于中国境内的所得，以及发生在中国境外但与其所设机构、场所有实际联系的所得缴纳企业所得税。非居民企业在中国境内未设立机构、场所的，或者虽设立机构、场所但取得的所得与其所设机构、场所没有实际联系的，应当就其来源于中国境内的所得缴纳企业所得税。

来源于中国境内、境外的所得，按照以下原则确定：

①销售货物所得，按照交易活动发生地确定。

②提供劳务所得，按照劳务发生地确定。

③转让财产所得，不动产转让所得按照不动产所在地确定，动产转让所得按照转让动产的企业或者机构、场所所在地确定，权益性投资资产转让所得按照被投资企业所在地确定。

④股息、红利等权益性投资所得，按照分配所得的企业所在地确定。

⑤利息所得、租金所得、特许权使用费所得，按照负担、支付所得的企业或者机构、场所所在地确定，或者按照负担、支付所得的个人的住所地确定。

⑥其他所得，由国务院财政、税务主管部门确定。

3. 税率

现行税制中的企业所得税基本税率为25%；非居民企业适用税率为20%；符合条件的小型微利企业适用税率为20%；国家需要重点扶持的高新技术企业适用税率为15%。

4. 应纳税额的计算

企业所得税应纳税额的计算公式为

应纳税额=应纳税所得额×适用税率−减免税额−抵免税额

企业应纳税所得额的计算，以权责发生制为原则，属于当期的收入和费用，不论款项是否收付，均作为当期的收入和费用；不属于当期的收入和费用，即使款项已经在当期收付，均不作为当期的收入和费用。其计算公式为

应纳税所得额=纳税人每一纳税年度的收入总额−不征税收入−免税收入−各项扣除−允许弥补的以前年度亏损

(1) 收入总额的确定。

企业以货币形式和非货币形式从各种来源取得的收入为收入总额，包括销售货物收入，

提供劳务收入，转让财产收入，股息、红利等权益性投资收益，利息收入，租金收入，特许权使用费收入，接受捐赠收入，其他收入。

（2）不征税收入。

收入总额中的不征税收入包括财政拨款、依法收取并纳入财政管理的行政事业性收费、政府性基金、国务院规定的其他不征税收入。

（3）免税收入。

按照《中华人民共和国企业所得税法》的规定，企业的免税收入包括国债利息收入；符合条件的居民企业之间的股息、红利等权益性投资收益；在中国境内设立机构、场所的非居民企业从居民企业取得与该机构、场所有实际联系的股息、红利等权益性投资收益；符合条件的非营利组织的收入。

（4）扣除项目。

企业实际发生的与取得收入有关的、合理的支出，包括成本、费用、税金、损失和其他支出，准予在计算应纳税所得额时扣除。企业的不征税收入用于支出所形成的费用或者财产，不得扣除或者计算对应的折旧、摊销扣除。企业实际发生的成本、费用、税金、损失和其他支出，不得重复扣除。

在计算应纳税所得额时，下列支出不得扣除：向投资者支付的股息、红利等权益性投资收益款项；企业所得税税款；税收滞纳金；罚金、罚款和被没收财物的损失；《中华人民共和国企业所得税法》第九条规定以外的捐赠支出；赞助支出；未经核定的准备金支出；与取得收入无关的其他支出。

5. 税收优惠

企业的下列所得，可以免征、减征企业所得税：从事农、林、牧、渔业项目的所得；从事国家重点扶持的公共基础设施项目投资经营的所得；从事符合条件的环境保护、节能节水项目的所得；符合条件的技术转让所得等。创业投资企业从事国家需要重点扶持和鼓励的创业投资，可以按投资额的一定比例抵扣应纳税所得额。企业购置用于环境保护、节能节水、安全生产等专用设备的投资额，可以按一定比例实行税额抵免。

（二）个人所得税

个人所得税，是以个人所得为征税对象，并且由取得所得的个人缴纳的一种税。个人所得税是直接税，其税负由获取所得的个人直接负担，因而对国民权利和国民生活影响较大，征收的难度也较大。为此，必须在个人所得税的征收领域加强法制建设，严格依法治税。我国现行个人所得税的基本规范是 1980 年 9 月 10 日第五届全国人民代表大会第三次会议通过的《中华人民共和国个人所得税法》，并于 2011 年 6 月 30 日第十一届全国人民代表大会常务委员会第二十一次会议进行了第六次修正。2018 年 8 月 31 日，第七次修正被通过，起征点为每月 5 000 元，2019 年 1 月 1 日起施行，实施最新起征点和税率。法律、法规、部门规章及规范性文件构成了我国的个人所得税法律制度。

1. 纳税人

按照《中华人民共和国个人所得税法》的规定，个人所得税的纳税人包括中国公民、个体工商户、个人独资企业投资者、合伙企业投资者、外籍人员（包括无国籍人员）、港澳台同胞等。

我国依据住所和居住时间两个标准将纳税人区分为居民纳税人和非居民纳税人两种。

（1）居民纳税人。

居民纳税人是指在中国境内有住所，或者无住所而在中国境内居住满 183 天的个人。所谓在中国境内有住所的个人，是指因户籍、家庭、经济利益关系而在中国境内习惯性居住的个人。所谓在境内居住累计满 183 天，是指在一个纳税年度（即公历 1 月 1 日起至 12 月 31 日止）中，在中国境内居住累计满 183 天的个人。

居民纳税人承担无限纳税义务，其所取得的应税所得，无论是来源于中国境内还是中国境外的任何地方，都要在中国缴纳个人所得税。

（2）非居民纳税人。

非居民纳税人是指在中国境内无住所又不居住，或者无住所而在中国境内居住不满 183 天的个人。非居民纳税人承担有限纳税义务，即只限来源于中国境内的所得征税。

我国实行个人所得税代扣代缴和个人申报纳税相结合的征收管理制度。

2. 征税对象

个人所得税的征税对象是各项个人所得，具体包括：

（1）工资、薪金所得。

（2）个体工商户的生产、经营所得。

（3）对企事业单位的承包经营、承租经营所得。

（4）劳务报酬所得。

（5）稿酬所得。

（6）特许权使用费所得。

（7）利息、股息、红利所得。

（8）财产租赁所得。

（9）财产转让所得。

（10）偶然所得。

（11）经国务院财政部门确定征税的其他所得。

3. 税率

个人所得税采取分项定率，有超额累进税率和比例税率两种形式：

（1）工资、薪金所得，适用七级超额累进税率，税率为 3%~45%（表 3-2、表 3-3）。

表 3-2 个人所得税税率表一（综合所得适用）

级数	全年应纳税所得额	税率/%	速算扣除数
1	不超过 36 000 元的	3	0
2	超过 36 000 元至 144 000 元的部分	10	2 520
3	超过 144 000 元至 300 000 元的部分	20	16 920
4	超过 300 000 元至 420 000 元的部分	25	31 920
5	超过 420 000 元至 660 000 元的部分	30	52 920

续表

级数	全年应纳税所得额	税率/%	速算扣除数
6	超过 660 000 元至 960 000 元的部分	35	85 920
7	超过 960 000 元的部分	45	181 920

注：1. 全年应纳税所得额是指居民个人取得综合所得，以每一纳税年度收入额减除费用 60 000 元以及专项扣除、专项附加扣除和依法确定的其他扣除后的余额。

2. 综合所得是指工薪所得、劳务报酬所得、稿酬所得、特许权使用费所得。

3. 本级速算扣除额＝上级最高所得额×（本级税率−上一级税率）＋上一级速算扣除数。

表 3-3　个人所得税税率表二（工资、薪金所得适用，按月）

级数	全月应纳税所得额	税率/%	速算扣除数
1	不超过 3 000 元的	3	0
2	超过 3 000 元至 12 000 元的部分	10	210
3	超过 12 000 元至 25 000 元的部分	20	1 410
4	超过 25 000 元至 35 000 元的部分	25	2 660
5	超过 35 000 元至 55 000 元的部分	30	4 410
6	超过 55000 元至 80 000 元的部分	35	7 160
7	超过 80 000 元的部分	45	15 160

（2）个体工商户的生产、经营所得和对企事业单位的承包经营、承租经营所得，适用 5%～35%的五级超额累进税率（表 3-4）。

表 3-4　个人所得税税率表三（经营所得适用，按纳税年度）

级数	全年应纳税所得额	税率/%	速算扣除数
1	不超过 30 000 元的部分	5	0
2	超过 30 000 元至 90 000 元的部分	10	1 500
3	超过 90 000 元至 300 000 元的部分	20	10 500
4	超过 300 000 元至 500 000 元的部分	30	40 500
5	超过 500 000 元的部分	35	65 500

注：本表所称全年应纳税所得额是指以每一纳税年度的收入总额减除成本、费用及损失后的余额。

（3）劳务报酬所得，稿酬（减征 30%，），特许权使用费所得，利息、股息、红利所得，财产租赁所得（个人出租居民房，税率为 10%），财产转让所得，偶然所得和其他所得，适用比例税率，税率为 20%。

4. 应纳税额的计算

个人所得税的应纳税额为应纳税所得额乘以适用税率，即

应纳税额＝应纳税所得额×适用税率

个人所得税的计税依据是应纳税所得额。应纳税所得额为个人取得的各项收入减去税法

规定的费用扣除金额和减免税收入后的余额。从 2019 年 1 月 1 日起，居民个人取得工资薪金所得、劳务报酬所得、稿酬所得、特许权使用费所得（以下称综合所得），按纳税年度合并计算个人所得税；非居民个人取得综合所得，按月或者按次分项计算个人所得税。纳税人取得除综合所得外其他所得的，依照税率分别计算个人所得税。

具体各项收入的应纳税所得额计算如下：

（1）工资、薪金所得，以每月收入额减除费用 5 000 元以及专项附加扣除后的余额，为月应纳税所得额。个人所得税专项附加扣除是指个人所得税法规定的子女教育、继续教育、大病医疗、住房贷款利息、住房租金和赡养老人 6 项专项附加扣除。

（2）个体工商户的生产、经营所得，以每一纳税年度的收入总额减除成本、费用以及损失后的余额，为应纳税所得额。

（3）对企事业单位承包经营、承租经营所得，以每一纳税年度的收入总额，减除必要费用后的余额，为应纳税所得额。

（4）劳务报酬所得、稿酬所得、特许权使用费所得、财产租赁所得，每次收入不超过 4 000 元的，减除费用 800 元；4 000 元以上的，减除 20%的费用，其余额为应纳税所得额。

（5）财产转让所得，以转让财产的收入额减除财产原值和合理费用后的余额，为应纳税所得额。

（6）利息、股息、红利所得，偶然所得和其他所得，以每次收入额为应纳税所得额。

个人将其所得对教育事业和其他公益事业捐赠的部分，按照国务院有关规定从应纳税所得额中扣除。

对在中国境内无住所而在中国境内取得工资、薪金所得的纳税人和在中国境内有住所而在中国境外取得工资、薪金所得的纳税人，可以根据其平均收入水平、生活水平以及汇率变化情况确定附加减除费用，附加减除费用的范围和标准由国务院规定。纳税人从中国境外取得的所得，准予其在应纳税额中扣除已在境外缴纳的个人所得税税额。但扣除额不得超过按纳税人境外所得依照税法规定计算的应纳税额。

5. 税收优惠

下列各项个人所得，免纳个人所得税：

（1）省级人民政府、国务院部委和中国人民解放军军以上单位，以及外国组织、国际组织颁发的科学、教育、技术、文化、卫生、体育、环境保护等方面的奖金。

（2）国债和国家发行的金融债券利息。

（3）按照国家统一规定发给的补贴、津贴。

（4）福利费、抚恤金、救济金。

（5）保险赔款。

（6）军人的转业费、复员费。

（7）按照国家统一规定发给干部、职工的安家费、退职费、退休工资、离休工资、离休生活补助费。

（8）依照我国有关法律规定应予免税的各国驻华使馆、领事馆的外交代表、领事官员和其他人员的所得。

（9）中国政府参加的国际公约、签订的协议中规定免税的所得。

（10）经国务院财政部门批准免税的所得。

6. 征收管理

（1）纳税申报。

个人所得税的纳税办法有两种，分别是自行申报纳税和代扣代缴。

①自行申报纳税方式。纳税义务人有以下情形之一的，应当按照规定到主管税务机关办理纳税申报：取得综合所得需办理汇算清缴的；取得应税所得没有扣缴义务人的；取得应税所得，扣缴义务人未扣缴税款的；取得境外所得的；因移居国外注销中国国籍的；非居民个人在中国境内从两处以上取得工资薪金所得的；国务院规定的其他情形。

②代扣代缴方式。以支付所得的单位或者个人作为代扣代缴义务人。

扣缴义务人应当按照国家规定办理全员全额扣缴申报，并向纳税人提供个人所得和已扣缴税款等信息。

（2）纳税期限。

①代扣代缴期限。

居民个人取得综合所得，按年计算个人所得税；有扣缴义务人的，由扣缴义务人按月或者按次预扣预缴税款；需要办理汇算清缴的，应当在取得所得的次年3月1日至6月30日内办理汇算清缴。预扣预缴办法由国务院税务主管部门制定。

居民个人向扣缴义务人提供专项附加扣除信息的，扣缴义务人按月预扣预缴税款时应当按照规定予以扣除，不得拒绝。

非居民个人取得工资薪金所得、劳务报酬所得、稿酬所得、特许权使用费所得，有扣缴义务人的，由扣缴义务人按月或者按次代扣代缴税款，不办理汇算清缴。

②自行申报纳税期限。

纳税人取得应税所得，没有扣缴义务人的，应当在取得所得的次月15日内，向税务机关报送纳税申报表，缴纳税款。

居民个人从中国境外取得所得的，应当在取得所得的次年3月1日至6月30日内申报纳税。

非居民个人在中国境内从两处以上取得工资薪金所得的，应当在取得所得的次月15日内申报纳税。

纳税人因移居境外注销中国户籍的，应当在注销中国户籍前办理税款清算。

（3）纳税地点。

个人所得税自行申报的，其申报地点一般应为收入来源地的主管税务机关。

纳税人从两处或者两处以上取得工资薪金的，可选择并固定在其中一个地方税务机关申报纳税。

境外取得所得的，应向其境内户籍所在地或者经营居住地税务机关申报纳税。

扣缴义务人应向其主管税务机关进行纳税申报，纳税人要求变更申报纳税地点的，须经原主管税务机关批准。

个人独资企业和合伙企业投资者个人所得税纳税地点：投资者应向企业实际经营管理所在地税务机关申报纳税。投资者兴办两个或者两个以上企业的，应分别向企业实际经营管理所在地主管税务机关预缴税款。投资者的个人所得税征收管理工作由地方税务局负责。

二、其他课税

（一）资源课税

[illegible]

有价值的资源。资源课税的功能主要在于：促进资源的合理开发和有效使用，合理调节资源[illegible]

[illegible]

我国现行税制中，属于资源课税的税种有资源税、城镇土地使用税等。

（1）资源税。

[illegible]

[illegible]有上下限的幅度税额，同类产品资源状况不同，税额也不相同。资源税的应纳税额，按照应税产品的课税数量和规定的单位税额计算。

（2）城镇土地使用税。

城镇土地使用税是对城市、县城、建制镇、工矿区范围内使用土地的单位和个人，按使用土地的面积定额征收的一种税。

[illegible]

财产课税是以纳税人拥有或支配的财产为课税对象的税类。

2. 财产课税的特征

（1）课税不普遍，具有选择性。

由于财产的种类繁多，加之一些财产又容易转移和隐匿，各国都很难做到对全部财产征税，通常只是选择一些容易控制和管理的财产征税，如对土地、房屋等不动产的征税。

（2）税负不易转嫁，课税比较公平。

财产课税属于直接税，税负难以转嫁，课税的结果会直接增加纳税人的负担。由于拥有财产的多寡可以反映纳税能力，对财产课税符合量能纳税原则，能调节纳税人收入，有利于[illegible]

（3）税收弹性差，税源有限，一般是作为地方税种。

项目四

国　　债

学习目标

1. 了解国债。
2. 了解国债的负担与规模。
3. 掌握国债的管理制度。

任务一 国债概述

政府为了弥补财力不足或调节社会资金，在运用税收手段已无法满足筹资需要或不宜增加税收的情况下，通过信用方式筹集的财政收入，便是国债。

一、国债

（一）国债的概念

国债是国家举借的债务，具体来说，是指中央政府在国内外发行债券或向外国政府、国际组织和金融机构借款所形成的国家债务。国债是一种非经常性财政收入，既属于财政范畴，又属于债务范畴。

（二）国债与税收、私债的区别

1. 国债与税收的区别

国债与税收有着本质的区别。国债是一种预期的财政支出，它具有偿还性，债券或借款到期不仅要还本，而且要支付一定的利息；而税收则是无偿性的。此外，国债具有认购上的自愿性，人们是否认购、认购多少，完全由自己决定，这也与强制课征的税收有明显不同。

2. 国债与私债的区别

国债是以政府的税收收入作为偿还的物质基础，其发行的依据是国家信用，而国家信用的基础又是国家的主权和资源，故其安全性相对较高；而私债是以私人信用（以收益或财产作为担保或抵押）为依据，人们只有在确信发行者有还本付息能力的情况下才会认购，其信用基础相对薄弱，对债权人来说风险较大。

二、国债的产生与发展

国债是在私债的基础上发展和演变而来的。我国国债最早出现在清朝末年。1898 年清朝发行了总额为 1 100 万两银子的“昭信股票”，这是我国最早发行的国债。新民主主义革命时期，中国共产党领导的红色政权也多次发行公债，这些公债在保证革命战争供给、发展根据地的经济建设和其他公益事业等方面发挥了重要作用。我国国债的真正发展是在中华人民共和国成立之后。

中华人民共和国成立以来，我国的国债发行大体可分为五个阶段：

第一个阶段是在 1950 年。这一阶段，为了弥补财政赤字，制止通货膨胀，保证仍在进行的革命战争的供给和恢复国民经济，国家发行了“人民胜利折实公债”。

第二个阶段是 1954—1958 年。当时国民经济恢复任务胜利完成，我国开始第一个五年计划，进入大规模的经济建设时期。为了筹集建设基金进行社会主义经济建设，国家分五次发行了总额为 35.46 亿元的“国家经济建设公债”。

第三个阶段是 1979—1993 年。为了弥补财政赤字和筹集建设资金，从 1979 年起，我国政府开始每年都筹措一定数量的外债，并从 1981 年起重新发行国库券。此后又相继发行了国家重点建设债券、财政债券、特种债券、定向债券、保值债券、转换债券、凭证式国债、记账式国债等。

第四个阶段是 1994—1997 年。从 1994 年开始，我国对财政赤字弥补方式进行改革，由原先采用发行国债和向中央银行透支两种方式改为发行国债一种方式。1994 年财政部第一次发行半年期国债、一年期国债和两年期国债，实现了国债期限品种的多样化。

第五个阶段是 1998 年至今。1998 年我国开始实行积极的财政政策，扩大财政支出，加大对基础设施的投入力度，国债发行规模又上了一个新的台阶。并且随着国债规模的扩大，我国逐步加深了对国债功能和国债的适度规模的认识，在此基础上，按照社会主义市场经济的要求，积极完善国债制度，进一步加强对国债的管理。

三、国债的功能

（一）弥补财政赤字

当财政收入小于财政支出时，就会出现财政赤字，即收不抵支的差额。为了弥补财政赤字，国家可以采取以下三种方式：一是增加税收；二是向银行透支，即借款；三是发行国债。其中，最理想的方式就是发行国债。一方面，将不属于政府支配的资金在一定时期内让渡给政府使用，是社会资金使用权的单方面转移，流通中的货币总量一般不变，不会导致通货膨胀；另一方面，国债的认购通常遵循自愿的原则，通过发行国债获取的资金基本上是社会资金中企业和居民闲置不用的那一部分。将这部分资金暂时交由财政使用，不会对经济发展产生不利的影响。

【延伸阅读】

利用增加税收的方式来弥补财政赤字，客观上受经济发展速度和效益制约，如果强行增税，就会影响经济发展，使财源枯竭；同时，又要受立法程序的制约，也不易为纳税人所接受。如果通过向中央银行透支的方式来弥补财政赤字，等于中央银行增加财政性货币发行，这样就可以解决财政先支后收等暂时性矛盾，但可能会扩大流通中的货币量，导致中央银行沦为弥补财政赤字的简单货币供应者，有损于货币的正常供给及金融稳定，引起物价的上涨，最终导致通货膨胀。因而，包括我国在内的世界各国，都通过法律禁止财政采取向中央银行透支的方式来弥补财政赤字。

利用国债弥补财政赤字时，应注意以下两点：一是财政赤字过大，形成债台高筑，还本付息的压力会进一步加大财政赤字，最终导致财政收支的恶性循环；二是社会闲置资金是有限的，如果政府集中过多，将会减少民间可借贷资金的供给，或提高民间的投资成本，从而降低社会投资和消费水平。

（二）筹集建设资金

国债所筹集的资金主要用于非经营性的公共设施建设。在市场经济条件下，财政的经济建设职能主要是在市场失效领域及提供公共产品领域弥补民间投资的不足，促进经济的发展，而单独依靠税收等正常的财政收入形式并不能完全满足政府对资金的需求，因此有必要通过发行国债为财政筹集建设资金。不过，经营性的生产建设资金的筹集主要还是由相关企业通过资本市场以直接融资的方式取得。对于长期性财政投资项目，政府也可以通过借新债还旧债的途径长久地占有国债资金。

（三）调节经济

财政政策和货币政策是宏观经济调控的重要手段，而国债是连接财政政策和货币政策的唯一的政策工具。国债是财政分配的组成部分，是对国内生产总值的再分配，反映了对社会资源的重新配置。国债的筹集和使用过程，也是国家有目的地调节经济的过程。因为国债发行规模不仅影响国家所支配财力的规模，而且会改变民间和政府部门占有资源的规模，影响社会资源在两大部门的原有配置格局。国债调节经济的功能主要表现为以下几个方面：

1. 调节积累基金与消费基金，促进二者比例关系合理化

国民收入经过初次分配和再分配，最终形成积累基金和消费基金，二者的比例是否合理，会直接影响国家经济建设和人民生活水平。现实经济生活中，由于国民收入中的消费基金与人们的实际消费额之间存在着数量上的不等和时间上的不一致，而且有相当部分是剩余或暂时不用的消费基金，这部分闲置的消费基金的增加会影响经济建设，因此国家通过国债的方式将其在一定时间内转化为积累基金，用积累基金的投资收益归还国债的本息，既能够调节积累基金和消费基金的比例，又不耽误经济建设，也不影响人们生活。

2. 调节投资结构，促进产业结构优化

改革开放以来，我国曾一度出现投资失控和膨胀的局面。投资结构不合理，其主要原因

是预算外投资增长过猛，银行发放投资性贷款过多，各地有不少重复性建设和盲目建设的项目，加剧了产业结构的不合理。国家通过发行国债，可将部分预算外资金集中起来，投资于农业、能源、交通和原材料等国民经济的薄弱部门和基础产业，补救措施可以控制投资规模，还可以调节投资结构，促进产业结构的合理化，从而促进整个国民经济长期、稳定、协调发展。

3. 调节资金供求和流通中的货币量

在一个完善的市场经济体系中，调节资金供求和货币流通量，可以通过增加或减少国债的发行以及调整国债的利率和贴现率。一般情况下，增加国债发行和提高国债利率，可以减少流通中的货币量和货币供应量；反之，减少国债发行或偿还原有国债和降低国债利率，可以增加流通中的货币量和货币供应量。但如果债券被直接当作流通手段和支付手段来使用，它则等同于货币，这样必然会使流通中的货币量增加，从而带来通货膨胀的后果，因此这种情形是必须要加以制止的。此外，通过确定和合理调整国债的利率可以影响银行利率水平，从而调节资金供求和货币流通量。

任务二 国债的负担与规模

国债是一种基于国家信用的基础发行的债券，国债的负担是指由于发行国债而给其债务人和债权人等造成的压力。我们必须看到，国债负担是客观存在的事实。

社会主义市场经济体制下，国债已成为财政政策必不可少的工具之一。但是，我们在利用国债的同时，必须充分考虑到国债只是财政收入的一个补充性来源，过分依赖反而会导致不良后果，因此要考虑国债的规模是否适度。

一、国债的负担

理解国债的负担可从以下三个角度进行分析：

（一）从政府角度

从政府角度看，为了维护政府的良好信用，政府借债到期是必须要还本付息的，尽管政府利用国债获得了经济利益，但偿债体现为一种支出，借债的过程也就是政府国债负担形成的过程。所以，政府借债必须要考虑自身的负担能力，即偿还能力，只能量力而行。国债对政府造成的负担的大小，与国债收入的使用方向有着直接的关系。如果国债收入用于经济建设支出，在正常情况下，会带来国民经济的增长，增加税收收入，从而使政府偿还国债有确定的资金保证。如果国债收入用于经常性支出，即只有支出，没有收入，则国家的偿债资金来源就没有保证。所以，国债收入应用于经济建设支出，而不应用于经常性支出。

（二）从国债认购者角度

从国债认购者角度看，用于购买国债的资金主要是地方企业和居民个人拥有的暂时性闲置资金，这些资金用于国债投资，在国债偿还之前，认购者不再拥有资金的使用权，实际上减少了他们用于其他方面的投资，因而对其经济行为会产生一定影响，故国债的发行必须考虑认购人的负担能力。

（三）从国债的偿还角度

从国债的偿还角度看，偿还国债的资金归根结底来源于税收。增加税收偿还国债会影响经济发展和社会各阶层的经济利益，直接或间接地形成劳动者的负担。而且，如果国债的偿还期较长，使用效益低，还会造成未来收入不足以偿还本息。这种情况将使当代人借的债转移到下一代人甚至几代人，由其偿还和负担，从而形成代际负担。如果转移债务负担的同时利用国债为后人创造了更多的财富或奠定了创造财富的基础，这种债务负担的转移通常被认为是正常的；如果留给后代人的只有净债务，那么将会极大地影响后代人的生产和生活。

二、国债发行限度

发行国债是筹集资金解决政府支出不足的重要手段，但是国债的发行数量是有限度的。

（一）国债发行限度的产生和含义

国债的发行会产生多方面的负担，如果规模过大，超过各方面的负担能力，就会造成社会再生产的破坏，甚至会给财政和社会经济的正常发展带来极大的负面影响，从而可能引发财政危机甚至经济危机；如果规模过小，就无法满足国家筹集资金的需要，无法将社会上大量闲散资金有效地用于社会的扩大再生产，从而造成浪费或导致超前消费或高消费。因此，发行国债一定要适度，要有其客观的数量界限。

国债发行限度一般是指国债发行规模的最高额度。所谓国债发行规模，主要包括三个方面：一是历年累计债务总规模；二是当年发行的国债总额；三是当年到期需偿还的国债总额。

（二）国债发行限度的参考指标

1. 国债依存度

国债依存度是指当年国债发行额占当年财政支出的比重。它反映当年财政支出有多少是依靠发行国债来筹集的，反映其对债务收入的依赖程度。当国债发行量过大，依存度过高时，表明财政支出过分依赖债务收入，财政处于脆弱状态，并对财政的未来发展构成潜在的威胁。一般来说，国债依存度比例不宜过高，国际公认的控制线是在20%以下。国债依存度用公式表示为

$$国债依存度=当年国债发行额\div当年财政支出\times100\%$$

2. 国债负担率

国债负担率是指到计算期为止，国家历年发行国债尚未偿还的累计余额与当年国内生产总值的比例关系。它反映国家债务累计的总规模，是研究控制债务总量和防止出现债务危机的重要依据。国际公认的国债负担率警戒线为45%。世界上许多国家的国债负担率一般都在20%~40%。国债负担率用公式表示为

$$国债负担率=当年国债累计余额\div当年国内生产总值\times100\%$$

3. 国债偿债率

国债偿债率是指当年到期还本付息的国债总额占当年财政收入的比重。它可直接反映政

府的偿债能力。国债偿债率用公式表示为

$$国债偿债率=当年还本付息额\div当年财政收入\times100\%$$

任务三 国债的管理制度

国债的管理制度是指有关国债的种类、发行、偿还、流通和管理等方面的制度的总称，它反映了国债的债权人与债务人之间的相互关系。

一、国债的种类

1. 以国家举债的形式为标准划分

以国家举债的形式为标准，国债可以分为国家借款和发行债券。

国家借款是最原始的举债形式，它具有手续简便、成本费用低等特点，但借款通常只能在借债主体数量较少的情况下进行，不具有普遍性，在应债主体较多的情况下，则应采用发行债券的形式。

2. 以筹措和发行的地域为标准划分

以筹措和发行的地域为标准，国债可以分为内债和外债。内债是指国家在本国的借款和发行的债券。外债则是指国家向其他国家政府、银行、国际金融组织的借款和在国外发行的债券。

3. 以债券能否流通上市为标准划分

以债券能否流通上市为标准，国债可以分为可上市国债和不可上市国债。

可上市国债是指发行期过后，可以在证券市场上自由交易的国债。不可上市国债是指在发行期规定不能进入市场流通，只能按规定时间兑付的国债。

4. 以国债的偿还期限为标准划分

以国债的偿还期限为标准，国债可以分为短期国债、中期国债和长期国债。

短期国债是指偿还期在 1 年以内的国债。中期国债是指偿还期在 1~10 年的国债，可以在较长时间内使用，有利于国家有目的地安排生产建设。长期国债是指偿还期限在 10 年以上的国债。

5. 以国债的付息方式为标准划分

以国债的付息方式为标准，国债可以分为到期一次还本付息国债、定期付息国债和贴现国债。

到期一次还本付息国债是指期满时本息一次偿还的国债；定期付息国债是按年或半年支付利息，本金在期满时一次偿付的国债；贴现国债是指以低于票面金额的价格发行，期满时以票面金额偿还，票面金额与发行价之差即为债券收益的国债。我国发行的大部分国债都属于到期一次还本付息国债。

6. 以发行的计量单位为标准划分

以发行的计量单位为标准，国债可以分为货币国债和实物国债。

货币国债是指以货币为计量单位所发行的国债。在商品经济发展比较充分、币值比较稳定的条件下，国债的发行一般采用货币国债的形式。实物国债是指以一种或多种实物为计量单位所发行的国债。实物国债一般是在商品经济不发达、币值不稳定的条件下采用的一种发行方式。

7. 以筹措和发行的性质为标准划分

以筹措和发行的性质为标准，国债可以分为强制国债和自由国债。

强制国债是指国家为实现特定的政治经济目的，凭借权力强制分摊承购所发行的国债。自由国债的发行则是严格按照信用原则，在自愿基础上发行的，是现代世界各国普遍采用的发行国债的一种方式。

二、国债的发行

国债的发行是指国债售出或被投资者认购的过程，是国债运行的起点。国债发行涉及国债发行规模、国债发行价格、国债发行方式和国债发行利率问题。

（一）国债发行规模

从我国目前的情况看，每年国债的发行规模主要由预算赤字加国债还本付息额来确定。另外，还需考虑宏观经济环境、政府承受能力以及社会应债能力等因素。

（二）国债发行价格

国债发行价格是指政府债券的出售价格。因受供求关系的影响，国家发行的国债价格不一定就是国债的面值，其价格可能高于面值，也可能低于面值。按照发行价格与票面值的关系，国债发行价格可以分为平价发行、折价发行和溢价发行三种情况。

平价发行就是政府债券按票面值出售。投资者按票面值支付购买金额，政府按票面值取得收入，到期亦按票面值还本。折价发行就是政府债券以低于票面值的价格出售，即投资者按低于票面值的价格支付购买金额，政府按这一折价取得收入，到期仍按票面值还本。溢价发行就是政府债券以超过票面值的价格出售，即投资者按高于票面值的价格支付购买金额，政府按这一价格取得收入，到期则按票面值还本。

（三）国债发行方式

1. 行政摊派方式

行政摊派方式是指政府在发行国债时，根据情况强制地向各部门、企事业单位分配购买任务，要求保证完成认购指标。这种发行方式虽然能够保证完成发行任务，保证资金及时入库，但会影响国家声誉。

2. 代销方式

代销方式是指由财政部委托代销者向社会出售国债。代销者按预定的发行条件，于约定日期代为推销。代销期结束后，未销出的余额需全部退回财政部。

3. 包销方式

包销方式是指政府将发行的国债数额、发行费用等条件经过协商，先由拥有一定规模和较高资信的机构组成国债承购包销团，按一定条件直接向财政部承购包销国债，再通过各自的销售网点向社会转售。未销出的余额由国债承购包销团自己认购。包销方式手续简便，发行时间短，有利于国债发行的资金及时入库。然而，如果金融机构难以全部推销，那么自身将承担差额部分，因此会助长信用膨胀。

4. 招标方式

招标方式是指在金融市场上通过公开招标发行国债的方式。招标的方式主要是通过投标人的直接竞价来确定价格（或利率）水平，发行人将投标人的报价由高到低排列，或将利率由低到高排列，从高价或低利率选起，直至达到需要发行的数额为止。

（四）国债发行利率

国债发行利率是国债利息与票面值的比例。国债发行到期时不仅要还本，而且要支付一定的利息，利息的多少取决于国债发行利率。国债发行利率的确定既关系到国债的发行，又关系到国债的偿还，还关系到对市场利率和经济增长的影响。一般来讲，影响国债发行利率的因素主要有以下几种：

1. 金融市场利率水平

金融市场利率水平一般是指证券市场上各种证券的平均利率水平。国债作为一种金融商品在市场上买卖、转让，投资者对金融商品的选择，势必要受到金融市场利率水平的影响。一般的原则是国债发行利率要与金融市场利率大体保持相当的水平。如果国债发行利率高于金融市场利率，那么不仅会增加财政的利息负担，还会出现国债排挤其他证券市场和经济的稳定；反之，国债发行利率低于金融市场利率太多，则会使国债失去吸引力，影响国债的正常发行。从一般趋势来看，国债发行利率应低于金融市场利率。

2. 市场发育程度

一般来说，市场发育程度越高，市场机制运行状况良好，筹资渠道通畅，竞争机制健全，国债发行顺利，筹资的成本低，国债发行利率的水平就较低；反之，则较高。

3. 政府信用

国债的发行是以国家的信用做担保，由政府直接出面进行借贷的一种行为。一般来说，政府信誉越高，国债就越有可能在低于金融市场利率的条件下发行；反之，则会无人问津，销售不出去。

4. 社会资金的供给量

社会闲置资金越多，国债发行利率可适当降低；反之，则必须相应提高。

三、国债的偿还

（一）国债的偿还方式

国债的偿还是指国家依据发行时的规定，对到期国债支付本金和利息以终止债权债务关系的过程。国债的偿还方式主要有以下几种：

1. 分期逐步偿还法

分期逐步偿还法即对一种债券规定几个还本期，每期偿还一定比例，直到债券到期时全部偿清。这种偿还方式的优点是可以避免到期一次偿还给财政带来的压力；其缺点是随着还本的推迟、利率的增高，国债偿还的工作量和负债程度增大。

2. 抽签偿还法

抽签偿还法又叫轮次偿还法，是指政府通过定期抽签确定偿还该项国债的方法。一般以国债的号码为抽签依据，一是定期抽签法，即政府根据国债偿还年限、偿还比例，通过定期分次抽签来确定每年应偿还国债的数额；二是一次抽签法，即把归还期内的全部国债，在第一次偿还前，按照国债号码一次性抽签，以确定每年应偿还国债的数额。

3. 到期一次偿还法

到期一次偿还法是指在债券到期日按票面一次还清本息的方法。这种偿还方式的优点是国债还本管理工作简单、易行，可以集中一次偿还国债；其缺点是财政支付压力较大。

4. 市场购销偿还法

市场购销偿还法是政府在债券期限内通过定期或不定期地从证券市场上买回（或赎回）一定比例的债券，买回后不再卖出，以致在这种债券期满时，已全部或绝大部分被政府持有，债券偿还已变成政府内部账目处理问题。不过，政府需买回可转让国债，并且需要为市场购销进行大量复杂的工作，对国债流通市场有较高的要求。市场购销偿还法已成为短期债券的主要偿还方式。

5. 调换偿还法

调换偿还法是指为了缓解兑付高峰、国家财政资金紧缺与债务集中偿还的矛盾，常常通过发行新债兑换到期的旧债来偿还国债。严格来说，通过这种方法，政府并没有按期偿还国债，不利于维护政府的债信，因此不宜经常采用。

（二）国债偿还资金的来源

为了保证政府的信誉，国债到期必须归还。为了归还国债，世界上不少国家建立了符合自己国债的偿债基金或减债基金。为了给国债的发行和偿还创造一个良性循环的条件，有必要结合我国国情建立具有中国特色的偿债基金。偿债基金的资金来源主要有以下几个方面：

1. 从政府预算中划拨专款

政府预算设置专项基金用于偿还国债，即从每年财政收入中拨出一笔专款，由特定的机关管理，只能用于偿付国债，不能用作其他用途。而且在还清之前，每年的预算拨款不能减少，以期逐年减少债务。

2. 财政年度的预算盈余

每年的国债偿还数都应作为财政支出的一个项目列入当年支出预算，由正常的财政收入来保证国债的偿还。但是这要求正常财政收入在满足一般财政支出后仍有剩余，并且只有在财政收入比较充裕的情况下才可以做到。

3. 举借新债

举借新债是政府通过发行新债为到期债务筹措偿还资金，它是政府偿还国债的基本手段。从实践来看，财政收入不足与偿债负担沉重几乎是各国财政共同存在的问题，每年的到期债务已远非正常财务收入所能负担，举借新债偿还旧债便成为各国政府国债偿还的必然选择。从理论上看，单项国债无疑存在偿还期，但从债务总体（国债结构）来看，它实际上并不存在偿还期，而是可以采用借新债还旧债的办法，无限期地延续下去。

4. 国债资金投入生产建设使用带来的收益

国债资金投入生产建设使用带来的收益也是国债偿还资金的来源之一。

四、国债市场

国债市场是指政府通过证券市场所进行的国债交易活动，是证券市场的组成部分。

（一）一级市场

一级市场又称国债发行市场或初级市场，指国债发行场所，是国债交易的初始环节。一般是政府与证券承销机构，如银行、金融机构和证券经纪人之间的交易，通常由证券承销机构一次性全部买下所要发行的国债。

（二）二级市场

二级市场又称国债流通市场或次级市场，是国债交易的第二个环节。一般是国债承销机构与投资者之间的交易，也包括国债持有者与政府之间的交易，它分为证券交易所交易和场外交易两类。

国债市场的完善与发展对全面发展市场、健全市场体系有着重要意义。我国现在的主要方向是完善和发展国家二级市场。可从以下几个方面着手：一是增加国债种类，适当扩大国债规模；二是建立国债市场平准基金，确定合理的国债二级市场的交易价格；三是加强法制建设，强化国债流通市场管理。

五、国债管理

国债管理是指一国政府通过国债的发行、偿还和市场买卖活动，对国债总额的增减、结构变化和利率升降等方面制定适当的方针，采取有效措施，以达到筹措财政资金与稳定经济的目的。

（一）国债管理的原则

1. 促进经济的稳定增长

经济的稳定增长是国家宏观调控的目标，国债作为实现宏观调控的手段，必须将促进经济的稳定增长放在首要目标，同财政政策和货币政策相协调。

2. 满足投资者的需要

政府在债券类型选择方面和在政府预借款人之间互利的安排方面能满足投资者的需要。

3. 争取利息成本最小化

国债的利息是由税收筹集的资金进行支付的，支付最低的国债利息必然使课征的税收最低。若要使利息成本最小化，则长期债券应在低利率时发行，短期债券应在高利率时发行，而这种做法可能会对经济产生不利影响。利息成本最小化与财政政策和货币政策的目标往往存在矛盾，因此利息成本最小化原则在有些情况下是不适用的。

（二）国债管理的内容

1. 降低国债发行成本，减少国债发行费用

降低国债发行成本和减少国债发行费用的途径主要是降低利息支出，因为国债发行成本和费用中利息的支付占有很大的比重。

2. 控制国债依存度

对国债依存度的管理，一是要有量的控制，二是要有质的控制，包括合理安排债务收入的投向，合理选择国债的期限结构。

要尽量避开偿债的高峰期，选择国债期限结构时要尽可能地科学化，将短期国债、中期国债和长期国债的结构进行合理的安排。

3. 国债的调换与整理

（1）国债的调换。

国债的调换是指在国债清偿以前，改变原来规定的发行条件。它通常以法律的形式加以规定，一般包括增加或减少国债的本金，提高或降低国债的发行利率，停付国债利息，延长偿还期限等。国债调换的目的是使国家能够延期偿债，以低利新国债取代高利旧国债，减轻国库负担。

（2）国债的整理。

国债的整理是指政府将原来发行的不同类型的、条件不一的国债，统一归并成一种还本付息条件相同的国债，以便加强债务管理，维护国家信誉。国债整理的目的主要是保证债权人的利益，提高国家信誉。

【延伸阅读】

如何购买国债？

目前我国发行的国债主要以凭证式国债和电子式储蓄国债为主。凭证式国债只能在银行柜台购买，投资者只需要带好身份证和银行卡前往银行网点进行购买即可。

电子式储蓄国债有两种购买方式：网络银行（简称网银）和银行柜台，建议大家优先选择网银购买。

注意：不是所有银行都可以用网银购买电子式储蓄国债，建议投资者购买前先给银行的客服打电话确认。目前支持购买电子式储蓄国债的有中国工商银行、中国农业银行、中国银行、中国建设银行、招商银行、交通银行、广东发展银行等的网银。投资者如果没有网银，可提前去银行开通。

另外，不是只有大银行的国债才有保障，其实每个银行发行的国债利率都是一样的。大银行网点多、人流大，往往更早售罄。所以，投资者可以去人流量较少的中小型银行网点购买，这样一方面可以节省时间，另一方面也能增加购买的成功率。

1. 开通国债账户

投资者第一次购买电子式储蓄国债，需要在购买前开通“国债托管账户”。“国债托管账户”是投资者在网络银行上用于购买国债的账户。

如果投资者手里有一张支持购买国债并且已经开通网银的银行卡，那么只要登录银行的官网就可以操作。

如果投资者不会操作，可带上自己的身份证和银行卡，到银行柜台开通电子账户，把购买国债的钱转到电子账户上即可。

2. 购买当天8点半准时秒杀

8：30正式开始售卖国债，建议投资者8：00登录网银（注：使用网银购买国债一般不需要U盾）。

3. 购买后的注意事项

（1）投资者购买国债后，银行一般会给一份国债认购确认书，投资者既可在网银查询，也可打印出来存档。

（2）电子式储蓄国债每年付息，建议投资者关注每年的国债发行时间和自己购买国债的付息时间，国债每年付息之后投资者可以手动将利息转入购买下一期国债，以实现复利增值的目的。

（资料来源：http：//finance. qq. com/a/20160323/054179. htm。有改动）

课后练习题

1. 简述国债与税收、私债的区别。
2. 简述国债的功能。
3. 国债的种类有哪些？

项目五

财政支出

学习目标

1. 掌握财政支出的概念。
2. 了解财政支出的原则。
3. 了解财政支出分类。
4. 了解购买性支出和转移性支出。
5. 了解财政支出规模。
6. 了解财政支出效益与绩效分析。

任务一 财政支出的概念与原则

财政支出是财政分配活动的重要环节，它是实现政府职能的财力保证，也是政府调控国民经济的重要手段。

一、财政支出的概念

财政支出又称为预算支出或政府支出，是指国家把已经集中的财政收入资金，按照一定的方式和渠道，有计划地进行分配的过程。财政支出的规模、结构、内容和形式的变化，主要取决于政府职能及其范围的变化。它反映了国家的政策，规定了政府活动的范围和方向。

二、财政支出的原则

政府在安排和组织财政支出的过程中应当遵循一定的准则。因为财政支出内容广泛、种类繁多，涉及社会经济中各方面的利益，在安排财政支出的过程中往往会遇到各种复杂的矛盾。正确处理这些矛盾，不仅关系到政府各项职能的实现问题，而且关系到国民经济的稳定与增长。

（一）量入为出的原则

所谓量入为出的原则，是指在合理组织财政收入的基础上，根据收入来安排支出，支出总量不能超过收入总量，应严格做到收支平衡。

在实践中，财政收入与财政支出是一对矛盾。从财政支出看，财政支出反映我国各项事业的发展对资金的需要。从主观上讲，人们总希望社会主义的各项事业发展得越快越好，人民的生活水平提高得越迅速越好。事业的迅速发展，需要更多的财政资金，因此，财政支出无论从长远看还是从当前看，都具有无限扩大的趋势。而且，财政支出的最低需要量又具有不可削减的刚性。

从财政收入看，在一定生产力水平的条件下，社会总产品和国民收入的年增长量是有一定限度的，当然，财政收入也只能是一个有限的量。此外，一般来说，在一定时期内，财政收入的多少，既取决于社会总产品和国民收入的量，又取决于国家、企业、劳动者个人在国民收入分配中所占有的比例。因此，财政收入的量又具有一定的伸缩度。财政收入过少，就不能保证财政支出的最低需要，影响社会经济、政治活动的正常进行，使财政收支难以平衡；而财政收入过高，又会影响企业和劳动者个人物质利益的正常增长。因此，不能单纯地从财政支出的需要出发片面地、无限度地去组织收入，而不考虑组织收入的可能性；也不能机械地理解“量入为出”的原则，而不考虑支出与收入的合理性。

在现阶段，我国仍需要坚持量入为出的原则，这主要是因为财政支出代表的是以货币表示的社会资源的需求方，而财政收入表示社会资源的供给方。在一定时期，资源的稀缺性决定了一个国家财政收入的有限性，因而政府必须从实际出发，根据国力来安排支出。特别是从我国的实践来看，只有坚持量入为出的原则，才能以稳定、可靠的财力保障为基础，为实现基本公共服务均等化的目标而努力。

（二）优化支出结构的原则

所谓优化支出结构的原则，是指正确安排财政支出中的各种比例，使之实现结构的最优组合，以促进经济的协调、稳定发展。实现财政支出结构的优化，要处理好以下两个方面的关系：

1. 正确处理购买性支出与转移性支出的关系

购买性支出与转移性支出是按经济性质划分财政支出的结果，前者反映了政府财政的资源配置职能，后者反映了政府财政的收入分配调节职能。因此，在正确处理购买性支出与转移性支出的关系时，应本着“效率优先，兼顾公平”的原则，既要解决好财政实现资源优化配置这一经济运行的效率问题，又要处理好政府实现公平收入分配这一市场经济条件下必然存在的公平问题，从而解决好经济发展和社会进步的关系。

2. 正确处理投资性支出与公共消费性支出的关系

处理好投资性支出与公共消费性支出的关系，对社会经济生活的稳定发展十分重要。一方面，扩大再生产是社会经济发展最基本的特征，需要通过投资才能实现；另一方面，生产的目的是满足消费，消费反过来又促进生产。社会的发展必须有稳定的消费需求，才能实现经济的稳定增长。在处理二者关系的顺序上，必须坚持“先维持，后发展”的顺序，坚持先保证基本的“吃饭”问题，然后再根据量力而行的原则安排发展性支出。

（三）公平与效率兼顾的原则

所谓公平与效率兼顾的原则，制约着财政活动的整个过程，它既是财政收支活动所要坚持的原则，又是财政收支活动所要追求的更高层次的目标。

1. 财政支出公平原则

财政支出公平原则是指通过财政支出，对市场调节所形成的初次分配进行有效的再分配，以求得个人和企业在国民收入分配中能够实现机会均等。因为在受市场调节的初次分配中，需要利用利益机制拉开收入差距，刺激效率。这样受到市场调节而形成的对收入的初次分配，其结果并不理想，因此就需要政府利用财政再分配手段，来改变社会成员之间的分配状况，以提高社会公平分配的程度。财政支出公平原则主要体现在社会抚恤、社会救济以及对少数民族地区和贫困地区的财政补助等支出项目中。实现财政支出公平原则，需要科学合理地运用投资、拨款、转移支付等财政手段。例如，通过转移支付，并与社会各方面资金相配合，为社会提供社会保障基金，这是现代社会实现公平分配的重要措施，同时为经济的稳定发展提供安定的社会环境。

2. 财政支出效率原则

财政支出效率原则是指通过财政支出，优化资源配置，提高劳动生产率，以获得最大的经济效益。提高财政支出的经济效益是贯彻财政支出效率原则所要解决的关键问题。财政支出的经济效益包括三方面内容：一是确定合理的财政支出规模，使政府部门和非政府部门在资源配置上都能获得合理的供应，满足政府部门和非政府部门的需要，从而使社会再生产能顺畅运行；二是在财政支出规模既定的条件下，通过优化支出结构，促进国民经济稳定、协调发展，实现最好的宏观经济效益；三是就每项具体的财政支出来说，要用尽可能节省的支出达到既定的支出目的，取得最佳效益。

财政支出效率原则的实现要做到两点：一是科学地编制财政预算，通过预算来保证政府部门和非政府部门之间实现社会资源的优化配置；二是对每项财政支出的经济效益都要进行考察与评价，尤其是要运用经济分析的方法来决定支出方案的取舍，以实现最大的效益。我国是发展中国家，又处于建立社会主义市场经济体制的初级阶段，安排财政支出一定要坚持公平与效率兼顾的原则，并将效率放在首位。

任务二 财政支出分类

为了加强财政管理，需要对财政支出进行分类，将政府支出的内容进行合理的归纳，以便准确反映和科学分析支出活动的性质、结构、规模以及支出的效益。这样做既可促进政府预算科学编制，有利于对政府行为实施有效的监督，又有利于考察财政资金的使用方向。

财政支出按照不同的标准，可以分为以下几类：

一、按与国家职能的关系划分

按与国家职能的关系，财政支出可分为五大类，即经济建设支出、社会文教支出、国防支出、行政管理支出和其他支出。其中，经济建设支出对应政府的经济管理职能，其他四类支出对应社会管理职能。这种分类可以将财政支出与国家职能直接联系，使得政府的财政支出责任明确，也便于公众了解国家职能的转变状况。

（一）经济建设支出

经济建设支出是指国家用于生产性投资和基本建设方面的财政支出。主要包括基本建设投资支出、国有企业挖潜改造资金、科学技术三项费用（新产品试制费、中间试验费和重要科学研究补助费）、简易建筑费、地质勘探费、支援农业生产支出、城市维护建设费、环境保护支出、国家物资储备支出等。

（二）社会文教支出

社会文教支出是指用于包括文化、出版、文物、教育、科学、卫生、通信、广播、体育、档案、地震、海洋、计划生育等方面的经费、研究费、补助费及其他方面的经费支出等。

（三）国防支出

国防支出是指用于国防建设、国防科研事业、军队正规化建设以及民兵建设方面的费用支出。包括各种武器和军事设备支出、后备役支出、军事人员给养支出、有关军事的科研支出、对外军事援助支出、民兵建设事业费支出，以及用于实行兵役制的公安、边防、武装警察部队和消防队伍的各种经费和防空经费等。它主要是直接用于军事建设的经费，包括人员经费和装备经费。

（四）行政管理支出

行政管理支出是指用于国家各级权力机关、行政管理机关和外事机关行使其职能所需的费用支出。行政管理费由人员经费和公用经费组成，包括用于国家行政机关、事业单位、公安机关、司法机关、检察机关、外交机关（包括驻外机构）等部门的各种经费、业务费、干部培训费等。

（五）其他支出

其他支出包括债务支出、财政补贴和支援不发达地区支出等。其中，债务支出是指财政用于偿还国内、外债务的支出，主要包括政府向国内、外借款的还本付息支出等。

二、按经济性质划分

按经济性质，即以财政支出是否与商品或劳务相交换为标准，财政支出可分为购买性支出和转移性支出。

（一）购买性支出

购买性支出是政府购买商品或劳务的支出，包括购买进行日常政务活动所需的支出和用于国家投资所需的商品或劳务的支出。购买性支出包括社会消费性支出和政府投资性支出两大类，前者包括政府各部门的事业费、行政管理费、文教科卫支出等，后者包括政府各部门对农业、基础设施、基础产业、支柱产业等的投资拨款。

（二）转移性支出

转移性支出是指政府不获得直接的经济利益补偿的单方面支出。这类支出主要有社会保障支出、各种财政补贴、捐赠支出和债务利息支出等。转移性支出是政府的非市场性再分配活动。

转移性支出所起的作用，是通过支出过程使政府所有的资金转移到领受者（受益人）手中，是资金使用权的转移。微观经济主体获得这笔资金以后，究竟是否用于购买商品或劳务以及购买哪些商品或劳务，这已脱离政府的控制。因此，此类支出对收入分配有直接的影响，对生产和就业的影响是间接的。

在财政支出总额中，如果购买性支出所占比重较大，财政分配活动对生产和就业的影响就相对较大，直接通过财政配置的经济资源规模相应也就较大；反之，如果转移性支出所占比重较大，财政分配活动对社会收入分配的直接影响就大。购买性支出与转移性支出所占财政支出的比重，不同国家在不同时期有所不同。一般而言，在发展中国家，由于政府较多地直接参与经济活动，而财政收入相对较少，故购买性支出占财政支出的比重较大；在发达国家，由于政府较少地直接参与经济活动，财政职能侧重于收入分配公平与经济稳定增长，而且财政收入相对较充裕，因而转移性支出占财政支出的比重较大。

任务三 购买性支出

购买性支出直接表现为政府在商品或劳务市场上购买商品或劳务的支出，包括购买进行日常政务活动所需商品或劳务的支出和用于国家投资所需商品或劳务的支出。前者如政府各部门的事业费，后者如政府各部门的投资拨款。这些支出都是财政付出了资金后，相应地购得了商品或劳务，并运用这些商品或劳务实现国家的职能。购买性支出体现的是政府的市场性再分配活动。

购买性支出包括社会消费性支出和政府投资性支出。

一、社会消费性支出

社会消费性支出是政府直接在市场上购买并消耗商品或劳务所形成的支出，是购买性支出的重要组成部分，是国家执行其政治职能和社会职能的财力保证。

按照我国现行的财政支出项目分类，属于社会消费性支出的项目主要包括一般公共服务支出、国防支出、外交支出、公共安全支出、教育支出、科学技术支出、文化体育与传媒支出以及卫生保健支出等内容。其中，一般公共服务支出、国防支出、外交支出、公共安全支出是满足纯粹公共需要的，是公共财政存在的主要依据，属于纯公共管理支出；教育支出、科学技术支出、文化体育与传媒支出以及卫生保健支出属于准公共管理支出，归结为文教科卫支出。在此，我们主要对一般公共服务支出、国防支出、外交支出、公共安全支出、教育支出、科学技术支出等社会消费性支出进行分析。

（一）一般公共服务支出

一般公共服务支出是指政府提供一般公共服务的支出。这类支出主要包括权力机关经费、行政业务费及其他行政费用等。按费用要素区分，一般公共服务支出包括人员经费和公用经费两大类。

（二）国防支出

国防支出反映政府用于现役部队、国防后备力量、国防动员等方面的支出。国防支出在防御外敌侵犯、保卫国家安全等方面起着不可替代的作用，因此应根据我国经济发展和所面临的国际环境，合理安排国防支出，提高国防费用的分配和使用效率。

（三）外交支出

外交支出反映政府外交事务支出，包括外交行政管理、驻外机构、对外援助、国际组织、对外合作与交流、边界勘界联检等方面的支出。

（四）公共安全支出

公共安全支出反映政府维护社会公共安全方面的支出，主要包括武装警察、公安、国家安全、检察、法院、司法行政、监狱等的机关经费、业务费及其他经费等。

（五）文教科卫支出

文教科卫支出是指财政用于文化、教育、科学、卫生、体育、通信、广播影视等事业单位的经费支出。

科学技术是第一生产力。科技进步、增加投资和提高管理水平是国民经济增长的三大动力。而教育是科技的源泉和基础。新的科学知识也唯有通过教育才能传播开来，劳动者的科学文化知识、劳动技能和管理技能，主要是通过教育获得的，劳动者素质主要取决于其受教育的程度。此外，医疗保健事业的发展，直接关系着亿万人民的身体健康，是提高劳动者素质的主要保证。

文化、教育、科学和卫生事业的发展在现代经济发展中发挥着越来越大的作用，已成为现代经济发展的重要推动力和保障。各国政府无不投入大量的资金，而且支出规模越来越大。

二、政府投资性支出

政府投资性支出又称财政投资或公共投资，它是财政支出中的重要组成部分，是以政府为主体，将其从社会产品或国民收入中筹集起来的财政资金用于国民经济各部门的一种集中性、政策性投资。

（一）政府投资性支出的特点

1. 政府投资可以获得微利或不赢利

由于政府处于宏观调控主体的地位，因此财政投资可以从事社会效益好而经济效益一般的投资，如公共设施、能源、交通、农业、通信和治理污染等有关国计民生的产业和领域。政府投资可以获得微利或不赢利，但是，政府投资建成的项目，可以极大地提高国民经济的整体效益。

2. 政府投资的资金来源可靠

政府投资的资金来源可靠，可投资于大型项目和长期项目。

3. 政府投资具有很强的综合性

政府投资与财政、金融等宏观经济政策密切相关，具有很强的综合性。因此，投资规模、结构和布局会直接影响国民经济结构和区域经济发展以及社会总供求的平衡。政府投资是调控经济运行的重要手段，对于保证国民经济的健康、协调、稳定发展具有重要作用。

（二）政府投资性支出的领域

1. 社会基础设施和公共基础设施投资领域

社会基础设施是指一国在科学技术研究和开发方面，以及教育和公共卫生等社会发展方面的基础设施。

公共基础设施是指一国经济发展的外部环境所必需的基础设施，包括交通、邮电、供水供电、商业服务、园林绿化、环境保护等市政公共工程设施和公共生活服务设施等。在现代社会，完善的基础设施对加速社会经济发展、促进经济增长、提高生活质量起着巨大的推动作用，基础设施的投资应成为政府投资性支出的重点领域。但是，建立完善的基础设施往往需要较长时间和巨额投资，发展中国家普遍存在基础设施发展滞后的问题。

2. 经济基础产业投资领域

经济基础产业是关系到国计民生的重要企业，是经济发展必不可少的因素，主要包括能源、基本原材料等。这类产业具有资本密集度高、投资大、建设周期长、投资回收慢等特点，如果没有政府投资的支持，经济基础产业就很难迅速发展。因此，政府应介入此类产业的投资，同时可以鼓励和吸引社会资金共同投资。

3. 高新技术产业投资领域

新兴产业在未来经济发展中具有强大的推动力，对其他产业劳动生产率的提高起着关键作用。我国产业升级的根本途径在于应用科学技术。为此，政府财政投资要支持运用新的技术来改造和发展传统产业，使传统产业有新的发展和新的生命力。要以重大技术突破和重大发展需求为基础，促进新兴科技与新兴产业深度融合，在继续做强做大高新技术产业的基础上，把战略性新兴产业培育发展成为先导性、支柱性产业。财政投资应有选择地发展节能环保、新一代信息技术、生物、高端装备制造、新能源、新材料、新能源汽车等战略性新兴产业，充分发挥高新技术产业对国民经济发展的重要作用。

4. 农业投资领域

我国的农业发展仍然面临一些深层次的矛盾，主要是农业生产条件落后，发展后劲不足，农业基础不稳，而且从长远看农业产品供给和需求的矛盾依然十分突出。农业在国民经济中既是一个基础产业，又是一个弱势产业，因此在政府的投资安排中必须给予重点保证，要加强农业基础建设，推进农业结构战略性调整，促进发展高产、优质、高效、生态、安全农业，努力拓宽农民增收渠道。

（三）政府投资性支出的宏观调控功能

1. 直接调控

直接调控是指根据宏观经济政策目标，结合非政府投资的状态，安排政府自身投资的方向、规模与结构，使全社会的投资达到最优化状态。

2. 间接调控

间接调控是指通过产业政策的导向作用，综合运用财政投资、税收、财政补贴政策等，约束、调整非政府投资的条件，调控非政府投资的方向。

随着社会主义市场经济体制的建立，财政投资占财政支出的比重将有所下降，但仍发挥着不可替代的引导结构调整的作用。

任务四 转移性支出

转移性支出是政府为实现其对社会经济生活的调控职能，转移给各受益主体并由他们最终实现的支出，主要包括社会保障支出、各种财政补贴等。

一、转移性支出的特点

转移性支出的特点如下：

（1）转移性支出是一种单方面的无偿支付，政府不能从中获得相等代价的补偿，受益者也不必偿还。

（2）转移性支出不表现为对商品或劳务的直接购买，而是表现为为了实现社会公平与效率而采取的资金转移措施。

（3）转移性支出是财政履行稳定职能的重要手段。这类支出会增加有关企业和私人的可支配收入，间接增加社会购买力，影响宏观经济的运行状况。

（4）与购买性支出相比，转移性支出的重点在于体现社会公平，对市场经济运行的影响是间接的。

二、社会保障支出

现代社会下的任何国家，社会保障支出都与社会保障制度联系在一起。目前，世界上大多数国家和地区已经建立起各种不同类型的社会保障制度，把推行社会保障制度作为一项重要的社会经济政策。

（一）社会保障和社会保障制度

社会保障制度是政府或社会对其所有社会成员在生、老、病、死、伤残、失业、灾害等情况下确保其最低限度经济生活需要的一种制度。社会保障作为一种社会经济制度，是在西方资本主义国家工业革命以后，为了应对工业化大生产出现的系统性风险，如年老、工伤、失业等造成的物质生活困难，而逐渐发展起来的社会保障政策和措施体系。

政府是社会保障最重要的组织者和提供者，其他不少社会机构或组织也承担着一部分社会保障任务。这里所要讨论的社会保障支出，仅仅是政府的社会保障开支。当今发达国家的社会保障政策已经比较完善，形成了比较大的规模和完整的制度体系。

（二）社会保障制度的主要模式

第二次世界大战以后，社会保障制度开始进入全面发展阶段，在欧美发达国家全面建立社会保险制度的推动下，其他国家也开始建立社会保障体系。但由于各国推行社会保障制度的时间有长有短，加之社会政治制度、经济实力和文化传统等差异也很大，各国的社会保障制度在政策取向、制度设计、具体标准及实施措施等方面既有共同点，又有差异之处。综合分析以上方面，社会保障制度大致可以分为以下几种模式：

1. 福利国家型保障模式

福利国家型保障模式是在经济发达、整个社会物质生活水平提高的情况下实行的一种“从摇篮到坟墓”的全面保障形式，其目标在于“对于每个公民，由生到死的一切生活及危险，诸如疾病、灾害、老年、生育、死亡以及鳏、寡、孤、独、残障等都给予安全保障”。这种模式起源于 1942 年英国发表的《贝弗里奇报告——社会保险和相关服务》。《贝弗里奇报告——社会保险和相关服务》是素有“福利国家之父”之称的英国经济学家威廉·贝弗里奇爵士的传世经典，对整个世界的社会保障制度的建设产生了巨大的影响。

2. 社会保险型保障模式

社会保险型保障模式又称投保资助型保障模式。这种模式以社会保险为主，由国家立法强制实施，使所有劳动者被纳入社会保险网内成为现实，社会保险的资金来源也有了一定的保证。由于以社会保险为主，这种模式注重保险基金的统筹互济，同时保险待遇又与投保者的缴费年限和多少相联系，在体现社会公平的同时，也考虑到了效率与贡献的因素。这种模式起源于德国，随后为美国、日本等发达国家所效仿。

3. 强制储蓄型保障模式

强制储蓄型保障模式是指国家通过立法，强制雇主为雇员、雇员自身储蓄社会保障费用，经长期储蓄积累，以满足雇员的社会保障项目的支付需要。这种模式以新加坡、智利等国为代表。

4. 国家保障型保障模式

国家保障型保障模式是传统的社会主义国家以公有制为基础的社会保障制度。这种模式由国家和单位负担各项社会保障的全部费用，个人不需缴费，属于国家保障性质。与这种模式相适应，国家是社会保障的主体，制度建设从上至下统一由政府社会保险部门直接管理和操作。

（三）社会保障基金的筹集模式

社会保障制度运行诸环节的基础是社会保障基金的筹集，尤其是占据主导地位的社会保险基金的筹集。及时、足额地筹集社会保障基金，是确保社会保障制度顺利运行的物质基础。一般而言，社会保障基金的筹集模式主要有三种：现收现付式、完全积累式和部分积累式。

1. 现收现付式

现收现付式是以近期横向平衡原则为指导的基金筹集方式。所谓近期横向平衡，是指当年或近期内所有参加社会保障的单位提缴的社会保障基金总额，要与同期内所需支付的社会保障金额及相关费用的总额保持平衡。按照这个原则，现收现付式一般是先做出当年或近期内社会保障所需费用的预测，然后按照相同提取比率分摊到各社会保障参与单位与个人，当期提取当期支付，在收支过程中保持平衡。

所需费用的测算公式为

所需费用=上年度实际开支的总额+本年度预计增加的总额

在实际提缴基金时，通常要使提取的总额略大于预计支付的总额，做到略有结余，以保证能满足实际支付的需要。

2. 完全积累式

完全积累式也称储备积累式，是以远期纵向平衡原则为指导的社会保障基金筹集方式。所谓远期纵向平衡，是指在一个相当长的计划期内所提缴的社会保障基金及所得总和，与计划期内预计支付的社会保障金额及相关费用总额保持整体的平衡关系。这一模式强调的是在长时期内逐渐积累基金，逐渐使用基金，保持纵向的循环平衡。运用这种模式时，要先对社会经济的发展，对有关人口、就业、健康、利率等指标进行较长期的宏观预测，并在此基础上测算出计划期内社会保障所需费用的总量，再根据所需费用，有计划、按比例地在计划期内由参与社会保障的各单位和个人提缴，对积累起来的基金实行严格、科学的管理和运营。

3. 部分积累式

部分积累式也称混合式，是根据分阶段收支平衡的原则确定基金的提取，即在满足一定时期保障支出费用的前提下，留有一定的积累。它兼有现收现付式和完全积累式的特点。我国社会保障基金的筹集，是由政府根据支付费用的实际需要以及企业、职工的承受能力，按照部分积累方式，统一筹集的。具体而言，部分积累式就是将收缴的社会保障资金分为社会统筹账户和个人账户两部分。社会统筹账户按以支定收、略有结余的现收现付式筹集，个人账户则实行完全积累式，两种账户相结合形成部分积累式。

三、财政补贴

所谓财政补贴，是指政府为实现特定的政治经济和社会目标，按照规定的标准，将一部分公共资金无偿地拨付给微观经济主体的行为。目前世界各国都利用财政补贴来实现一定的政治目标和经济目标。财政补贴因此成为协调生产、流通、消费等环节，调节国民经济运行的重要经济杠杆。

作为转移性支出，财政补贴是一种国民收入再分配形式，通过不同的诱导达到政府调节社会经济结构和协调社会供求关系的目的。然而，财政补贴又有别于其他转移性支出，它总与相对价格的变动联系在一起：一是补贴引起价格变动，二是价格变动导致财政补贴，这两个方面都会对资源配置的效率和收入分配产生影响。

1. 财政补贴的特点

与其他财政支出形式相比较，财政补贴具有以下特点：

（1）政策性。

财政补贴的对象、数额、期限等都是依据政府一定时期的政策需要制定的，因而财政补贴具有很强的政策性。由于政府的政策是多方面的，因此，财政补贴不仅是政府调节经济的手段，而且是协调各种社会关系、保障社会秩序和稳定的手段。

（2）时效性。

财政补贴是为实现国家政策目标服务的，当某项政策发生变化时，财政补贴也将做相应调整；当相关政策随经济形势的变化失去效力时，财政补贴措施也应随之终止。财政补贴的相关项目需要不断地修正、更新和调整。

（3）灵活性。

财政补贴的对象具有针对性，给谁补贴、补贴多少、补贴时间长短等，均由财政部门根据国家政策的需要而定，它是国家可以掌握的一个灵活的经济杠杆。同时，国家还可根据形势的变化和政策的需要，及时地修正和调整财政补贴。

2. 财政补贴的主要内容

（1）价格补贴。

价格补贴是国家为了弥补因价格体制或政策原因造成价格过低而给生产经营带来的损失所给予的补贴。价格补贴含有粮棉油价格补贴、平抑物价等补贴、肉食补贴和其他价格补贴。价格补贴是财政补贴的最重要组成部分。

（2）政策性亏损补贴。

企业为了贯彻国家的政策、体现国家的意志而造成的亏损，与企业无关，亏损应该由国家来承担。政策性亏损补贴就是对由于国家政策的原因给生产经营企业带来的亏损而进行的补贴。

（3）职工和居民生活补贴。

这是指国家财政为了保证人民生活维持必要的水平，对职工和居民提供的补助，主要包括城镇居民生活补贴、住房补贴、交通补贴、冬季取暖补贴等。

（4）财政贴息。

这是指国家财政对某些行业、企业或项目的贷款利息，在一定期限内按利息的全部比例或一定比例给予的补助。它实质上是财政代替企业或个人向银行支付利息，目的在于鼓励开发高新技术产品，引进国外先进的技术设备等。此外，针对贫困大学生的助学贷款也属于财政贴息的方式。财政贴息在我国政府预算中被直接列为财政支出。按照 2011 年政府支出科目，列入政府预算支出的贴息项目主要有对外优惠贷款援助及贴息、就业小额担保贷款贴息、粮食折现挂账贴息、京津风沙源治理禁牧舍饲粮食折现挂账贴息、退牧还草粮食折现挂账贴息、林业贷款贴息、扶贫贷款奖补和贴息、墙体材料重点产业振兴和技术改造项目贷款贴息、民贸网点贷款贴息、金融发展商业银行贷款贴息等。

我国的财政补贴对促进经济发展、保证经济改革和社会稳定都有积极的作用，但也存在着许多问题和弊端。例如，补贴范围过宽、数额过大，超过了财政负担的能力；财政补贴掩盖了不同商品的真实比价，不利于企业间的平等竞争，也不利于企业加强经营管理、提高经济效益等。在市场经济条件下，必须严格控制财政补贴的范围，适时调整财政补贴的项目和标准，加强财政补贴的管理，调整财政补贴的方式，使财政补贴和其他经济杠杆有效结合，充分发挥财政补贴的作用。

（5）税式支出。

税式支出是指国家财政对某些纳税人或课税对象给予的减免税。税式支出只减少财政收入，并不列入预算支出，是一种隐蔽的财政补贴。之所以把税式支出看作财政补贴的一种，是因为：一方面对国家来说，税式支出会使国家掌握的财力减少，这与一般的财政补贴没有区别；另一方面，受益者因减免税而使得实际收入增加，这也与一般的财政补贴一致。因此，税式支出的实质是政府将纳税人的一部分收入无偿转移给补贴领受者。

任务五 财政支出规模

财政支出规模是财政支出研究的重要课题。

一、衡量财政支出规模的指标

财政支出规模是指财政支出的总体水平，即一个财政年度内政府通过预算安排的财政支出总额。衡量财政支出规模，通常可以使用两个指标：一是绝对量指标；二是相对量指标。绝对量指标是指一国在一定时期（通常为一个财政年度）内财政支出的货币价值总额。相对量指标是指一国在一定时期内财政支出占 GDP（Gross Domestic Product，国内生产总值）或 GNP（Gross National Product，国民生产总值）的比率。相对量指标反映了一定时期内在全社会创造的财富中由政府直接支配和使用的数额，可以通过该指标全面衡量政府经济活动在整个国民经济活动中的重要性。

一般而言，绝对量指标在对一国财政支出变化进行纵向对比时有实际意义，而相对量指标在对一国财政支出与其他国家财政支出进行横向对比以及对本国财政支出变化进行纵向比较时有参考意义。在分析、研究财政支出规模时，通常是以相对量指标作为衡量的主要指标。

二、财政支出规模的发展趋势分析

（一）财政支出规模增长的一般理论

长期以来，世界上多数国家的财政支出占 GDP 的比重都在不断提高，说明财政支出具有增长趋势。许多经济学家对此进行了深入研究，归纳起来，财政支出规模增长的理论主要有以下几种：

1. 瓦格纳法则

19 世纪德国经济学家瓦格纳提出“政府活动扩张法则”：政府活动不断扩张所带来的财政支出的不断增长，是社会经济发展的一个客观规律，随着人均收入的提高，财政支出占 GDP 的比重也随之提高。瓦格纳的结论建立在对 19 世纪的许多欧洲国家以及日本和美国的公共部门的增长情况考察的基础上。他认为，现代工业的发展会引起对社会进步的要求，而社会进步必然导致国家活动的增长。他把导致政府支出增长的因素分为政治因素、经济因素以及公共支出的需求的收入弹性。

所谓政治因素，是指随着经济的工业化，正在扩张的市场与这些市场中的当事人之间的关系会更加复杂，市场关系的复杂化引起了对商业法律和契约的需要，并要求建立司法组织执行这些法律，这样，就需要把更多的资源用于提供治安的和法律的设施。

所谓经济因素，是指工业的发展推动了都市化的进程，人口的居住密集化，由此将产生拥挤等外部性问题，这样也就需要政府进行管理与调节。

此外，瓦格纳把教育、娱乐、文化、保健与福利服务的公共支出的增长归因于需求的收入弹性，即随着实际收入的上升，这些项目的公共支出的增长将会快于 GDP 的增长。

2. 非均衡增长理论

皮科克与威斯曼在瓦格纳分析的基础上，根据对 1890—1955 年英国公共部门成长情况的研究，提出了导致公共支出增长的内在因素与外在因素，并认为，外在因素是公共支出增长超过 GDP 增长的主要原因。他们的分析建立在这样一种假设上：政府喜欢多支出、公民不愿意多缴税，因此，政府在决定预算支出规模时，应该密切注意公民关于赋税承受能力的反应。公民所容忍的税收水平是政府公共支出的约束条件。在正常条件下，经济发展，收入水平上升，以不变的税率所征得的税收也会上升。于是，政府支出上升会与 GDP 上升呈线性关系，这是内在因素作用的结果。不过，一旦发生了外部冲突，如战争，政府会被迫提高税率，而公众在危急时期也会接受提高的税率。这就是所谓的替代效应，即在危急时期，公共支出会替代私人支出，公共支出的比重会增加。但是，在危急时期过去以后，公共支出并不会退回到先前的水平。一般情况是，一个国家在结束战争之后，总有大量的国债，公共支出会持续很高，这是外在因素作用的结果。这种财政支出上升的规律，称为替代规模效应理论。

这种理论认为财政支出的增长并不是以均衡、同一速度向前发展的，而是在不断稳定增长的过程中不时出现跳跃式的发展过程。这种非均衡增长是在一个较长时期内进行的，在这一时期内，稳定增长和突发性增长是交替进行的。

3. 经济发展阶段论

马斯格雷夫和罗斯托根据经济发展阶段的不同需要来解释财政支出增长的原因。他们认为在经济发展的早期，由于交通、水利、通信等基础设施落后，而对这类基础设施的投资往往数量大、周期长、收益小，且具有较大的外部性，私人不愿意投资或没有能力投资，需要政府来提供，所以这一阶段的财政支出中用于公共投资部分的比重很大，增长的速度也很快。在经济发展的中期，政府公共性投资还应继续进行，但只是对私人投资的补充。因为经济一旦进入发展中期，私人资本积累开始上升，那些需由政府提供的具有较大外部经济效应的基础设施已基本建成，私人投资会不断增加，公共性投资支出就会下降。另外，在经济发展的中期，生活水平不断提高，人们在满足基本生活需要的同时，开始关注其他方面的需要，因此政府用于教育、卫生和安全等方面的消费性支出也会相应增加，其在整个公共支出中的比重会相应上升。同时，伴随着经济的发展，贫富分化开始加剧，因而用于解决收入分配问题的转移性支出也开始增加。在经济发展的成熟阶段，政府公共性投资支出又呈增长势头。因为，随着人均收入的进一步增长，人们对生活的质量提出了更高的要求，私人消费形式将发生变化，需要政府投资兴建更新、更先进的基础设施。同时，政府用于教育、卫生、保健、福利、安全等方面的支出也大幅度增加，从而导致整个社会财政支出的迅速增长。

（二）我国的财政支出规模及趋势分析

从世界范围看，财政支出规模的绝对量指标和相对量指标都呈现出增长趋势：随着人均收入的提高而增长，达到一定水平后则处于相对稳定状况。这种趋势在发达国家表现得更为明显。改革开放以来，我国财政支出总额持续增长，财政支出增长率总的趋势是波动性上升，而财政支出占 GDP 比重的发展变化比较特殊，即 1995 年以前不断下降，1996 年开始回升并保持稳步增长态势。根据瓦格纳法则，随着经济的不断增长和人均收入的不断增加，财政支出占 GDP 的比重应不断提高。可是，我国的实际情况是，虽然财政支出的绝对量在不断增长，财政支出增长率也比较高，但财政支出占 GDP 的比重经历了先下降后上升的过程。这种变化趋势体现了我国经济转轨时期的特征。

经济体制改革前，我国财政支出占 GDP 的比重比较高，这是由当时的经济体制决定的。一方面，实行“低工资、高就业”政策，在 GDP 的初次分配中，个人所占的比重较小，同时许多个人生活必需品由国家低价乃至无偿供给；另一方面，国有企业的利润乃至折旧基金几乎全部上缴国家，相应地，其固定资产和流动资产投资，乃至更新改造投资都由国家拨付。与此相适应，在 GDP 的初次分配中就实行“统收统支”制度，致使财政支出规模占 GDP 的比重居高不下。经济体制改革以后，为了调动广大企业和居民生产经营的积极性，国家必然实行放权让利和提高人民收入水平的政策，相应地，相当多的支出便在财政支出账上或多或少地有所缩小，有的甚至消失了，财政支出占 GDP 的比重自然出现下降的趋势。我国列入预算内的财政支出占 GDP 的比重下降的速度很快，下降的幅度也很大，这个比重从 1978 年的 31.2%下降到 1995 年的 10.7%，为改革开放以来的最低点，18 年间下降了近 20 个百分点，平均每年下降 1 个百分点，这也反映了财政为体制转型支付了较大的成本。在社会主义市场经济体制逐步确立，政府职能转换，公共财政体制改革深入推行以后，财政支出规模下降的趋势得到遏制，转而呈现出稳定增长的趋势。

（三）影响财政支出规模的因素

归纳经验分析并结合当今世界各国财政支出变化的现实情况，可以发现，一般而言，影响财政支出规模的因素主要有以下几个方面：

1. 经济性因素

经济性因素主要指经济发展的水平、经济体制的选择和政府的经济干预政策等。关于经济发展水平对财政支出规模的影响，马斯格雷夫和罗斯托的分析具体说明了经济不同发展阶段对财政支出规模以及支出结构变化的影响，这些分析表明经济发展因素是影响财政支出规模的重要因素。经济体制的选择也会对财政支出规模产生影响，最为明显的例证便是我国经济体制改革前后的变化。政府的经济干预政策也对财政支出规模产生影响，一般而言，这无疑是正确的。但应当指出的是，若政府的经济干预主要是通过管制而非通过财政的资源配置活动或收入的转移活动来进行时，它对支出规模的影响并不明显。因为政府通过管制或各种规则对经济活动的干预，并未发生政府的资源再配置或收入再分配活动，即财政支出规模基本未变。显然，政府通过法律或行政的手段对经济活动的干预与通过财政等经济手段对经济活动的干预，具有不同的资源再配置效应和收入再分配效应。

2. 政治性因素

政治性因素对财政支出规模的影响主要体现在两个方面：一是政局是否稳定；二是政体结构的行政效率。当一国政局不稳，出现内乱或外部冲突等突发性事件时，军费开支必然增加，这会造成财政支出规模的超常规扩大。至于后者，若一国的行政机构臃肿，人浮于事，效率低下，则经费开支必然增多。因此，保持和平安定的政治环境，提高政府部门的工作效率是保持财政支出合理规模的重要途径。

3. 社会性因素

社会性因素主要指人口状态、文化背景等因素，这些因素也在一定程度上影响财政支出规模。在发展中国家，人口基数大、增长快，相应的教育、保健以及救济贫困人口的支出便大；而在一些发达国家，人口呈现老龄化趋势，公众要求改善社会生活质量等，也会对支出提出新的需求。因此，某些社会性因素也会影响财政支出规模。世界银行的研究报告表明，随着经济的发展，政府以转移支付和补贴形式安排的支出呈现较快增长的势头，而且越是市场经济发达的国家，其用于转移支付和补贴的支出占政府总支出的比重就相对越大。在OECD 国家中，政府总支出中的一半以上转移支付给了个人。

任务六 财政支出效益及绩效分析

提高财政支出效益是财政支出的核心问题。无论何种社会制度、何种所有制形式，其政府在资源配置过程中都力求以最少的耗费取得最满意的效果，都讲求财政支出的效益最大化，即尽可能地提高经济效益，“少花钱、多办事、办好事”。

一、财政支出绩效评价管理体系

对于微观经济主体来说，提高经济效益，有着十分明确且易于把握的标准，通过直接成本（所费）和直接效益（所得）的比较就可判定有无效益及效益高低。从原则上说，财政支出效益与微观经济主体的支出效益是一样的，但是，由于政府处于宏观调控主体的地位，支出项目在性质上千差万别，因此，同微观经济主体的支出效益存在着重大差别。

首先，两者计算的所费与所得的范围大相径庭。微观经济主体只需分析发生在自身范围内的直接的和有形的所费与所得；政府则不仅要分析直接的和有形的所费与所得，还需分析长期的、间接的和无形的所费与所得。其次，两者的选优标准不同。微观经济主体的目标一般是追求利润，绝不可能选择赔钱的方案；政府追求的则是整个社会的最大效益，为达此目标，局部的亏损是可能的，也是必要的。所以，在提高财政支出使用效益的过程中，政府需要处理极为复杂的问题。财政支出的效益评价体系也处于演变过程中。由于财政支出项目千差万别，因此衡量财政支出的效益也就需要多种方法。

从世界范围看，20 世纪 80 年代以后，大多数 OECD 成员国财政支出的管理重点已经从投入转向产出。在保留投入预算管理方法中某些重要成分的同时，更多的是根据它们提供多少公共产品和服务，而不是根据它们遵守行政管理程序的情况或为其规划争取到的资源情况来加以评价。澳大利亚等国还曾经广泛实行压缩政府支出规模的一系列改革，但实践证明，政府公共支出规模与政府工作效率的提高没有正相关性。只有进一步改进管理，实行绩效评价，才能增强公共管理的透明性和责任性，这需要政府管理理念的更新。20 世纪 90 年代以来，企业绩效管理理念被引入政府管理领域，其基本内涵是挖掘内部潜力，提高产出和效率，强调结果导向，注重责任。新西兰、澳大利亚、美国等 OECD 成员国在此基础上启动了新一轮的绩效预算改革，以后又传至一些发展中国家。作为一种全新的政府管理模式和评价改进政府绩效的实用性管理工具，财政支出绩效评价管理体系通过构建政府部门战略绩效管理模式，包括政府部门职能、战略的确定、绩效目标体系设计、绩效信息收集、绩效评价、绩效改进等各方面的内容，使政府部门的职能和战略与绩效管理相连接，以促进政府部门绩效的持续改进和提升。例如，政府将预算资金投入到建设交通设施的工程项目中，绩效预算关注的是建成的这些公共设施究竟会给社会公众带来多少公共效益，如因公路建设的增加使事故减少、死亡率下降。绩效预算不仅是预算方法上的一种创新，而且是政府管理理念的一次革命。

通过绩效管理和绩效评价促进财政支出效率的提高，是西方发达国家通行的做法。在现代市场经济条件下，政府预算反映的是公共收支的范围和方向，应体现纳税人和整个社会的受托责任。预算绩效是指预算资金所达到的产出和结果。预算绩效管理是政府绩效管理的重要组成部分，是一种以支出结果为导向的预算管理模式。它强化政府预算为民服务的理念，强调预算支出的责任和效率，要求在预算编制、执行、监督的全过程中更加关注预算资金的产出和结果，要求政府部门不断改进服务水平和质量，花尽量少的资金，办尽量多的实事，向社会公众提供更多、更好的公共产品和公共服务，使政府行为更加务实、高效。推进预算绩效管理，有利于提升预算管理水平，增强单位支出责任，提高公共服务质量，优化公共资源配置，节约公共支出成本。追求预算绩效是市场经济体制的内在要求和公共财政体制的本质特征。因此，政府预算管理必须遵循绩效原则，并产出让公众满意的社会经济效益。

全面推进财政支出绩效评价是完善我国公共财政体系的重要措施。1994 年的分税制改革和 2002 年的所得税改革，使我国初步建立并完善了与社会主义市场经济体制相适应的公共收入体系。1998 年以来，以部门预算为核心的支出改革开始探索完善公共财政支出体系，并取得了一定成效。但是，财政资金“重分配轻管理、重使用轻效益”的现象依然存在，公共财政支出体系需要进一步完善。实施财政支出绩效评价对于完善公共财政支出体系将发挥积极的推动作用。一是以绩效目标为依据，使预算编制更合理。绩效目标是实行绩效评价的依据，在预算编制时制订绩效计划，设立绩效目标，根据所要达到的目标对资金需求进行测算，有利于提高预算编制的科学性。二是预算执行以绩效目标为导向并对执行结果进行评价，使财政资金使用更有效益。将部门履行职能的产出结果与既定的绩效目标相对比，评价部门绩效目标的实现程度，找出目标没有达到的原因，得出客观、公正的评价结果，有利于衡量和提高财政资金的使用效益。三是合理应用绩效评价结果，使预算管理更科学，政府运行更有效率。将评价结果作为改进预算管理和编制以后年度预算以及实施绩效问责的重要依据，有利于不断提高政府管理水平。

2003 年 10 月，党的十六届三中全会提出“建立预算绩效评价体系”，十七届二中全会也明确指出要推行政府绩效管理和行政问责制度。2009 年，财政部出台了《财政支出绩效评价管理暂行办法》；2011 年，财政部又出台了《关于推进预算绩效管理的指导意见》；2013 年，财政部出台了《预算绩效评价共性指标体系框架》；2015 年，财政部出台了《中央部门预算绩效目标管理办法》；2018 年，财政部出台了《中共中央　国务院关于全面实施预算绩效管理的意见》；2020 年，财政部出台了《项目支出绩效评价管理办法》的通知。这些措施进一步将绩效理念融入预算管理，从而不断提高财政资金使用效益和政府运行效率，对全国财政支出绩效评价工作起到积极的推动作用。

二、财政支出绩效评价方法

财政支出绩效评价方法是绩效评价管理体系的重要组成部分，也是提高财政资金使用效益的必要手段。由于财政支出项目千差万别，因而绩效评价方法也多种多样，主要有成本效益分析法、最低费用选择法、比较法、因素分析法、最低成本法、公众评判法和公共劳务收费法等。以下将对成本效益分析法、最低费用选择法和公共劳务收费法予以介绍。

（一）成本效益分析法

成本效益分析法是针对政府确定的建设目标，提出若干方案，通过对各方案预期成本和预期收益的现值来分析比较这些方案，选出最优的政府投资方案。这种方法适用于成本、效益都能准确计量的项目绩效评价。

1. 成本效益分析的基本程序

（1）政府确定备选项目和备选方案。

政府首先根据国民经济的运行情况，选择若干行动目标；然后根据这些目标，确定若干备选项目；最后就每一个项目组织专家组制订备选方案。

（2）政府选择方案。

首先是要详列各备选方案的成本与效益，并运用贴现方法将这些成本与效益折成现值；然后在各备选方案中为每一个备选项目选择一个最佳实施方案。

（3）政府确定支出项目的实施方案。

首先根据业已确定的财政支出总规模，在诸备选项目中选择一个最佳项目组合；然后对此项目组合进行机会成本分析，最终将支出项目确定下来。

2. 成本效益分析的衡量方法

成本效益分析主要采用三种方法计算成本和效益的比值。

（1）净现值法（Net Present Value，NPV）。

净现值是指将项目长时期内各年的成本与效益数量化后，选择适当的社会贴现率，分别折算为现值，并将效益现值减去成本现值后求得的净效益。净现值法是最常用的投资标准，就单个项目而言，若 NPV≥0，则项目可行；若 NPV<0，则项目不可行。几个项目比较，选择 NPV 最大者。

（2）内在报酬率法（Internal Rate of Return，IRR）。

内在报酬率是指未来各年的“效益现值总和”等于“投入成本贴现值总和”的贴现率。

也就是说，IRR 的贴现率能使NPV=0,它是方案本身的投资报酬率。如果 IRR 等于或超过所期盼的报酬率，投资就有效率，项目就可行，否则，项目不可行。几个项目排序时，具有较高内在报酬率的项目优先考虑。

(3) 效益成本比率法（Benefit Cost Ratio，BCR，简称益本比）。

效益成本比率是指将各支出方案的成本与效益数量化后，折为现值而求出效益与成本现值的相对数，即将效益成本比率作为决策依据，若 NI≥1，则项目可行；若 NI<1，则项目不可行。几个方案相比较，效益成本比率最高者为最佳。

3. 成本效益分析的应用

在项目选择过程中，由于存在政府预算规模对项目支出的约束，一般的原则是选择支出既定条件下的净社会效益最大的项目。在实践中，通常以效益成本比率作为衡量指标，益本比小于 1 的项目不予考虑，一般选择益本比大于 1 的项目。当然，益本比最高的项目也不一定是最优的项目。

在预算一定的约束下，方案选择还要考虑平均收益最大原则、净收益最大原则和所剩资金最小原则等。因为在成本效益估价上，政府项目绩效评价指标包含共性指标和个性指标。共性指标是适用于所有部门的指标，主要包括预算执行情况，财务管理状况，资产配置、使用、处置及其收益管理情况，以及社会效益、经济效益等衡量绩效目标完成程度的指标。个性指标是针对部门和行业特点确定的适用于不同部门的指标。因此，应考虑的成本和效益有：货币成本和效益；直接的与间接的成本和效益；有形的与无形的成本和效益；中间的与最终的成本和效益；内部化与外溢性的成本和效益等。一般来说，成本效益分析在具有操作性的同时，也具有展望性，它有助于决策者进行决策。

（二）最低费用选择法

最低费用选择法是指不用货币单位来计量备选的财政支出项目的社会效益，只计算每项备选项目的有形成本，并以成本最低为择优的标准。该方法多用于军事、政治、文化、卫生等财政支出项目。运用最低费用选择法来确定财政支出项目，其步骤与前述成本效益分析法大致相同，由于免去了计算支出效益与无形成本的麻烦，此方法的分析内容比成本效益分析法要简单得多。

最低费用选择法的具体步骤如下：

(1) 根据政府确定的建设目标，提出多种备选方案。

(2) 以货币为统一尺度，分别计算出诸备选方案的各种有形费用并予以归总在计算费用的过程中，如果遇到需要多年安排支出的项目，就要用贴现法折算出费用流的现值，以保证备选方案的可比性。

(3) 要按照费用的高低排出顺序，以供决策者选择。

（三）公共劳务收费法

公共劳务是指政府机构履行其职能而向社会提供的各种服务，如邮政电信、道路交通、城市供水、环境卫生、国家公园、文化教育等部门提供的服务。公共劳务收费法是指把商品买卖的等价交换原则引申到一部分公共劳务的提供与使用之中，通过利用价格引导资源配置的积极作用，以达到最有效、最节约地使用公共劳务，提高财政支出效益的目的。根据公共劳务的不同性质，对公共劳务价格的确定可采取免费或低价、平价及高价三种不同的定价方法。

1. 免费或低价的定价方法

免费或低价的定价方法一般适用于从国家整体利益出发，必须在全国范围内普遍使用，但社会公众尚无此觉悟，不情愿使用或没有能力使用的公共劳务，如强制性义务教育等。免费或较低的价格可以促使社会公众对某些公共劳务最大限度地使用，从而极大地提高社会效益。然而，免费或较低的价格也可能促使社会公众对这些公共劳务的浪费使用，从而导致财政支出的浪费。

2. 平价的定价方法

平价的定价方法一般适用于从国家整体利益出发，无须特别鼓励使用，又无必要特别限制使用的公共劳务，如公路、公园、邮政、医疗等。平价一方面可以弥补某些公共劳务的人力、物力消耗，为其提供进一步发展的物质基础；另一方面可以促使社会公众节约使用某些公共劳务，从而节约财政支出。

3. 高价的定价方法

高价的定价方法一般适用于从国家整体利益出发必须加以限制使用的劳务，如烟、酒的销售等。较高的价格既可以限制社会公众对某些劳务的使用，又可以增加财政收入。

三、政府采购制度

政府采购也称为公共采购，是指各级国家机关、实行预算管理的事业单位和社会团体（以下简称采购机关）使用财政预算内资金和预算外资金等财政性资金以购买、租赁、委托或雇佣等形式获取货物、工程和服务的行为。

（一）政府采购制度的特征

政府采购具有公开性、公平性和竞争性的特征，其中公开性、竞争性是政府采购制度的基石。

通过竞争，政府能买到具有最佳价格和性能的物品及最优的服务，并可节省费用，使公民缴纳的税金产生最大的效益，同时又体现效率原则。

（二）实施政府采购制度的必要条件

1. 专门的机构及专业人员

从各国的经验看，财政部门通常被作为政府采购中的一个重要管理机构，其职责主要有：制定政府采购法规和指南；管理招标事务；制定支出政策；管理和协调采购委员会的工作等。由于政府采购是一项专业性、系统性较强的工作，因此需要建立政府采购从业人员执业资格制度，制定政府采购从业人员准则和岗位标准，实行政府采购从业人员职业化。在制度规范确定的情况下，政府采购的操作执行水平，取决于从业人员的专业水平。

2. 明确规范的采购原则

建立政府采购制度的国家通常把货币价值最大化、公开、公平竞争、透明度、效率、防止腐败等作为政府采购普遍遵循的原则。

3. 法定的采购程序

政府采购通常按照依法制定的集中采购目录和采购限额标准进行采购，具体采用何种方式来进行，主要应按照有助于推动有效竞争的目标和采购对象的数量、金额或特点而定。但无论采取哪种方式，都要严格按照法定的方式和程序进行。

4. 权威的仲裁机构

仲裁的主要内容是招投标和履约双方在一些程序、协议条款和运作方式上产生的各种异议。

（三）政府采购的范围、方式和程序

1. 政府采购的范围

政府采购的范围广泛，一般把政府采购的内容大体分为货物、工程和服务三大类。

货物指政府购买的公共消费物品，如办公设备、交通工具、医疗卫生设备、教育科研设备、军事装备、文化用品等。工程指政府投资建设公共工程、购买工程物资设备、雇佣施工队伍和采购与工程建设有关的中介服务行为。工程可分为基础设施工程、产业工程和公益工程等。服务指政府为了履行公共服务职能，购买某种服务的行为，主要内容包括国防安全服务、专业服务、技术服务、维修、培训、会务等。

2. 政府采购的方式

政府采购的方式包括公开招标、邀请招标、竞争性谈判、单一来源采购、询价等。其中，公开招标是最基本的方式，即邀请所有潜在的供应商参加投标，采购部门通过事先确定并公布的标准从所有投标者中评出中标供应商，并与之签订采购合同的一种采购方式。

3. 政府采购的程序

政府采购的程序一般包括三个阶段，即确定采购要求，签订采购合同，管理、执行采购合同。

（四）我国的政府采购制度

我国于2000年在全国全面铺开政府采购制度，经过若干年的探索与建设，特别是加入世界贸易组织（World Trade Organization，WTO）之后，《中华人民共和国政府采购法》（简称《政府采购法》）的颁布，标志着其法律体系已经基本建立。近年来，政府采购规模与范围不断扩大，采购程序和监督逐步完善，成绩可喜可贺。

“十一五”时期，我国政府采购规模持续扩大，经济效益显著提高。政府采购实施范围从传统的货物类采购向工程类、服务类采购扩展。货物类采购从通用类货物向专用类货物延伸，服务类采购从传统的专业服务快速扩展到公共服务、服务外包等新型服务领域，工程类采购也逐步纳入政府采购的管理范围。同时，政府采购资金构成从财政性资金逐步向单位自筹资金、BOT（build-operate-transfer，建设—经营—转让）项目市场融资等方面扩展。与财政支出结构调整相适应，采购活动也逐步涵盖一些公益性强、关系民生的支出项目。

在看到我国政府采购制度建设成效的同时，我们也应清醒地认识到政府采购实践中的问题，主要表现在：仍然存在无预算或超预算采购、采购周期长、采购程序烦琐、部分采购产品价高质差、产品缺乏个性、采购中存在地方（行业）保护主义、售后服务差等。

今后我国政府采购制度建设的着力点，具体而言应主要包括以下几个方面：一是进一步完善我国的《政府采购法》，在广泛征求意见的基础上，尽快出台政府采购法实施条例，健全政府采购的法规体系。二是规范和完善政府采购监管制约机制，加强政府采购预算管理，推进相关配套制度改革。三是加强政府采购专业人员队伍建设，全面推进政府采购信息化建设。四是探讨利用政府采购促进民族经济发展的新举措。

任务七 我国的社会保障体系

我国现行的社会保障体系包括社会保险、社会救助、社会福利和社会优抚四大内容。

一、社会保险

社会保险是指国家依法建立的，由国家、用人单位和个人共同筹集资金、建立基金，使个人在年老（或退休）、患病、工伤（因工伤残或者患职业病）、失业、生育等情况下获得物质帮助和补偿的一种社会保障制度。这种保障依靠国家立法强制实行的社会化保险。社会保险包括基本养老保险、基本医疗保险、工伤保险、失业保险、生育保险五项。参加社会保险、缴纳社会保险费是用人单位与劳动者的法定义务，双方都必须履行。

（一）基本养老保险

1. 基本养老保险的分类

（1）职工基本养老保险。

职工应当参加职工基本养老保险，由用人单位和职工按照国家规定共同缴纳基本养老保险费。基本养老保险费的征缴范围包括国有企业、城镇集体企业、外商投资企业、城镇私营企业和其他城镇企业及其职工，还有实行企业化管理的事业单位及其职工。这是基本养老保险的主体部分。用人单位和职工共同缴纳基本养老保险费。

基本养老保险基金由用人单位和个人缴费以及政府补贴等组成。基本养老保险实行社会统筹与个人账户相结合。基本养老金由统筹养老金和个人账户养老金组成。

养老保险社会统筹，是指统收养老保险缴费和统支养老金，确保收支平衡的公共财务系统。用人单位应当按照国家规定的本单位职工工资总额的比例缴纳基本养老保险费，记入基本养老保险统筹基金。

职工按照国家规定的本人工资的比例缴纳基本养老保险费，记入个人账户。个人账户不得提前支取，记账利率不得低于银行定期存款利率，免征利息税。个人账户记账利率的确定主要参考银行的居民定期存款利率、当地上一年度职工平均工资增长率和养老保险基金运营的实际收益。

无雇工的个体工商户、未在用人单位参加基本养老保险的非全日制从业人员以及其他灵活就业人员可以参加职工基本养老保险，由个人按照国家规定缴纳基本养老保险费，分别记入基本养老保险统筹基金和个人账户。

个人跨统筹地区就业的，其基本养老保险关系随本人转移，缴费年限累计计算。个人达到法定退休年龄时，基本养老金分段计算、统一支付。

公务员和参照公务员管理的工作人员的养老保险的办法由国务院规定。

（2）新型农村社会养老保险。

新型农村社会养老保险，简称新农保，以保障农村居民年老时的基本生活为目的，是个人缴费、集体补助和政府补贴相结合的养老保险制度。新型农村社会养老保险由基础养老金和个人账户养老金组成。参加新型农村社会养老保险的农村居民，符合国家规定条件的，按月领取新型农村社会养老保险金。

（3）城镇居民社会养老保险。

城镇居民社会养老保险，简称城居保，是覆盖城镇户籍非从业人员的养老保险制度。城居保的养老金待遇由基础养老金和个人账户养老金两部分构成。个人缴费、地方人民政府对参保人的缴费补贴及其他来源的缴费资助，全部记入个人账户。基础养老金由政府全额支付。个人账户养老金水平由账户储存额，也就是个人缴费和政府补贴总额来决定。

2. 职工基本养老保险费的缴纳与计算

（1）单位缴费。

用人单位按照国家规定的本单位职工工资总额的比例缴纳基本养老保险费，记入基本养老保险统筹基金。目前企业缴费的比例一般不得超过企业工资总额的 20%，具体比例由省、自治区、直辖市政府确定。若少数省、自治区、直辖市由于离退休人数较多、养老保险负担过重，确需超过企业工资总额 20%的，需要报人力资源和社会保障部、财政部审批。

（2）个人缴费。

①缴费基数与比例。根据国务院和原劳动部的有关文件规定，从 2006 年 1 月 1 日起，个人账户的规模改为本人缴费工资的 8%，全部由个人缴费形成，单位缴费不再划入个人账户。

缴费工资，也称缴费工资基数，一般为职工本人上一年度月平均工资（有条件的地区也可以本人上月工资收入为个人缴费工资基数）。月平均工资按照国家统计局规定列入工资总额统计的项目计算，包括工资、奖金、津贴、补贴等收入，不包括用人单位承担或者支付给员工的社会保险费、劳动保护费、福利费、用人单位与员工解除劳动关系时支付的一次性补偿以及计划生育费用等其他不属于工资的费用。新招职工（包括研究生、大学生、大中专毕业生等）以起薪当月工资收入作为缴费工资基数；从第二年起，按上一年实发工资的月平均工资作为缴费工资基数，即

养老保险个人账户月存储额=本人月缴费工资×8%

本人月平均工资低于当地职工月平均工资 60%的，以当地职工月平均工资的 60%作为缴费基数。本人月平均工资高于当地职工月工资 300%的，按当地职工月平均工资的 300%作为缴费基数，超过部分不计入缴费工资基数，也不计入计发养老金的基数。

个人缴费不计征个人所得税，在计算个人所得税的应税收入时，应当扣除个人缴纳的基本养老保险费。

城镇个体工商户和灵活就业人员的缴费基数为当地上一年度在岗职工平均工资，缴费比例为 20%，其中 8%记入个人账户。

②个人账户累计储存额的计算。个人账户的储存额按“养老保险基金记账利率”（简称记账利率）计算利息。

每个缴费年度末个人账户累计储存额的计算方法包括按年度计算的“年度计算法”和按月计算的“月积数计算法”两种方法。

a. 年度计算法。即至本年年底止个人账户累计储存额在每个缴费年度结束以后按年度计算（以上一年度平均工资为缴费工资基数记账时适用此方法）。计算公式为

$$\text{至本年年底止个人账户累计储存额}=\text{上一年年底止个人账户累计储存额}\times(1+\text{本年记账利率})+\text{个人账户本年记账金额}\times\left(1+\text{本年记账利率}\times 1.083\times\frac{1}{2}\right)$$

b. 月积数计算法。即至本年年底止个人账户累计储存额在每个缴费年度内按月计算（以上月职工工资收入为缴费工资基数记账时适用此方法）。计算公式为

$$\text{至本年年底止个人账户累计储存额}=\text{上一年年底止个人账户累计储存额}\times(1+\text{本年记账利率})+\text{本年记账额本金}+\text{本年记账额利息}$$

其中

$$\text{本年记账额利息}=\text{本年记账月积数}\times\text{本年记账利率}\times 1\div 12$$

$$\text{本年记账月积数}=\sum[n\text{月份记账额}\times(12-n+1)]\ (n\text{为本年各记账月份，且}1\leqslant n\leqslant 12)$$

两种方法计算出来的个人账户累计储存额基本相等，两者相差甚微。具体采用哪种方法，由当地社保机构根据本地区的具体情况决定，并将决定向辖区内的参保单位公示或通知。

（3）政府公共财政补贴。

政府公共财政补贴包括两种情况：一是国有企业、事业单位职工参加基本养老保险前，视同缴费年限期间应当缴纳的基本养老保险费由政府承担；二是基本养老保险基金出现支付不足时，政府给予补贴。

3. 职工基本养老保险享受条件与待遇

（1）职工基本养老保险享受条件。

①年龄条件：达到法定退休年龄。目前国家实行的法定的企业职工退休年龄：男性年满60周岁，女工人年满50周岁，女干部年满55周岁；从事井下高温、高空、特别繁重体力劳动或其他有害身体健康工作的，退休年龄为男性年满55周岁、女性年满45周岁；因病或非因工致残，由医院证明并经劳动鉴定委员会确认完全丧失劳动能力的，退休年龄为男性年满50周岁、女性年满45周岁。

②缴费条件：累计缴费满15年。参加基本养老保险的个人，达到法定退休年龄时累计缴费满15年的，按月领取基本养老金。若累计缴费不足15年，可以缴费至满15年，按月领取基本养老金；也可以转入新型农村社会养老保险或者城镇居民社会养老保险，按照国务院规定享受相应的养老保险待遇。

（2）职工基本养老保险待遇。

①支付职工基本养老金。对符合基本养老保险享受条件的人员，国家按月支付基本养老金。基本养老金由统筹养老金和个人账户养老金组成。

基本养老金根据个人累计缴费年限、缴费工资、当地职工平均工资、个人账户金额、城镇人口平均预期寿命等因素确定。国家建立基本养老金正常调整机制，根据职工平均工资增

长、物价上涨情况，适时提高基本养老保险待遇水平。职工退休以后年度调整增加的养老金，按职工退休时个人账户养老金和基础养老金各占基本养老金的比例，分别从个人账户储存额和社会统筹基金中支付。

【延伸阅读】

根据国务院《关于建立统一的企业职工基本养老保险制度的决定》（国发〔1997〕26号）和《关于完善企业职工基本养老保险制度的决定》（国发〔2005〕38号）的规定，基本养老保险金的计发实行“新人新制度、老人老办法、中人逐步过渡”的原则。

新人指1998年7月1日后参加工作、2006年1月1日后达到法定退休年龄，并按国家规定办理退休手续，且缴费年限（含视同缴费年限）累计满15年的人员。基本养老金由基础养老金和个人账户养老金组成。退休时的基础养老金月标准以当地上一年度在岗职工月平均工资和本人指数化月平均缴费工资的平均值为基数，缴费每满1年发给1%。个人账户养老金月标准为个人账户累计储存额除以计发月数，计发月数根据职工退休时城镇人口平均预期寿命、本人退休年龄、利息等因素确定（表5-1）。

基本养老金月标准=基础养老金月标准+个人账户养老金月标准

其中

基础养老金月标准=(当地上一年度在岗职工月平均工资+本人指数化月平均缴费工资）÷2×1%×缴费年数

本人指数化月平均缴费工资=当地上一年度职工月平均工资×职工平均工资指数

$$职工平均工资指数=(X_0 \div C_1+X_1 \div C_2+X_2 \div C_3+\cdots+X_{n-1} \div C_n) \div N$$

其中，X_0、X_1、X_2、$\cdots X_{n-1}$表示职工退休当年、前1年、前2年、…前$n-1$年的缴费工资；C_1、C_2、$\cdots C_n$表示职工退休前1年、前2年、…前n年的当地职工平均工资；N表示职工退休前的缴费年限。不足1年的，按缴费月数除以12换算。

个人账户养老金月标准=个人账户累计储存额÷计发月数

表5-1　个人账户养老金计发月数（部分）

退休年龄/岁	计发月数/月	退休年龄/岁	计发月数/月	退休年龄/岁	计发月数/月
45	216	52	185	59	145
46	212	53	180	60	139
47	208	54	175	61	132
48	204	55	170	62	125
49	199	56	164	63	117
50	195	57	158	64	109
51	190	58	152	65	101

②个人养老金账户年度余额记账。职工退休后，其个人账户缴费情况停止记录，个人账

户按月支付离退休金（含以后年度调整增加的部分）后的余额部分继续计息。

利息计算有两种方法：

a. 年度计算法。即退休人员个人账户余额生成的利息在每个支付年度结束后按年度计算（支付年度内各月支付的养老金数额相同时适用此方法）。

年利息计算公式为

$$年利息=(个人账户年初余额-当年支付养老金总额)\times本年记账利率+当年支付养老金总额\times本年记账利率\times1.083\times\frac{1}{2}$$

$$个人账户年终余额=个人账户年初余额-当年支付养老金总额+年利息$$

b. 月积数法。即退休人员个人账户余额生成的利息在每个支付年度内按月计算（支付年度内各月支付的养老金数额不同时适用此方法）。

年利息计算公式为

$$年利息=个人账户年初余额\times本年记账利率-本年度支付月积数\times本年记账利率\times\frac{1}{2}$$

$$本年度支付月积数=\sum[n月份支付额\times(12-n+1)]$$（n 为本年度各支付月份，且 $1\leqslant n\leqslant12$）

③丧葬补助金和遗属抚恤金。参加基本养老保险的个人，因病或者非因工死亡的，其遗属可以领取丧葬补助金和遗属抚恤金，所需资金从基本养老保险基金中支付。

如果个人死亡同时符合领取基本养老保险丧葬补助金、工伤保险丧葬补助金和失业保险丧葬补助金条件的，那么其遗属只能选择领取其中的一项。

参加职工基本养老保险的个人死亡后，其个人账户中的余额可以全部依法继承。

④病残津贴。参加职工基本养老保险的个人，在未达到法定退休年龄时因病或者非因工致残完全丧失劳动能力的，可以领取病残津贴，所需资金从基本养老保险基金中支付。

（二）基本医疗保险

医疗保险是指当人们生病或受到伤害后，由国家或社会提供医疗服务或经济补偿的一种社会保障制度。一般包括提供医疗服务（治疗疾病）和分担医疗成本（报销医疗费用）两个方面。

1. 基本医疗保险的覆盖范围

（1）职工基本医疗保险。

职工应当参加职工基本医疗保险，由用人单位和职工按照国家规定共同缴纳基本医疗保险费。职工基本医疗保险费的征缴范围包括国有企业、城镇集体企业、外商投资企业、城镇私营企业和其他城镇企业及其职工，国家机关及其工作人员，事业单位及其职工，民办非企业单位及其职工，社会团体及其专职人员。

无雇工的个体工商户、未在用人单位参加基本医疗保险的非全日制从业人员以及其他灵活就业人员可以参加职工基本医疗保险，由个人按照国家规定缴纳基本医疗保险费。

（2）新型农村合作医疗保险。

新型农村合作医疗保险，简称新农合，是指由政府组织、引导、支持，农民自愿参加，个人、集体和政府多方筹资，以大病统筹为主的农民医疗互助共济制度。

新型农村合作医疗保险采取个人缴费、集体扶持和政府资助的方式筹集资金。

（3）城镇居民基本医疗保险。

城镇居民基本医疗保险实行个人缴费和政府补贴相结合的方式。享受最低生活保障的人、丧失劳动能力的残疾人、低收入家庭60周岁以上的老年人和未成年人等所需个人缴费部分，由政府给予补贴。

2. 职工基本医疗保险费的缴纳

根据国务院《关于建立城镇职工基本医疗保险制度的决定》（国发〔1998〕44号）的规定，职工基本医疗保险也像职工基本养老保险一样采用“统账结合”的模式，即分别设立社会统筹基金和个人账户基金。基本医疗保险费全部由用人单位和职工共同承担。

（1）单位缴费。

由统筹地区统一确定适合当地经济发展水平的基本医疗保险单位缴费率，其一般为职工工资总额的6%左右。

（2）职工基本医疗保险个人账户的资金来源。

①个人缴费部分。由统筹地区统一确定适合当地职工负担水平的基本医疗保险个人缴费率，其一般为本人工资收入的2%。

②用人单位强制性缴费的划入部分。由统筹地区根据个人医疗账户的支付范围和职工年龄等因素确定用人单位所缴医疗保险费划入个人医疗账户的具体比例，其一般为30%左右。

③个人账户累计储存额的利息。个人跨统筹地区就业的，其基本医疗保险关系随本人转移，缴费年限累计计算。

3. 退休人员基本医疗保险费的缴纳

参加职工基本医疗保险的个人，达到法定退休年龄时累计缴费达到国家规定年限的，退休后不再缴纳基本医疗保险费；未达到国家规定缴费年限的，可以缴费至国家规定年限。至于国家规定年限是多少，目前并没有统一的规定，各地有20~30年的规定，且有男女性别差异。

4. 职工基本医疗费用的结算

参保人员在协议医疗机构发生的医疗费用，符合基本医疗保险药品目录、诊疗项目、医疗服务设施标准的，按照国家规定从基本医疗保险基金中支付。参保人员确需急诊、抢救的，可以在非协议医疗机构就医；因抢救必须使用的药品可以适当放宽范围。参保人员急诊、抢救的医疗服务具体管理办法由统筹地区根据当地实际情况制定。参保人员医疗费用中应当由基本医疗保险基金支付的部分，由社会保险经办机构与医疗机构、药品经营单位直接结算。社会保险经办机构根据管理服务的需要，可以与医疗机构、药品经营单位签订服务协议，规范医疗服务行为。医疗机构应当为参保人员提供合理、必要的医疗服务。

要享受基本医疗保险待遇一般需符合以下条件：一是参保人员必须到基本医疗保险的定点医疗机构就医、购药或定点零售药店购买药品；二是参保人员在看病、就医过程中所发生的医疗费用必须符合基本医疗保险药品目录、诊疗项目、医疗服务设施标准的范围和给付标准。

参保人员符合基本医疗保险支付范围的医疗费用中，在社会医疗统筹基金起付标准以上与最高支付限额以下的费用部分，由社会医疗统筹基金按一定比例支付。

起付标准，又称起付线，一般为当地职工年平均工资的10%左右。最高支付限额，又称封顶线，一般为当地职工年平均工资的6倍左右。支付比例一般为90%。

在参保人员符合基本医疗保险支付范围的医疗费用中，社会医疗统筹基金起付标准以下的费用部分，由个人账户资金支付或个人自付；统筹基金起付线以上至封顶线以下的费用部分，个人也要承担一定比例，一般为10%，这部分费用可由个人账户支付，也可自付。参保人员在封顶线以上的医疗费用部分，可以通过单位补充医疗保险或参加商业保险等途径解决。

5. 基本医疗保险基金不支付的医疗费用

下列医疗费用不纳入基本医疗保险基金支付范围：

（1）应当从工伤保险基金中支付的。

（2）应当由第三人负担的。

（3）应当由公共卫生负担的。

（4）在境外就医的。

医疗费用应当由第三人负担，第三人不支付或者无法确定第三人的，由基本医疗保险基金先行支付，然后向第三人追偿。

【延伸阅读】

医疗期

医疗期是指企业职工因患病或非因工负伤停止工作，治病休息，但不得解除劳动合同的期限。

1. 医疗期间

企业职工因患病或非因工负伤，需要停止工作，进行医疗时，根据本人实际参加工作年限和在本单位工作年限，给予3个月到24个月的医疗期：

（1）实际工作年限在10年以下，在本单位工作年限5年以下的为3个月，5年以上的为6个月。

（2）实际工作年限在10年以上，在本单位工作年限5年以下的为6个月，5年以上10年以下的为9个月，10年以上15年以下的为12个月，15年以上20年以下的为18个月，20年以上的为24个月。

2. 医疗期的计算方法

医疗期3个月的按6个月内累计病休时间计算，6个月的按12个月内累计病休时间计算，9个月的按15个月内累计病休时间计算，12个月的按18个月内累计病休时间计算，18个月的按24个月内累计病休时间计算，24个月的按30个月内累计病休时间计算。医疗期的计算从病休第一天开始，累计计算。

病休期间，公休、假日和法定节日包括在内。对某些患特殊疾病（如癌症、精神病、瘫痪等）的职工，在24个月内尚不能痊愈的，经企业和劳动主管部门批准，可以适当延长医疗期。

3. 医疗期内的待遇

企业职工在医疗期内，其病假工资、疾病救济费和医疗待遇按照有关规定执行。病假工资或疾病救济费可以低于当地最低工资标准支付，但最低不能低于最低工资标准的80%。医疗期内不得解除劳动合同。如医疗期内遇合同期满，则合同必须续延至医疗期满，职工在此期间仍然享受医疗期内待遇。对医疗期满尚未痊愈者，或者医疗期满后，不能从事原工作，也不能从事用人单位另行安排的工作，被解除劳动合同的，用人单位需按经济补偿规定给予其经济补偿。

（三）工伤保险

工伤保险是指劳动者在职业工作中或规定的特殊情况下遭遇意外伤害或职业病，导致暂时或永久丧失劳动能力以及死亡时，劳动者或其遗属能够从国家和社会获得物质帮助的社会保险制度。

工伤保险保障的是劳动者的健康和劳动能力，有以下特点：一是劳动者参加工伤保险不需要缴纳任何保险费，完全由用人单位缴纳；二是医疗待遇比非因工负伤、患病的医疗待遇高；三是不但要保障劳动者的基本生活，还要根据其伤残程度提供经济补偿、职业康复等，对因工死亡的劳动者遗属提供基本的生活保障。

1. 工伤保险费的缴纳和工伤保险基金

（1）工伤保险费的缴纳。

职工应当参加工伤保险，由用人单位缴纳工伤保险费，职工不缴纳工伤保险费。

中华人民共和国境内的企业、事业单位、社会团体、民办非企业单位、基金会、律师事务所、会计师事务所等组织和有雇工的个体工商户（以下简称用人单位）应当依照《工伤保险条例》的规定参加工伤保险，为本单位全部职工或者雇工（以下简称职工）缴纳工伤保险费。企业、事业单位、社会团体、民办非企业单位、基金会、律师事务所、会计师事务所等组织的职工和个体工商户的雇工，均有依照规定享受工伤保险待遇的权利。

用人单位应当按照本单位职工工资总额，根据社会保险经办机构确定的费率按时、足额缴纳工伤保险费。工伤保险实行行业费率和差别费率。用人单位缴纳工伤保险费的数额为本单位职工工资总额乘以单位缴费费率之积。工资总额，是指用人单位直接支付给本单位全部职工的劳动报酬总额。

对难以按照工资总额缴纳工伤保险费的行业，其缴纳工伤保险费的具体方式，由国务院社会保险行政部门规定。例如，建筑施工企业可以建筑施工项目为单位，按照项目工程总造价的一定比例，计算缴纳工伤保险费。商贸、餐饮、住宿、美容美发、洗浴以及文体娱乐等小型服务业企业以及有雇工的个体工商户，可以按照营业面积的大小核定应参保人数，按照所在统筹地区上一年度职工月平均工资的一定比例和相应的费率计算缴纳工伤保险费，也可以按照营业额的一定比例计算缴纳工伤保险费。小型矿山企业可以按照总产量、吨矿工资含量和相应的费率计算缴纳工伤保险费。

（2）工伤保险基金。

工伤保险基金由用人单位缴纳的工伤保险费、工伤保险基金的利息和依法纳入工伤保险基金的其他资金构成。

工伤保险基金存入社会保障基金财政专户，用于规定的工伤保险待遇，劳动能力鉴定，工伤预防的宣传、培训等费用，以及法律、法规规定的用于工伤保险的其他费用的支付。

工伤预防费用的提取比例、使用和管理的具体办法，由国务院社会保险行政部门会同国务院财政、卫生行政、安全生产监督管理等部门规定。任何单位或者个人不得将工伤保险基金用于投资运营、兴建或者改建办公场所、发放奖金，或者挪作其他用途。

工伤保险基金应当留有一定比例的储备金，用于统筹地区重大事故的工伤保险待遇支付；储备金不足支付的，由统筹地区的人民政府垫付。储备金占基金总额的具体比例和储备金的使用办法，由省、自治区、直辖市人民政府规定。

2. 工伤认定与劳动能力鉴定

（1）工伤认定。

①应当认定为工伤的情形。职工有下列情形之一的，应当认定为工伤：

a. 在工作时间和工作场所内，因工作原因受到事故伤害的。

b. 工作时间前后在工作场所内，从事与工作有关的预备性或收尾性工作受到事故伤害的。

c. 在工作时间和工作场所内，因履行工作职责受到暴力等意外伤害的。

d. 患职业病的。

e. 因工外出期间，由于工作原因受到伤害或者发生事故下落不明的。

f. 在上下班途中，受到非本人主要责任的交通事故或者城市轨道交通、客运轮渡、火车事故伤害的。

g. 法律、行政法规规定应当认定为工伤的其他情形。

②视同工伤的情形。职工有下列情形之一的，视同工伤：

a. 在工作时间和工作岗位突发疾病死亡或者在 48 小时内经抢救无效死亡的。

b. 在抢险救灾等维护国家利益、公共利益活动中受到伤害的。

c. 原在军队服役，因战、因公负伤致残，已取得革命伤残军人证，到用人单位后旧伤复发的。

③不认定为工伤的情形。职工因下列情形之一导致本人在工作中伤亡的，不认定为工伤：

a. 故意犯罪。

b. 醉酒或者吸毒。

c. 自残或者自杀。

d. 法律、行政法规规定的其他情形。

（2）劳动能力鉴定。

劳动能力鉴定是指劳动功能障碍程度和生活自理障碍程度的等级鉴定。

劳动功能障碍分为十个伤残等级，最重的为一级，最轻的为十级。生活自理障碍分为三个等级：生活完全不能自理、生活大部分不能自理和生活部分不能自理。劳动能力鉴定标准由国务院社会保险行政部门会同国务院卫生行政部门等制定。

自劳动能力鉴定结论做出之日起 1 年后，工伤职工或者其近亲属、所在单位或者经办机构认为伤残情况发生变化的，可以申请劳动能力复查鉴定。

3. 工伤保险待遇

职工由于工作原因受到事故伤害或者患职业病且经工伤认定的，享受工伤保险待遇。其中，经劳动能力鉴定丧失劳动能力的，享受伤残待遇。

（1）工伤医疗待遇。

职工因工作遭受事故伤害或者患职业病进行治疗，享受的工伤医疗待遇包括：

①治疗工伤的医疗费用（诊疗费、药费、住院费）。

②住院伙食补助费、交通食宿费。

③康复性治疗费。

④辅助器具装配费。

⑤停工留薪期工资福利待遇。停工留薪期是指职工因工作遭受事故伤害或者患职业病需

要暂停工作接受工伤医疗期间。在停工留薪期内，职工的原工资福利待遇不变，由所在单位按月支付。另外，生活不能自理的工伤职工在停工留薪期需要护理的，所需费用由所在单位负责。

停工留薪期一般不超过 12 个月。伤情严重或者情况特殊，经设区的市级劳动能力鉴定委员会确认，可以适当延长，但最长不得超过 12 个月。

工伤职工评定伤残等级后，停止享受停工留薪期待遇，按照规定享受伤残待遇。工伤职工在停工留薪期满后仍需治疗的，继续享受工伤医疗待遇。

但工伤职工治疗非工伤引发的疾病不享受工伤医疗待遇，应按照基本医疗保险办法处理。

（2）伤残待遇。

经劳动能力鉴定委员会鉴定，评定伤残等级的工伤职工，享受伤残待遇。包括：

①生活护理费。工伤职工已经评定伤残等级并经劳动能力鉴定委员会确认需要生活护理的，从工伤保险基金中按月支付生活护理费。生活护理费按照生活完全不能自理、生活大部分不能自理和生活部分不能自理三个不同等级支付，其标准分别为统筹地区上一年度职工月平均工资的 50%、40%或 30%。

②一次性伤残补助金。职工因工致残被鉴定为一级至十级伤残的，从工伤保险基金中按伤残等级支付一次性伤残补助金，标准为：一级伤残为 27 个月的本人工资；二级伤残为 25 个月的本人工资；三级伤残为 23 个月的本人工资；四级伤残为 21 个月的本人工资；五级伤残为 18 个月的本人工资；六级伤残为 16 个月的本人工资；七级伤残为 13 个月的本人工资；八级伤残为 11 个月的本人工资；九级伤残为 9 个月的本人工资；十级伤残为 7 个月的本人工资。

③伤残津贴。职工因工致残被鉴定为一级至四级伤残的，保留与用人单位的劳动关系，退出工作岗位，从工伤保险基金中按月支付伤残津贴，标准为：一级伤残为本人工资的 90%；二级伤残为本人工资的 85%；三级伤残为本人工资的 80%；四级伤残为本人工资的 75%。职工因工致残被鉴定为五级、六级伤残的，保留与用人单位的劳动关系，由用人单位安排适当工作。难以安排工作的，由用人单位按月发给伤残津贴，标准为：五级伤残为本人工资的 70%；六级伤残为本人工资的 60%。伤残津贴实际金额低于当地最低工资标准的，由工伤保险基金补足差额。

④一次性工伤医疗补助金和一次性伤残就业补助金。五级、六级伤残，经工伤职工本人提出，可以与用人单位解除或者终止劳动关系；七级至十级伤残，劳动、聘用合同期满终止，或者职工本人提出解除劳动、聘用合同的，由工伤保险基金支付一次性工伤医疗补助金，由用人单位支付一次性伤残就业补助金。一次性工伤医疗补助金和一次性伤残就业补助金的具体标准由省、自治区、直辖市人民政府规定。

（3）遗属待遇。

职工因工死亡，或者伤残职工在停工留薪期内因工伤导致死亡的，其近亲属享受从工伤保险基金中领取丧葬补助金、供养亲属抚恤金和一次性工亡补助金的待遇。

①丧葬补助金，为 6 个月的统筹地区上一年度职工月平均工资。

②供养亲属抚恤金，按照职工本人工资的一定比例发放给由因工死亡职工生前提供主要生活来源、无劳动能力的亲属。标准为：工亡职工的配偶每月发给本人生前月工资的 40%，其他亲属每月发给本人生前月工资的 30%，孤寡老人或孤儿每人每月在上述基础上增加

10%，但最终核定的各供养亲属的抚恤金之和不应高于工亡职工生前的工资。供养亲属的具体范围由国务院社会保险行政部门规定。

③一次性工亡补助金，为上一年度全国城镇居民人均可支配收入的20倍。一级至四级伤残职工在停工留薪期满后死亡的，其近亲属可以享受前两项遗属待遇，不享受一次性工亡补助金待遇。

4. 工伤保险费用支付途径

（1）由工伤保险基金支付的费用：

①治疗工伤的医疗费用和康复费用。

②住院伙食补助费。

③到统筹地区以外就医的交通食宿费。

④安装配置伤残辅助器具所需费用。

⑤生活不能自理的，经劳动能力鉴定委员会确认的生活护理费。

⑥一次性伤残补助金和一级至四级伤残职工按月领取的伤残津贴。

⑦终止或者解除劳动合同时，应当享受的一次性工伤医疗补助金。

⑧因工死亡的，其遗属领取的丧葬补助金、供养亲属抚恤金和一次性工亡补助金。

⑨劳动能力鉴定费。

（2）由用人单位支付的费用：

①治疗工伤期间的工资福利。

②五级、六级伤残职工按月领取的伤残津贴。

③终止或者解除劳动合同时，应当享受的一次性伤残就业补助金。

5. 特别规定

（1）工伤保险中所称的本人工资，是指工伤职工因工作遭受事故伤害或者患职业病前12个月平均月缴费工资。本人工资高于统筹地区职工平均工资300%的，按照统筹地区职工平均工资的300%计算；本人工资低于统筹地区职工平均工资60%的，按照统筹地区职工平均工资的60%计算。

（2）工伤职工有下列情形之一的，停止享受工伤保险待遇：

①丧失享受待遇条件的。

②拒不接受劳动能力鉴定的。

③拒绝治疗的。

（3）因工致残享受伤残津贴的职工达到退休年龄并办理退休手续后，停发伤残津贴，按照国家有关规定享受基本养老保险待遇。被鉴定为一级至四级伤残的职工，基本养老保险待遇低于伤残津贴的，由工伤保险基金补足差额。

（4）职工所在用人单位未依法缴纳工伤保险费，发生工伤事故的，由用人单位支付工伤保险待遇。用人单位不支付的，从工伤保险基金中先行支付，由用人单位偿还。用人单位不偿还的，社会保险经办机构可以追偿。

（5）由于第三人的原因造成工伤，第三人不支付工伤医疗费用或者无法确定第三人的，由工伤保险基金先行支付。工伤保险基金先行支付后，有权向第三人追偿。

（四）失业保险

失业保险是通过社会集中建立基金，保障因失业而暂时中断生活来源的劳动者的基本生活，并通过职业训练、职业介绍等措施为其重新就业创造条件的社会保险制度。失业保险制度有三大功能：一是保障失业者的基本生活；二是促进失业者再就业；三是合理配置劳动力。

1. 失业保险费的缴纳

失业保险费的征缴范围：国有企业、城镇集体企业、外商投资企业、城镇私营企业和其他城镇企业（统称城镇企业）及其职工，事业单位及其职工。

《中华人民共和国社会保险法》规定，职工应当参加失业保险，由用人单位和职工按照国家规定共同缴纳失业保险费。

根据《失业保险条例》的规定，城镇企业事业单位按照本单位工资总额的2%缴纳失业保险费，职工按照本人工资的1%缴纳失业保险费。

省、自治区、直辖市人民政府根据本行政区域失业人员数量和失业保险金数额，报经国务院批准，可以适当调整本行政区域失业保险费的费率。

职工跨统筹地区就业的，其失业保险关系随本人转移，缴费年限累计计算。

2. 失业保险待遇

（1）失业保险待遇的享受条件。

①失业前用人单位和本人已经缴纳失业保险费满1年的。

②非因本人意愿中断就业的，包括劳动合同终止；用人单位解除劳动合同；被用人单位开除、除名和辞退；因用人单位过错由劳动者解除劳动合同；法律、法规、规章规定的其他情形。

③已经进行失业登记并有求职要求的。

（2）失业保险金的领取期限。

用人单位应当及时为失业人员出具终止或者解除劳动关系的证明，并将失业人员的名单自终止或者解除劳动关系之日起15日内告知社会保险经办机构。失业人员应当持本单位为其出具的终止或者解除劳动关系的证明，及时到指定的公共就业服务机构办理失业登记。失业人员凭失业登记证明和个人身份证明，到社会保险经办机构办理领取失业保险金的手续。失业保险金领取期限自办理失业登记之日起计算。

失业人员失业前用人单位和本人累计缴费满1年不足5年的，领取失业保险金的期限最长为12个月；累计缴费满5年不足10年的，领取失业保险金的期限最长为18个月；累计缴费10年以上的，领取失业保险金的期限最长为24个月。重新就业后，再次失业的，缴费时间重新计算，领取失业保险金的期限与前次失业应当领取而尚未领取的失业保险金的期限合并计算，最长不超过24个月。失业人员因当期不符合失业保险金领取条件的，原有缴费时间予以保留，重新就业并参保的，缴费时间累计计算。

（3）失业保险金的发放标准。

失业保险金的发放标准，不得低于城市居民最低生活保障标准，一般也不高于当地最低工资标准，具体数额由省、自治区、直辖市人民政府确定。

（4）失业保险待遇。

包括领取失业保险金；领取失业保险金期间的基本医疗保险费；领取失业保险金期间的死亡补助；职业介绍与职业培训补贴；国务院规定或者批准的与失业保险有关的其他费用。

3. 停止领取失业保险金及其他失业保险待遇的情形

失业人员在领取失业保险金期间有下列情形之一的，停止领取失业保险金，并同时停止享受其他失业保险待遇：重新就业的；应征服兵役的；移居境外的；享受基本养老保险待遇的；无正当理由，拒不接受当地人民政府指定的部门或者机构介绍的适当工作或者提供的培训的。

（五）生育保险

生育保险是通过国家立法规定，在劳动者因生育子女或实行计划生育而导致劳动能力暂时中断时，由国家和社会及时给予物质帮助的一项社会保险制度。

1. 生育保险费的缴纳

《中华人民共和国社会保险法》规定，职工应当参加生育保险，由用人单位按照国家规定缴纳生育保险费，职工不缴纳生育保险费。生育保险目前适用于城镇企业及其职工。

生育保险基金主要由企业缴纳的生育保险费、滞纳金、依法纳入生育保险基金的其他资金及基金利息构成。

2. 生育保险待遇

用人单位已经缴纳生育保险费的，其职工享受生育保险待遇；职工未就业配偶按照国家规定享受生育医疗费用待遇，所需资金由生育保险基金支付。

生育保险待遇包括生育医疗费用和生育津贴。

（1）生育医疗费用。

生育医疗费用主要包括生育的医疗费用；计划生育的医疗费用；法律、法规规定的其他项目费用。

女职工生育出院后，因生育引起疾病的医疗费，由生育保险基金支付；因其他疾病发生的医疗费，按照医疗保险待遇的规定办理。女职工产假期满后，因病需要休息治疗的，按照有关病假待遇和医疗保险待遇规定办理。

（2）生育津贴。

生育津贴是指女职工因生育离开工作岗位期间所支付的生活费用，也称带薪假期。《中华人民共和国社会保险法》规定，生育津贴按照职工所在用人单位上一年度职工月平均工资计发。实践中，生育津贴的计发方法有两种：一是参加生育保险社会统筹的企业，生育津贴由生育保险基金支付，津贴标准按照职工所在用人单位上一年度职工月平均工资计发，但是，生育津贴低于其产假工资的，由用人单位予以补足；二是非企业单位或尚未参加生育保险社会统筹单位，女职工休产假期间一般享受生育前的基本工资，由本单位支付。

职工有下列情形之一的，按照国家规定可以享受生育津贴：女职工生育享受产假；享受计划生育手术休假；法律、法规规定的其他情形。

3. 生育保险基金不予支付的费用

（1）违反国家或本统筹地区计划生育规定而发生的医疗费用。

（2）因医疗事故而发生的医疗费用。

（3）在非定点医疗机构检查、分娩而发生的医疗费用。

（4）按照规定应当由职工个人负担的医疗费用。

（5）婴儿所发生的各项费用。

（6）超过定额、限额标准之外的各项费用。

（7）不具备卫生行政部门规定的剖宫产手术条件，但女职工个人要求实施剖宫产手术而超出自然分娩定额标准的医疗服务费用。

(8) 实施人类辅助生殖术（如试管婴儿）所发生的医疗费用。

二、社会救助

社会救助是指国家和社会对因各种原因造成生活困难，不能维持最低生活水平的社会成员无偿提供物质援助的一种社会保障制度。社会救助所提供的是最低层次的社会保障，其目的是保障公民的最低生活水平。社会救助包括贫困救助、灾害救助与特殊救助等内容。目前我国的社会救助包括自然灾害救助（如地震、洪涝、干旱、台风等灾害救助）、城镇居民最低生活保障制度、农村扶贫和“五保户”救助制度，以及对特殊对象的救助等。

三、社会福利

社会福利广义上是指国家为改善和提高全体社会成员的物质生活和精神生活所提供的福利津贴、福利设施和社会服务的总称。社会福利是增进公民生活福利的高层次社会保障。社会福利狭义上是指国家向老人、儿童、残疾人等社会中需要给予特殊关心的人群提供的必要生活保障，主要包括社会公益性福利费（国家在教育、文化、卫生等方面的免费或低费支出）、社会优待照顾性福利费（夏季降温费、冬季采暖费）、社会特殊性福利费（老年人社会福利、儿童社会福利和残疾人社会福利）等。

四、社会优抚

社会优抚是国家和社会依法对军人及其家属提供具有褒扬性质的各种物质帮助和精神抚慰的一项特殊社会保障制度。社会优抚属于社会保障中的特殊保障，其对象包括现役军人及其家属，烈士家属，退伍、复员、转业军人，军队离退休人员，牺牲或病故军人家属，革命伤残军人及其他特殊对象等。社会优抚的资金来源一般是国家财政拨款。

课后练习题

1. 简述财政支出的分类。
2. 简述我国的社会保障体系。
3. 论述政府采购的范围、方式和程序。

项目六

国家预算及预算管理体制

学习目标

1. 掌握国家预算。
2. 了解国家预算的编制和执行。
3. 了解财政管理体制。
4. 掌握我国现行的财政管理体制。

任务一 国家预算概述

国家预算也称政府预算，是国家（政府）的基本财政收支计划。它是国家筹集和分配集中性财政资金的重要工具，是调控国民经济运行的重要杠杆。

一、国家预算的概念

国家预算是按一定标准将财政收入和财政支出分门别类地列入特定的表格，可以使人们清楚地了解政府的财政活动，它是经法定程序审批的国家年度财政收支计划。国家预算的编制是政府对财政收支计划的安排，预算的执行是财政收支的筹措和使用过程，决算则是国家预算执行的总结。

二、国家预算的分类

国家预算反映政府的活动范围和方向，随着社会经济生活和财政活动的逐步复杂化，各国的预算也由简单的政府收支一览表，逐步发展成多种预算形式和预算方法的复杂系统。

（一）按照编制形式划分

按照编制形式，国家预算可分为单式预算和复式预算。

1. 单式预算

单式预算是指在预算年度内，将全部的财政收入与财政支出汇集编入单一的总预算内，而不需区分各项财政收支的经济性质的预算。单式预算具有简便易行的优点，但它没有把全部的财政收支按经济性质分列，因此不便于经济分析和有选择地执行宏观调控政策。

2. 复式预算

复式预算是指在预算年度内将全部的财政收支按经济性质编入两个或两个以上的预算表格的预算。复式预算的优点是便于政府权衡支出性质，划分轻重缓急，做到有序、合理地使用资金。我国的国家预算过去一直是单式预算，1991 年开始试行复式预算。从 1994 年起，按《中华人民共和国预算法》的规定，各级政府均必须编制复式预算。

（二）按照编制方法划分

按照编制方法，国家预算可分为零基预算和增量预算。

零基预算是指财政收支计划的确定只以社会经济发展的预测为依据，不考虑以前的财政收支状况的预算。这种预算通常只用于具体收支项目预算的编制。

增量预算是指财政收支计划指标是在以前财政年度的基础上，按照新的财政年度的经济发展情况加以调整后确定的预算。我国目前的国家预算在编制上仍主要采取增量预算。

（三）按照收支管理范围划分

按照收支管理范围，国家预算可分为分预算和总预算。

分预算是指部门、单位或项目的收支预算。总预算是指各级政府汇总本级政府预算和所属下级政府总预算汇编而成的预算。

（四）按照分级管理的要求划分

按照分级管理的要求，国家预算可分为地方预算和中央预算。

地方预算是指地方各级政府的预算。中央预算是指由中央各部门的预算以及地方向中央的上缴收入、中央对地方的返还或给予补助的数额所组成的预算。

（五）按照预算的作用时间长短划分

按照预算的作用时间长短，国家预算可分为年度预算、中期预算和长期预算，如表 6-1所示。

表 6-1　按照预算的作用时间长短划分的预算

预算计划	预算有效期
年度预算	1 年
中期预算	1~10 年
长期预算	10 年以上

此外，国家预算还可以按照预算收支的平衡状况分为平衡预算和差额预算；按照预算项目能否直接反映经济效果分为投入预算和绩效预算。

三、我国国家预算的组成

我国国家预算组成体系是按照一级政权设立一级预算的原则建立的。我国国家机构由全国人民代表大会、国务院、地方各级人民代表大会和各级人民政府组成。与国家机构相适应，同时结合我国的行政区域划分，《中华人民共和国预算法》明确规定，我国实行一级政府一级预算，相应设立中央，省、自治区、直辖市，设区的市、自治州，县、自治县、不设区的市、市辖区，乡、民族乡、镇，共五级预算。

国家预算由中央预算和地方预算组成。中央预算由中央各部门的预算组成。地方预算由各省、自治区、直辖市的总预算组成。地方各级总预算由本级政府预算和汇总的下一级的总预算组成。地方各级政府预算由本级各部门的预算组成。各部门预算由本部门所属各单位的预算组成。单位预算是指列入部门预算的国家机关、社会团体和其他单位的收支预算。

四、国家预算的原则

国家预算的原则是指国家选择预算形式和体系应遵循的指导思想，也就是制订政府财政收支计划的方针。其主要体现在以下几个方面：

1. 公开性

国家预算及其执行情况必须采取一定的形式公之于众，让民众了解并监督财政收支情况。

2. 可靠性

每一收支项目的数字指标必须运用科学的方法，依靠充分、确实的资料，总结出规律性，进行计算，不能任意编造。

3. 法律性

国家预算必须经过规定的合法程序，并最终成为一项法律性文件。国家预算的法律性是指国家预算的成立和执行结果都要经过立法机关的审查批准。国家预算按照一定的立法程序审批之后就形成反映国家集中性财政资金来源、规模、去向、用途的法律性规范。

4. 完整性

国家预算应包括国家全部财政收支，不准少列和隐瞒，也不准预算外另预算。国家允许的预算外收支也应在预算中反映。

5. 统一性

尽管各级政府都设有本级部门，也有相应的预算，但这些预算都是国家预算的组成部分，所有的地方政府预算连同中央预算一起组成统一的国家预算。这就要求统一预算科目，每个科目都要严格按统一口径、程序计算和填列。

6. 年度性

政府必须按照法定的预算编制国家预算，要列清全年的财政收支，不允许将不属于本年度财政收支的内容列入本年度的国家预算之中。任何一个国家预算的编制和实现，都要有时间上的界定，即所谓预算年度。它是指财政收支起讫的有效期限，通常为一年。目前世界各国普遍采用的预算年度有两种：一是历年制预算年度，即从每年 1 月 1 日起至同年 12 月

31 日止，我国即实行历年制预算年度；二是跨年度预算年度，即从每年某月某日开始至次年某月某日止，中间历经 12 个月，却跨越了两个年度，如美国的预算年度是从每年的 10 月 1 日开始，到次年的 9 月 30 日止。

任务二 国家预算的编制和执行

国家预算的编制是制订集中和分配预算资金的年度计划。它是国家预算管理的起点，也是预算管理的关键。

一、国家预算的编制和审批

（一）国家预算编制的原则

编制国家预算必须遵循以下基本原则：

1. 贯彻执行国家的政策

国家预算是国家的年度财政收支计划，又是国家干预和调节经济的重要手段。编制国家预算必须以国家各个时期的任务为指导思想，以各个历史时期国家的具体方针政策为依据，使国家预算充分体现国家的大政方针，反映政府活动的范围、方向和重点。

2. 正确处理国家预算与国民经济和社会发展计划的关系

国家预算的编制要以国民经济和社会发展计划为基础，从财力上反映国民经济的发展规模和速度。在编制预算的过程中，必须注意与国民经济和社会发展计划的制订紧密结合、相互协调，使经济指标和预算指标相衔接，使国民经济计划的实现获得财力上的保证。

3. 加强国家预算的后备力量

国家预算的后备力量主要包括国家物质储备和预算后备基金两种形式。编制国家预算必须坚持留有余地，建立后备力量，防止预算执行中出现收支脱节现象，以实现综合平衡的目的，这是保证社会持续、稳定发展的重要条件。

（二）国家预算编制的准备工作

（1）对本年度预算执行情况进行预计和分析，提供编制的参考。

（2）制定计划年度预算收支控制指标。

（3）颁发编制国家预算草案的指示和具体规定。

（4）修订预算科目和预算表格。

（三）预算编制和审批的程序

预算编制和审批的程序如下：先由各地区和中央各部门提出计划年度预算收支建议书，根据国民经济和社会发展计划指标，拟订预算收支指标，报经国务院批准后下达。各地区和中央各部门根据下达的预算收支指标，结合本地区和本部门的具体情况，经过切实的核算，自下而上地编制各地区的地方总预算草案和中央各部门的单位预算草案，报送财政部。财政部对这些草案进行审核后，制定出国家预算草案，并附上文字说明报送国务院，国务院审查通过后，提请全国人民代表大会审查批准。国务院根据全国人民代表大会批准的预算决议，对预算草案进行修订，并分别核定下达中央预算和地方预算。中央预算是指令性计划，必须贯彻执行；地方预算是指导性计划，由地方各级政府结合本地区的实际情况，修订预算草案，提交本地区同级人民代表大会审查和批准后，成为地方指令性预算，并报上一级政府备案。

二、国家预算的执行

国家预算的执行是各级政府和财政部门组织预算收支实施的过程，是整个预算计划管理的中心环节。

1. 国家预算执行的主要任务

国家预算执行的主要任务是：根据国家的方针政策，积极组织预算收入，使其正确、及时、足额地上缴国库；按照计划及时、合理地拨付资金，督促企业和单位加强经营管理，合理、节约、有效地使用资金；根据国民经济的发展情况，组织预算执行的平衡，保证国家预算收支的圆满完成。简单地说，国家预算执行的任务就是“收、支、管、平”。各级人民政府、财政部门、政府各主管部门及各单位在预算执行中必须按《中华人民共和国预算法》规定的职权范围，各司其职、各负其责，以保证执行任务的顺利完成。

2. 国家预算的调整

国家预算的调整是指经全国人民代表大会批准的中央预算和地方各级人民代表大会批准的本级预算，在预算执行过程中因特殊情况需要增加支出或减少收入，使原批准的收支平衡的预算的总支出超过总收入，或者使原批准的预算中举借债务的数额增加的部分变更。国家预算的调整必须经过各级人民代表大会常务委员会的审查和批准；未经批准，不得调整预算。国家预算调整的方法主要有预算的追加支出或追减收入以及预算支出科目间的资金调剂。

三、国家决算

国家决算是指经法定程序批准的年度国家预算执行结果的会计报告，是对国家预算执行情况的总结，也是国家经济活动在财政上的集中反映。通过编制决算，可以总结预算编制、执行的情况，加强对预算的管理和平衡收支，为下一年度的预算工作水平的提高，也为政府制定经济政策提供参考和依据。

国家决算的编制，通常采取自下而上的方法。编制程序大体是：执行预算的基层单位首先编制决算并报送上级主管部门；上级主管部门进行审核后汇编成部门总决算，上报同级财政部门；县、市财政部门根据基层单位报送的单位决算汇编成县、市总决算，报送省级财政部门；省级财政部门将本级收支决算和县、市总决算汇编成总决算报送财政部；财政部根据地方总决算和中央总决算编制国家决算。

国家决算编成后，报送国务院审查并提交全国人民代表大会批准。地方各级总决算，由地方财政部门报请同级人民政府审查后，提交同级人民代表大会审查批准。

四、预算外资金

预算外资金是指按国家财政制度规定不纳入国家预算、允许地方财政部门和由预算拨款的行政事业单位自收自支的资金，是国家预算资金必要的补充。虽然预算外资金不纳入国家预算，是由各地方、各部门和各单位自收自支、自行管理的资金，但其性质与预算内资金一样，同属于国家的财政资金。它有规定的收入渠道、提取标准和使用范围，通常以政府收费的形式取得。

（一）预算外资金的特点

预算外资金是财政资金的延伸，与预算内资金相比较，它具有以下特点：一是非营利性，即预算外资金在使用目的上必须直接用于满足政府履行其职能的需要，而不能用于营利性项目开支；二是零散性，预算外资金在使用方式上具有明显的零散性；三是依托性，预算外资金在存在方式上实际是依托政府预算而存在的，具有明显的依托性。

（二）预算外资金的范围

预算外资金包括地方财政支配的各项附加收入和集中的有关资金；国有企业及主管部门掌握的各项专用基金；行政事业单位的自收自支资金；中央和地方主管部门所属不纳入预算的企业收入；法律、法规规定的行政事业性收费、基金和附加收入等；国务院或省级人民政府及其财政、计划（物价）部门审批的行政事业性收费；国务院及财政部审批建立的基金、附加收入等；主管部门所属单位集中上缴资金；用于乡镇政府开支的乡自筹和乡统筹资金；其他未纳入预算管理的财政性资金。社会保障基金在国家财政建立社会保障预算制度以前，先按预算外资金管理制度进行管理，专款专用。财政部门在银行开设统一的专户，用于预算外资金收入和支出管理。部门和单位的预算外收入必须上缴同级财政专户，支出由同级财政按预算外资金收支计划和单位财务收支计划统筹安排，从财政专户中拨付，实行“收支两条线”管理。所以，预算外资金收入也是来源于收费，不过是预算外收费。这里主要介绍政府收费。

1. 政府收费的含义及分类

政府收费是指政府向居民提供特定服务或实施特定管理所收取的规费，以及政府对其提供公共产品或公共服务而直接向使用者或受益者收取的使用费。政府收费大致可以分为以下几类：

（1）公共服务或公共产品的使用费。

公共服务或公共产品的使用费即政府部门因提供了某种公共服务或公共产品而直接向受益者收取的费用。

（2）特许权使用费。

特许权使用费即国家特许经营、使用国家资源和政府资产进行营利性活动收取的费用。

（3）规费。

规费即按法律、法规进行登记、注册、颁发证照收取的证照费和注册登记费。

（4）中介费。

在有的国家，政府收费还包括由政府或政府委托机构进行各种鉴定、评估活动收取的中介费用等。

2. 政府收费的主要类型

（1）行政性收费。

行政性收费是指国家机关及其授权单位在行使国家管理职能时依法收取的费用，其实质是国家意志和权威的一种经济体现。行政性收费的主体是国家机关及其授权单位，即除国家行政、司法机关以及某些被授予行政管理职权的企事业单位外，其他任何单位都不得进行行政性收费。上述行政机关及授权单位，若仅以民事主体的身份从事法律允许的民事活动所收取的费用，则不属于行政性收费，而属于事业性收费。行政性收费又进一步分为管理性收费和财政性收费。

①管理性收费。管理性收费以经济调节为手段，以履行收费主体的行政管理职能为目的，是一种“以费促管”型的收费。根据管理目标的不同，管理性收费又可细分为证照性收费、规范性收费、惯例性收费、调节性收费、界定性收费、惩罚性收费。

②财政性收费。财政性收费以行政干预为手段，以弥补国家财力为目的，是以权取利的收费，即以行政干预为手段来达到经济调节的目的。根据现行情况，财政性收费又可分为补偿性收费和集资性收费两大类。

（2）事业性收费。

事业性收费是指非营利性的国家事业单位及其类似机构在社会公共服务中，依照有关政策规定收取的费用，其实质是对服务性劳动的部分补偿。事业性收费主体在向社会提供服务时以非营利为目的，这是事业性收费的一个重要特征。事业性收费又可分为补偿性收费、公益性收费和福利性收费三类。

（三）预算外资金管理原则

预算外资金是正确处理资金分配与使用上的集中与分配、一般和特殊的关系，调动各预算执行单位积极性的一项重要措施。加强预算外资金的管理尤为重要，对于预算外资金的管理应遵循以下原则：

1. 严格划清预算内资金和预算外资金的界限，分别管理

预算外资金的项目和范围，必须按照国家的规定执行，不得任意扩大。不能将由预算外开支的费用挤用预算内资金来支付，也不能将预算外资金转为预算内资金。

2. 坚持专款专用

专款专用是指预算外资金必须按照国家规定的用途使用。

3. 实行计划管理、政策引导

把预算外资金的收支计划纳入综合财政计划，进行综合平衡，调节和控制预算外资金的规模和使用方向，充分发挥预算外资金的补充作用。

任务三 财政管理体制

一、财政管理体制的概念

财政管理体制是规定国家管理财政的组织体系、管理权限和管理制度的总称。它涉及中央与地方、地方各级政府之间以及国家与各部门之间、企事业单位之间在财政管理权限和财政资金划分上的责权关系，是中央政府与地方政府财政分配关系，政府与各部门、企事业单位的财政分配关系的表现形式，通常具有法律性和规范性的特征，是经济管理体制的重要组成部分。

二、财政管理体制的构成

1. 按管理内容和范围划分

按管理内容和范围，财政管理体制包括国家预算管理体制、国家税收管理体制、国家信用管理体制、基建投资管理体制、文教行政国防管理体制、国有资产管理体制和预算外资金管理体制。其中，国家预算管理体制是财政管理体制的中心组成部分，制约着财政管理体制各项构成的建立和调整。

2. 按财政管理体制的级次和主体划分

按财政管理体制的级次和主体，财政管理体制主要包括中央与地方财政分配关系的财政管理体制和地方各级之间财政分配关系的财政管理体制。中央与地方财政分配关系的财政管理体制体现为中央与地方在财政分配上集权与分权的关系，主要解决中央与省（自治区、直辖市）之间的财政收支范围与管理权限的划分，中央在其中处于主导地位。有一级政府便有一级财政，地方各级之间财政分配关系的财政管理体制，应根据各级各地政府所负职责大小以及各地方的政治经济形势具体确定财政分配关系的形式、财政资金收支范围和管理权限。

三、财政管理体制的实质和原则

（一）财政管理体制的实质

财政管理体制的实质就是正确处理中央与地方、地方各级政府之间以及国家与各部门、企事业单位之间在财政资金分配上的集权与分权的关系。所谓集权与分权，是指在中央统一领导下，通过职责权限的划分，分工负责，充分发挥各方面的积极性，保证国家经济建设和各项事业的持续、稳定、协调发展。在处理集权与分权的关系时，集中和分散的程度要根据不同时期国家的政治经济形势和任务来确定，集中得过多不好，分散得过多也不好。现阶段，我国在建立健全社会主义市场经济体制的过程中，为了便于中央政府的统一领导和各项政令的实施，充分发挥财政的宏观调控作用，缩小我国东西部地区经济发展不平衡的差距，应将财权适当集中在中央，提高中央财政收入的比重。

（二）财政管理体制的原则

1. 以社会主义市场经济体制的理论为基础

社会主义市场经济体制是同社会主义基本制度结合在一起的，在社会主义市场经济运行中，市场在国家宏观调控下对资源配置起基础性作用，因此，财政管理体制必须按市场经济的要求进一步完善。

2. 从实际出发

我国是一个人口众多、幅员辽阔的多民族国家，各地区自然条件、社会条件差异较大，市场发育处于逐步成熟阶段，因此我国应采取有针对性的措施完善财政管理体制。

3. 与国民经济管理体制相适应

财政管理体制必须与国民经济管理体制相适应、相配套、相一致。只有这样，才能有效地履行其职能，在市场经济体制发展的要求下，建立新的财政运行机制。通过建立新的财政运行机制，进一步完善社会主义市场经济体制，提高各项财政资金的使用效率，加强宏观调控，从而促进国民经济更快发展。

四、国家预算管理体制

（一）国家预算管理体制的概念

国家预算管理体制是国家处理中央与地方以及地方各级政府之间财政关系的基本制度，其核心问题是各级政府预算收支范围及管理职权的划分和相互间的制衡关系。预算收支范围涉及国家财力在中央与地方以及地方各级政府间如何分配的问题，而预算管理职权则是各级政府在支配国家财力上的权限和责任问题。建立国家预算管理体制的根本任务，就是通过正确划分各级政府预算的收支范围，规定预算管理权限及相互制衡关系，使国家财力在各级政府及各区域间合理分配，保障相应级次或区域的政府行使职能的资金需要，提高财政资金的管理和使用效率。

（二）国家预算管理体制的主要内容

1. 国家预算管理主体和级次的规定

国家预算管理主体和级次的规定与一国的政权结构和行政区划存在密切联系。由于各国的政权结构和行政区划的特点不同，因此政权级次和预算级次的划分也不尽相同。

2. 国家预算管理权限的划分

国家预算管理权限是指国家预算方针政策，预算管理法律法规的制定权、解释权和修订，国家预决算的编制审批权，以及预算执行、调整和监督权等。

3. 国家预算收支范围的划分

国家预算收支范围的划分实际上是确定中央和地方以及地方各级政府各自的事权和财权。国家预算收支范围划分是否合理，关系到国家预算管理体制的运行是否有效率、各级政府的职能能否充分体现、各层次的公共需要能否有效满足，因而它是国家预算管理体制设计的核心问题。

4. 国家预算调节制度和方法

国家预算收支范围的划分并不能完全解决各级次、各地方政府财政收支不均衡的问题，这不仅由于支出划分与收入划分所遵循的标准不完全一致，不同级次预算主体之间的收支不对称，而且由于地区间经济发展的非均衡性，经济相对落后地区的预算收支难免存在缺口，因此，在既定的预算收支范围划分的基础上进行收支水平的调节是必要的。

（三）我国预算管理体制的演变

中华人民共和国成立至今，我国预算管理体制的演变经历了四个阶段，实行了四种类型的预算管理体制。

1. 统收统支体制

统收统支体制是1950—1952年国民经济恢复时期实行的预算管理体制。

1950年，为了克服国家财政经济工作面临的严重困难，中央采取了统一财政经济管理的重大决策，在预算管理上，实行高度集中的管理体制，即统收统支体制。该体制的主要特点有：

（1）预算管理权集中在中央。

一切收支项目、收支办法和开支标准，都由中央统一制定。

（2）财力集中在中央。

全国各地的主要收入统一上缴中央金库，地方一切开支均需经中央核准、统一拨付，地方只留有少许机动财力，用以满足农村、文教卫生事业和城市市政建设以及其他临时性需要。

（3）各项财政收支，除地方附加外，其他全部纳入统一的国家预算。

2. 统一领导、分级管理体制

统一领导、分级管理体制是1953—1978年我国实行的预算管理体制。

这种预算管理体制的主要特点有：

（1）中央统一制定预算政策和预算制度，按国家行政区域划分预算级次，实现分级管理，原则上是一级政权一级预算。在这种分级管理体制下，地方预算的收支支配权和管理权相对较小，并不构成一级独立的预算主体。

（2）按中央政府和地方政府的职责分工，并按企事业单位和行政单位的隶属关系确定各级预算的支出范围。

（3）主要税种的立法权、税率调整权和减免权集中于中央，由中央核定地方收支指标，全部收入分为各级固定收入和比例分成收入，由地方统一组织征收，分别入库。

（4）地区间的调剂由中央统一进行，凡收大于支的地方上缴收入，凡支大于收的地方由中央补助，中央预算另设专门拨款，由中央集中支配，以调节地方预算的收支平衡。

（5）地方预算基本上是以支定收，结余可以留用。

（6）体制的有效期是“一年一定”或“几年不变”。

3. 划分收支、分级包干体制

划分收支、分级包干体制是1979—1993年我国实行的预算管理体制。

改革开放后，为适应新形势的需要，我国于1980年对预算管理体制做了重大改革，开始实行划分收支、分级包干体制，这种体制又简称财政包干制。财政包干制是我国预算管理体制的一次重大改革，主要表现为地方预算初步成为责、权、利相结合的相对独立的一级预算主体。其基本内容有：

（1）按经济管理体制规定的隶属关系划分中央与地方的收支范围。财政收入实行分类分成办法，包括固定收入、固定比例分成收入和调剂收入。财政支出分为包干支出和中央对地方专项拨款支出。

（2）地方财政收支的包干基数，以1979年预算收支执行数为基数，经过适当调整确定。

（3）地方上缴比例、调剂收入分成比例和定额补助数由中央核定下达后，原则上一般五年不变。地方在划分的收支范围内，自求平衡。

1985年，随着我国经济体制改革的深入，尤其是经过两步“利改税”，税收成为国家财政收入的主要形式。所以，中央决定从1985年开始实行“划分税种，核定收支，分级包干”的预算管理体制。这种预算管理体制的基本特点是以税种划分各级财政收入，这就为向分税制预算管理体制过渡迈出了一步。

1986年后，中央财政收入占全国财政收入的比例持续下降，中央级财源不稳定。为了充分调动地方组织财政收入的积极性，中央决定对地方实行财政大包干，根据各省、自治区、直辖市的财政收入情况分别实行六种不同的包干办法：收入递增包干；总额分成；总额分成加增长分成；上解额递增包干；定额上解；定额补助。

财政包干制的主要特征是：在总额分成的基础上对增收或超收部分，加大地方的留成比例，鼓励地方增收的积极性，从而保证了全国财政收入的不断增长。财政包干制适应了当时社会经济发展的需要，极大地调动了地方政府发展经济、组织财政收入的积极性，从而为分税制预算管理体制的建立奠定了基础。

随着经济体制改革的不断深化，计划经济下的财政包干制的弊端也日益暴露出来。由于缺乏规范性，中央与地方的关系难以稳定，而且地区间贫富差距拉大，形成新的分配不公。

4. 分税制预算管理体制

分税制预算管理体制是1994年至今我国实行的预算管理体制。

由于财政包干制已不适应社会主义市场经济体制发展的需要，1992年，我国在部分地区实行分税制预算管理体制改革的试点工作。在此基础上，1993年国务院颁布了《关于实行分税制管理体制的规定》，该规定从1994年1月1日起在全国实行。

分税制预算管理体制是在划分事权的基础上按税种划分中央与地方的财政预算收入，合理确定中央与地方的财权财力，以正确处理中央政府与地方政府之间财政预算分配关系的一种预算管理体制。我国的分税制预算管理体制是借鉴市场经济国家的分税分级预算管理体制，结合我国的实际情况而形成的具有中国特色的多级预算管理体制，其主要内容包括：

（1）依据中央政府与地方政府的事权划分，确定各级财政的支出范围。

中央财政主要承担国家安全、外交和中央国家机关运转所需的各项经费，承担调整国民经济机构、协调地区发展、实现宏观调控所需的各项支出，以及由中央直接管理的社会事业发展支出，具体包括中央行政管理费、国防费、外交和援助支出、中央统管的基本建设支出等。地方财政主要承担本地区政权机关运转所需的各项经费，地区经济建设及文化、教育、卫生等社会事业发展所需的各项支出，具体包括地方行政管理费，公检法支出，地方统筹的基本建设投资，地方文化、教育、卫生等各项事业费，城市维护和建设费，地方企业的技术改造和新产品的试制费，支农支出，价格补贴及其他支出。

（2）依据事权与财权相结合的原则，按税种划分各级财政收入。

将那些有利于维护国家权益、实施宏观调控所必需的税种划分为中央税种，将那些适合于地方征管的税种划分为地方税，将那些同经济发展直接相关的主要税种划分为中央与地方共享税。税种划分后，税收的立法权仍然集中在中央，以保证国家政令统一和税制统一。

（3）中央财政对地方的转移支付制度。

转移支付是指中央在保证本级基本支出需要的同时，将一部分收入通过不同的形式和条件转给地方，由地方具体使用。实行分税制并建立相应的转移支付制度是改革预算管理体制的需要。我国实行分税制后，中央对地方的转移支付主要包括中央对地方的税收返还和专项拨款等。建立和完善中央税收返还和转移支付制度，不仅有利于保证地方的基本支出需要，更重要的还在于，通过按客观因素和客观条件确定中央对地方的财力流向和流量，可充分发挥财政的宏观调控职能，促进社会资源的优化配置、产业结构的合理调整和地区间的均衡发展。我国应结合实际情况，按照公平和效率原则，使中央对地方的转移支付逐步做到公式化、规范化和制度化。

（4）中央财政对地方税收返还数额的确定。

实行分税制后，由于税收收入的大部分由中央财政掌握，因此为了保证地方的既得利益，达到经济体制改革的目标，我国建立了中央财政对地方税收返还制度。该制度的基本内容主要有：一是核定税收返还基数；二是确定税收返还递增率。

5. 在改革中不断完善我国的分税制预算管理体制

1994 年实行的分税制预算管理体制改革，标志着我国向建立适应社会主义市场经济体制的预算管理体制迈出了关键性的一步。在分税制预算管理体制的不断完善和发展中，我国应建立适应社会主义市场经济体制的新型预算管理体制。一是按照现代市场经济的要求，科学界定政府的职责，划分中央和地方的事权，在此基础上确定政府可支配财力的大小以及中央与地方财权的划分。二是通过财政转移支付制度来解决地方所需财力受到财政规模的制约，因此，要逐步规范和完善我国的财政转移支付制度。三是随着中央对地方分税制预算管理体制的逐步规范，必须逐步完善省级以下的预算管理体制。

五、国家税收管理体制

（一）国家税收管理体制的概念

国家税收管理体制指在中央和地方之间划分税收管理权限的一种制度，是国家财政管理体制的重要内容。税收管理权限包括税收立法权和税收管理权。税收立法权是指国家最高权力机关依据法定程序赋予税收法律效力时所具有的权力。税收管理权是指贯彻执行税法所拥有的权限，是一种行政权力，属于政府及其职能部门的职权范围。

科学地建立税收管理体制，在中央和地方之间合理划分税收管理权限，对国家各项税收政策、法令的贯彻执行，提高税收征管工作的质量和效率，以及充分调动中央和地方组织收入的积极性具有重要意义。

我国税收管理体制实行统一领导、分级管理的基本原则。由于税收是国家取得财政收入的基本形式，税收负担对经济发展和社会稳定的影响很大，直接涉及各方面的物质利益关系，政策性很强，因此，按收入归属划分税收管理权限，即中央税、中央与地方共享税的管理权限在中央，地方税的管理权限在地方。

（二）我国税收管理体制的演变

中华人民共和国成立以来，按照统一领导、分级管理和适应经济发展变化需要的原则，根据不同时期国家的政治、经济情况，并同整个财政、经济管理体制相适应，我国的税收管理体制进行了多次调整改革，大体经历了由分散管理到高度集中统一，再由高度集中统一逐步过渡到中央统一领导的分级管理这样一个过程。

1950 年，我国统一税政，建立高度集中的税收管理体制。当时，为了迅速恢复国民经济，平衡财政收支，稳定金融物价，保证国家重点建设，并配合对内改造，必须实行高度集中的财政经济和税收管理体制。各项税法均由国务院统一制定并颁布实施；税种的开征、停征、税目的增减、税率的调整都由中央集中掌握；一定金额以上的减税、免税以及属于全国性和政策性较大的税收问题，权限都属于中央。地方性的税收立法要呈报中央备案，一般只对地方性税收减免，各地需在全国统一的税法范围内具体确定税收立法。

1958 年，我国实行大幅度下放税收管理权限、扩大地方分权的税收管理体制。该体制的主要内容包括：一是扩大地方减税、免税和加税权。允许省（自治区、直辖市）在规定的范围内，对原来由中央统管的商品流通税、货物税、营业税、所得税等主要税种采取减免税和加税措施；少数民族地区或受灾地区有权自行处理税收减免；允许对少数收入较多的个体手工业者和商贩实行加成征收。二是扩大地方对地方税的管理权限。三是扩大地方在其他方面的税收管理权限。

1961 年，中央适当收回部分税收管理权限，主要内容包括：一是工商统一税目的增减、税率的调整、纳税环节的变动，以及盐税税额的调整，应报中央批准。二是开征地区性税收、地方各税目和税率的变动，以及在中央规定的所得税税率范围内确定具体税率，也需经过中央批准。三是对部分减免税的审批权限做了明确规定。

1973 年，我国继续下放税收管理权限，明确规定省可以自行决定和批准纳税单位使用的工商税税目和税率等。

1977 年，我国整顿税收管理的紊乱状况，适当集中部分税收管理权限。

1994 年以前的三级税收管理权限是按照国务院、财政部和省（自治区、直辖市）人民政府三个层次来划分的。

（三）新税制下的税收管理体制

与分税制预算管理体制相适应，我国现行的税收管理体制是划分中央与地方对税收管理权限的一种分税制管理体制。

1. 中央与地方税收立法权限的划分

中央税、中央与地方共享税，以及全国统一实行的地方税的立法权集中在中央，以保证中央政令统一，维护全国统一市场和企业平等竞争，同时，依法赋予地方适当的地方税收立法权。

(1) 全国性税种的立法权，即包括全部中央税、中央与地方共享税，以及在全国范围内征收的地方税税法的制定、公布，税种的开征权、停征权，属于全国人民代表大会及其常务委员会。

(2) 经全国人民代表大会及其常务委员会授权，全国性税种可先由国务院以“条例”或“暂行条例”的形式发布施行。经一段时期后，再行修订并通过立法程序，由全国人民代表大会及其常务委员会正式立法。

(3) 经全国人民代表大会及其常务委员会授权，国务院有制定税法实施细则、增减税目和调整税率的权力。

(4) 经全国人民代表大会及其常务委员会授权，国务院有税法的解释权；经国务院授权，国家税务主管部门（财政部和国家税务总局）有税收条例的解释权和制定税收条例实施细则的权力。

(5) 省级人民代表大会及其常务委员会有根据本地区经济发展的具体情况和实际需要，在不违背国家统一税法，不影响中央的财政收入，不妨碍我国统一市场的前提下，开征全国性税种以外的地方税种的税收立法权。税法的公布，税种的开征、停征，由省级人民代表大会及其常务委员会统一规定，所立税法在公布施行前须报全国人民代表大会常务委员会备案。

(6) 经省级人民代表大会及其常务委员会授权，省级人民政府有本地区地方税法的解释权和制定税法实施细则、增减税目、调整税率的权力，也可在上述规定的前提下，制定一些税收征收办法，还可以在全国性地方税条例规定的幅度内，确定本地区适用的税率或税额。地区性地方税收的立法权仅限于省级立法机关或经省级立法机关授权同级政府，不能层层下放。所立税法可在全省（自治区、直辖市）范围内执行，也可只在部分地区执行。关于我国现行税收立法权的划分问题，迄今为止尚无一部法律对之加以完整规定，只是散见于若干财政和税收法律、法规中，尚有待于税收基本法做出统一规定。

2. 中央与地方税收管理权的划分

根据按收入归属划分税收管理权的原则，属于中央收入的税种，其税收管理权由国务院及其税务主管部门掌握；属于地方收入的税种，其税收管理权由省级人民政府及其税务主管部门掌握。另外，地方自行立法的地区性税种，其税收管理权也由省级人民政府及其税务主管部门掌握。地方的税收管理权在省级及其以下地区、单位之间的划分，以及少数民族聚居区的税收管理权，均由省级人民代表大会或省级人民政府决定。经全国人民代表大会及其常务委员会和国务院批准，经济特区和民族自治地区可以拥有某些特殊的税收管理权，地方的税收管理权的行使，必须以不影响国家宏观调控和中央财政收入为前提。

3. 中央与地方收入的税种划分

根据国务院关于实行分税制预算管理体制的规定，我国的税收收入分为中央政府固定收入、地方政府固定收入和中央政府与地方政府共享收入。

(1) 中央政府固定收入。

这部分收入包括消费税（含进口环节海关代征的部分）、车辆购置税、关税、海关代征的进口环节增值税等。

（2）地方政府固定收入。

这部分收入包括城镇土地使用税、耕地占用税、土地增值税、房产税、车船税、契税等。

（3）中央政府与地方政府共享收入。

这部分收入主要包括：

① 增值税（不含进口环节由海关代征的部分）：中央政府分享75%，地方政府分享25%。

② 营业税：原铁道部、各银行总行、各保险总公司集中缴纳的部分归中央政府，其余部分归地方政府。

③ 企业所得税：原铁道部、各银行总行以及海洋石油企业缴纳的部分归中央政府，其余部分中央政府与地方政府分别按60%与40%的比例分享。

④ 个人所得税：除储蓄存款利息所得的个人所得税外，其余部分的分享比例与企业所得税相同。

⑤ 资源税：海洋石油企业缴纳的部分归中央政府，其余部分归地方政府。

⑥ 城市维护建设税：原铁道部、各银行总行、各保险总公司集中缴纳的部分归中央政府，其余部分归地方政府。

⑦ 印花税：证券交易印花税收入的94%归中央政府，其余6%和其他印花税收入归地方政府。

4. 分税制有待完善的问题

（1）进一步明确各级政府的事权范围和各级预算主体的支出职责，包括政府职能转变、明确事权划分、支出职责细化。

（2）逐步调整和规范收入划分，包括：

①改变收入划分的企业行政隶属关系标准。

②个人所得税和企业所得税调整。

③对税制分步进行有增有减的结构性调整。

④健全地方税种，如城市维护建设税、物业税。

（3）完善转移支付制度是进一步完善分税制的重点，包括：

①稳定税收返还的绝对规模，扩大过渡期（一般性）转移支付。

②以缩小地区间财力差距为目标，在条件允许时将税收返还逐步纳入规范的转移支付范围。

③改进和整顿专项拨款。

④推进省（自治区、直辖市）以下转移支付制度的建立和完善。

课后练习题

1. 简述国家预算的概念、分类及原则。
2. 简述国家预算管理体制的主要内容。
3. 简述我国分税制预算管理体制的基本内容。

项目七

金融和金融体系

学习目标

1. 掌握金融的内涵和门类。
2. 了解金融体系在国民经济中的地位和作用。

任务一 金融概述

一、金融的基本定义和内涵

（一）金融的基本定义

“金融”一词，“金”是指货币资本，“融”是指融通，金融就是指货币资本的融通。

（二）金融的内涵

1. 金融的主体

金融是经济人之间为了各自的需求，将所拥有的金融工具进行融通。由于各种金融工具性能不同、效用各异，因此融通就成为必要。公众、企业、政府和非政府机构等各种经济人就成为金融活动的主体。

2. 金融的客体

金融的客体称为金融的对象，即融通什么。融通货币资本等金融工具，既包括货币与货币之间的融通，又包括货币与资本之间的融通，还包括资本与资本之间的融通。总而言之，经济学家将金融活动的信用行为所产生的工具，包括货币和资本，统称为金融工具，金融的客体就是金融工具。

3. 金融的方式

金融的方式是指货币资本的融通行为是用什么方式进行的。金融工具之间的融通，表现为双方的债权债务、有本有息和有借有还，这就是信用行为。何谓信用？信用就是以还本付息为条件，借贷有期限的债权债务契约关系。公众在银行存款，公众是债权人，银行是债务人，双方是一种银行信用方式；企业购买国债，企业是债权人，政府是债务人，双方是一种国家信用方式；张三向李四借钱，张三是债务人，李四是债权人，双方是一种民间信用方式。总之，金融工具之间的融通方式，就是信用方式。

这里需要特别强调的是，在信用货币时代，信用行为与交易行为，往往是一个行业的两个方面或者说两种表现，很难将其区分。如前所述，公众在银行存款，就公众而言，这是一种银行信用，作为债务人的银行到期要还本付息，这是正确的。但银行认为，这是一种购买行为，即银行将存单卖与公众，双方是一种交易行为，也就是说，公众在银行存款既可理解成双方是一种信用关系，又可理解成一种存单（或者存折）的买卖行为，公众是债权人，同时是存单的买方；银行是债务人，同时是存单的卖方。信用关系与交易行为的融合，是现代市场经济的根本特征之一，也是信用货币时代金融工具的核心所在。

4. 金融的载体

所谓金融的载体，是指货币资本融通的场所或场合是什么、在哪里。我们说，在市场中，如果是短期的货币借贷，载体就是货币市场；如果是长期的借贷或投资，载体就是资本市场；如果是银行信用行为，载体就是银行借贷市场；如果是股票、债券的购买，载体就是有价证券市场。因此，金融的载体是金融市场。

5. 金融机构

金融是经济人之间货币资本的融通行为，任何经济人都可从事金融活动，但如果某个经济人是专门从事金融活动的机构（或法人），那么这个经济人就是金融机构。由此可见，所谓金融机构，就是专门从事货币资本融通的机构，是金融的专职机构，包括银行金融机构和非银行金融机构两类。

二、金融的门类

金融可以按不同标准进行分类，如按金融活动的方式，金融可分为直接金融和间接金融；按金融活动的运行机制，金融可分为微观金融和宏观金融；按金融活动的目的，金融可分为政策性金融、商业性金融和合作性金融；按金融活动是否接受政府监管，金融可分为官方金融和民间金融；按金融活动的地理范围，金融可分为国内金融和国际金融。

金融的门类是指按性质和功能将金融活动划分为不同的类型。由于金融的内涵与范畴在不断地变化，金融门类的链条也在不断加长，因此目前无论是国内金融还是国际金融，均包括银行业、证券业、保险业、信托业、租赁业等类型。

1. 银行业

研究金融发展的历史可以看出，最早从事金融交易的中介机构是银行，准确地说是商业银行。随着商品经济的发展，货币得以产生，出现了以偿还和付息为基本特征的借贷行为。信用也产生并发展起来，由此出现了专门从事货币兑换、保管和经营的早期银行，这就是商业银行的前身，以后又逐渐发展成为现代商业银行。商业银行通过吸收存款、发放贷款、办理结算业务等为资金融通服务。目前世界各国金融机构体系中商业银行居于主体地位。

2. 证券业

随着商品经济进入高度发达时期，金融交易相当大部分表现为各类证券的发行和买卖活动，甚至通过银行集中进行的借贷行为也趋于证券化（如贷款证券化）。证券交易具有直接融资的特点，证券的发行人通过发行债券或股票来筹集资金，证券的投资人通过购买债券或股票而取得收益，实现了资金在不同部门之间的重新配置。为证券交易进行服务的金融机构主要有投资银行、证券公司、基金管理公司等。

3. 保险业

保险是以集合社会多数单位和个人的风险为前提，以保险合同方式建立经济关系，以保险费的形式聚集并建立保险基金，对被保险人因自然灾害或意外事故所造成的经济损失或人身伤亡予以补偿的一种经济活动。在现代经济中，保险已渗透到各个领域，成为精巧的“社会稳定器”。西方国家的保险业十分发达，各类保险公司是各国最重要的非银行金融机构。在人们的生活中，几乎无人不保险、无物不保险、无事不保险。保险的种类繁多，有财产保险、人寿保险、火灾及意外伤害保险、存款保险等，其中又以人寿保险规模最大。保险公司获得的保费收入经常远远超过其保费支出，因而聚集起大量的货币资本。这些货币资本比银行存款更稳定，因此可以作为长期资金的来源。

4. 信托业

信托是一种古老的业务，其基本含义是：接受他人委托，代为管理、经营和处理经济事务的行为。信托投资公司是信托公司的主要类型之一，除办理一般信托业务外，其突出的特点在于从事投资业务。

5. 租赁业

租赁也是一种极其古老的经济行为，而把传统的租赁与融资相结合的现代金融租赁，产生于第二次世界大战以后。租赁公司通过融物为企业进行融资，成为促进企业发展的重要融资方式之一。

任务二 金融体系

一、金融体系的内涵

金融体系包括金融调控体系、金融企业体系（组织体系）、金融监管体系、金融市场体系、金融环境体系五个方面。

1. 金融调控体系

金融调控体系既是国家宏观调控体系的组成部分，包括货币政策与财政政策的配合、保持币值稳定和总量平衡、健全传导机制、做好统计监测工作、提高调控水平等；也是金融宏观调控机制，包括利率市场化、利率形成机制、汇率形成机制、资本项目可兑换、支付清算系统、金融市场（货币、资本、保险）的有机结合等。

2. 金融企业体系

金融企业体系，既包括商业银行、证券公司、保险公司、信托投资公司等现代金融企业，也包括中央银行、国有商业银行、政策性银行、金融资产管理公司、中小金融机构、各种所有制金融企业、农村信用社等。

3. 金融监管体系

金融监管体系（金融监管体制）包括健全金融风险监控、预警和处置机制，实行市场退出制度，增强监管信息透明度，接受社会监督，处理好监管与支持金融创新的关系，建立监管协调机制（银行、证券、保险及中央银行、财政部门）等。

分业经营需要分业监管，监管部门如中国银行业监督管理委员会（简称银监会）、中国证券监督管理委员会（简称证监会）、中国保险监督管理委员会（简称保监会）；混业经营则统一监管。

4. 金融市场体系

金融市场体系（资本市场）包括扩大直接融资，建立多层次资本市场体系，完善资本市场结构，丰富资本市场产品，推进风险投资和创业板市场建设，拓展债券市场，扩大公司债券发行规模，发展机构投资者，完善交易、登记和结算体系，稳步发展期货市场。

5. 金融环境体系

金融环境体系包括建立健全现代产权制度、完善公司法人治理结构、建设全国统一市场、建立健全社会信用体系、转变政府经济管理职能、深化投资体制改革。

二、金融体系的构成要素

金融体系是指金融要素的安排及其动态关联系统。金融体系的形成和发展与金融的发展是同步的。金融是商品货币关系发展的必然产物，它随着社会经济和商品货币关系的发展而发展，同时又推动社会经济的进步。从简单的货币经营业到涵盖间接融资与直接融资的银行、证券、保险、信托与租赁等，金融机构的职能不断扩大，金融市场不断完善，金融工具不断创新和丰富。金融机构、金融市场、金融工具等诸多因素相互依存、相互渗透，形成一个庞大、复杂、完整的金融统一体，在现代经济生活中发挥着重要的作用。与此同时，金融体系是一个普遍的、一般的概念，在不同的国家、不同的经济制度下，金融体系的表现形式也不尽相同。但世界各国现代金融体系的构成要素基本一致，主要包括以下四项内容：

1. 由货币制度所规范的货币流通

这一构成要素覆盖整个金融体系，是金融体系赖以展开的平台。

货币流通是金融活动的基本形式，贯穿于整个金融体系之中。货币流通是商品流通的实现形式。

货币流通范围包括五个方面：以个人或家庭为中心的货币收支；以公司、企业等经营单位为中心的货币收支；以财政及机关团体为中心的货币收支；以银行金融机构和非银行金融机构为中心的货币收支；一国对外货币收支。货币流通有现金流通和非现金流通两种方式。现金流通是以收付现钞的方式形成的货币收支；非现金流通是指存款货币的流通，主要是金融机构的转账结算。在现代经济交易中，非现金流通一般超过90%，是货币流通的主要形式。不同货币制度下的货币流通是不同的，表现在货币材料的不同、货币单位的不同、流通中货币种类的不同，以及对不同种类货币的铸造和发行及支付能力的管理不同等诸多方面。

2. 金融机构体系

金融机构体系也称金融组织体系，是现代金融活动的基本载体。金融机构是经营货币或货币资本的企业，是在经济生活中充当信用中介、媒介以及从事种种金融服务的组织。金融机构种类繁多，在这个群体中，通常区分为银行金融机构和非银行金融机构。

3. 金融市场体系

金融市场是金融活动开展的场所，是金融工具发行和交易的场所。金融市场体系是依照特定规则形成的、金融市场要素相互联系构成的整体。由于金融交易的对象、方式、条件、期限等要素不同，人们可以从不同角度对金融市场进行分类，但谈论较多的主要是资本市场、货币市场、外汇市场、黄金市场、保险市场、衍生金融工具市场等。

4. 金融工具

金融工具是将资金从盈余者转移给短缺者的载体，是一种载明资金供求双方权利、义务关系的合约。它通过表明信用关系的书面证明、债权债务的契约文书等表现出来，以一定的要式具体规定资金转移的金额和期限等条件。金融工具是金融机构中和金融市场上交易的对象。在金融体系中，金融机构和金融市场利用金融工具实现资金在个人、家庭、企业和政府部门之间的融通。金融工具种类很多，针对不同的金融交易，交易者所借用的载体不同，通常有商业票据、银行票据、存款、贷款、保单、债券、股票以及期货、期权等衍生金融工具。

三、金融体系的功能

金融体系在社会资金融通中扮演着重要的角色，发挥着重要的功能，这些功能可以归纳为以下六个方面：

1. 聚集、配置资金

复杂多样的现代经济活动往往需要长期的、巨额的资金投入，而个人、家庭或企业等单个投资者的力量往往难以满足投资所需的最小资金需求量。因此，聚集社会上的闲散资金，并对其进行合理的再分配，以满足资金盈余者和资金短缺者各自不同的需求，就成为经济持续发展的前提。只有金融体系才能实现资金供求双方的联结，具有为企业或家庭聚集资金并进行有效分配的功能。这是金融体系最基本、最能说明其经营活动的功能。例如，银行通过吸收个人或家庭的存款，再以贷款的形式发放给企业；资本市场上债券或股票的发行与流通转让是政府或企业筹集资金的方式。

金融体系成为储蓄转变为投资的桥梁，开辟了外源融资渠道，并实现了资源的跨期、跨空间配置。金融体系可以实现资金资源的跨期分配，即在时间上使资金得到合理、有效的配置。

2. 支付、清算服务

金融体系的一个传统功能是为个人、家庭、企业和政府部门在购买产品或服务时提供有效的清算和支付手段及服务。例如，支票的使用、信用卡的划账功能、电子货币的出现、网上支付系统的发展等。各类金融机构借助于不断更新的金融工具使形形色色的交易顺利完结，各种货币支付日益便捷、安全和快速，不仅提高了资金使用效益，同时节省了经济发展的社会成本。

3. 金融工具流动性

针对以各种金融工具储存的资金，如股票和债券等，金融体系提供了许多以较小的损失将其转化为现金的方式和渠道，从而使金融工具具有流动性。其中一个重要的途径就是金融资产的持有者在金融市场上将资产售出、变现。金融工具的流动性越高，金融工具转换为现金就越容易，需要的成本就越低，时间就越少。不同金融工具的流动性不同。

4. 分散、转移和降低风险

由于不确定性的存在，金融活动存在着各种各样的风险，这会给金融资产的持有者带来意想不到的损失，甚至会危及一个国家的经济利益。金融风险的分散和转移需要借助金融体系才能实现。金融体系的各个要素都与分散和转移风险直接相关：金融机构体系和金融市场体系提供了风险管理的渠道；各种金融工具的流通转让，在使金融资产具有广泛流动性的同时，也获得了安全性；衍生金融工具出现的直接目的就是规避和对冲风险，金融体系的创新和发展为管理风险提供了更多、更有效的途径；国家通过金融政策的制定和实施，以及有关货币、信用、银行、交易等各种制度的规定，对金融业及金融市场进行调控和监管，其目的就是保证金融的安全和稳定。

5. 收集、提供价格信息

金融体系不仅可以提供各种投融资渠道，还可以提供金融领域的各种价格信息，如利率、汇率、股市行情等，便于投资者做出投资决策和经营决策，也便于政府管理部门进行宏观分析与预测。同时，金融体系收集和提供信息是一种高效率、低成本的活动，可以降低交易的搜寻成本和信息成本。金融体系中专门从事这方面服务的专业中介，有可能使金融市场的参与者大大降低这方面的支出。

6. 监督和激励

金融体系通过对金融工具的设计，起到了监督资金的运用成效、激励资金运用者的作用。金融中介机构可以扮演监督者的角色，如果银行对贷款要求抵押担保，就会使借款人谨慎使用贷款。金融市场也有类似的监督和激励机制。

课后练习题

1. 试分析金融体系的构成要素。
2. 简述金融体系的功能。

项目八

金融机构体系

学习目标

1. 了解金融机构的功能。
2. 了解金融机构的基本类型。
3. 掌握现代金融机构体系。
4. 掌握我国的金融机构体系。

任务一 金融机构概述

金融机构是资金盈余者与资金短缺者之间融通资金的信用中介，它们主要以发行证券的方式形成资金来源，然后把这些资金投向贷款、收益类证券等金融资产。它们是金融体系的重要组成部分，在整个国民经济运行中起着举足轻重的作用，通过疏通、引导资金的流动，促进资源在社会经济中的分配，提高全社会经济运行的效率。金融机构有多种形态，但作为有效融通资金从盈余者流向资金短缺者，实现资源转移的中介，银行最为典型。

一、金融机构的功能及其经营的特殊性

1. 金融机构的功能

金融机构的功能主要有：融通资金的信用中介，有效转移社会资源；创造信用货币，扩张信用；提供广泛的金融服务。

2. 金融机构经营的特殊性

在现代市场经济中，金融机构作为一种特殊的企业，与一般经济单位之间既有共性又有特殊性。

共性主要表现为金融机构也需要具备普通企业的基本要素，如有一定的自有资本，向社会提供特定的商品或服务，必须依法经营，独立核算，自负盈亏，照章纳税等。

特殊性主要表现为以下方面：

（1）特殊的经营对象与经营内容。

一般经济单位的经营对象是具有一定使用价值的商品或普通劳务，经营内容主要是从事商品的生产与流通活动；而金融机构的经营对象是货币资金这种特殊的商品，经营内容是货币的收付、借贷及各种与货币资金运动有关或与之相联系的金融业务。

（2）特殊的经营关系与经营原则。

一般经济单位与客户之间是商品或劳务的买卖关系；而金融机构与客户之间主要是货币资金的借贷或投资关系。金融机构在经营中必须遵循安全性、流动性和营利性原则。

（3）特殊的经营风险影响。

一般经济单位的经营风险主要来自商品生产和流通过程，集中表现为商品是否产销对路。单个企业破产造成的损失对整体经济的影响较小，一般属小范围、个体的；而金融机构因其业务大多是以还本付息为条件的货币信用业务，故风险主要表现为信用风险、挤兑风险、利率风险、汇率风险等。金融机构因经营不善而导致的危机，有可能对整个金融体系的稳健运行构成威胁，甚至会引发严重的社会或政治危机。

二、金融机构的基本类型

按照不同的标准，金融机构可分为不同的类型。

1. 按照性质划分

按照性质的不同，金融机构可分为金融监管机构与金融经营机构。

金融监管机构是指根据法律规定对一国的金融体系进行监督管理的机构。金融监管机构的职责包括：按照规定监督管理金融市场，发布有关金融监督管理和业务的命令与规章，监督管理金融机构的合法、合规运作等。我国目前的金融监管机构包括中国人民银行、中国银行业监督管理委员会、中国保险监督管理委员会、中国证券监督管理委员会等，这些均是代表国家行使金融监管权力的机构，其他的银行、证券公司和保险公司等金融企业都必须接受其监督和管理。

金融经营机构是指从事相关业务需要取得金融监管部门授予的金融业务许可证的企业，包括政策性银行、邮政储蓄机构、国有商业银行、股份制商业银行、信托投资公司、金融资产管理公司、金融租赁公司、财务公司、证券公司、期货公司、基金管理公司以及各类保险公司等。

2. 按照是否属于银行系统划分

按照是否属于银行系统，金融机构可分为银行金融机构和非银行金融机构。

银行是经营货币和信用业务的金融机构，它通过吸收存款、发放贷款，以及办理结算、汇兑等业务，在整个社会范围内融通资金。在现代商品经济社会中，银行是社会资金融通的枢纽。按照不同的划分标准，现代银行有不同的分类。例如，按银行资本性质划分，有国有银行、公私合营银行、私营银行；按经营形式划分，有股份制银行、合资银行和独资银行；按经营业务的范围划分，有办理综合性金融业务的商业银行和办理专门性金融业务的专业银行，以及办理政策性金融业务的政策性银行；按业务覆盖的地区划分，有全国性银行和地方性银行；按职能划分，有中央银行、商业银行和专业银行。比较完善的银行体系，一般是以中央银行为领导核心，以商业银行为主体，以各种专业银行为补充。

非银行金融机构是指经营各种金融业务但又不称为银行的金融机构。这类机构较为庞杂，如保险机构、证券机构、信用合作组织、消费信用机构、信托投资公司、养老基金组织、金融租赁公司、邮政储蓄机构、金融资产管理公司、储蓄贷款协会、投资基金机构、财务公司、典当行等。非银行金融机构的产生，使融资机构、融资渠道和融资形式多样化，为客户提供的金融服务也日益多样化，尤其为中小企业的发展提供了便利。同时，非银行金融机构的大量涌现，使金融业增加了竞争对手，有利于金融业提高服务质量，给金融业的发展注入了新的活力。

3. 按照是否能够接受公众存款划分

按照是否能够接受公众存款，金融机构可分为存款性金融机构与非存款性金融机构。

存款性金融机构是指通过吸收各种存款而获得可用资金，并将之贷给需要资金的各经济主体及投资于证券等以获取收益的金融机构，如商业银行、储蓄贷款协会、合作储蓄银行和信用合作社等。

非存款性金融机构是指以接受资金所有者根据契约规定缴纳的非存款性资金为主要来源的金融机构。非存款性金融机构不得吸收公众的储蓄存款，如保险公司、信托金融机构、政策性银行，以及各类证券公司、财务公司等。

4. 按照是否担负国家政策性融资任务划分

按照是否担负国家政策性融资任务，金融机构可分为政策性金融机构和非政策性金融机构。

政策性金融机构是指那些由政府或政府机构发起、出资创立、参股或保证的，不以利润最大化为经营目的，在特定的业务领域内从事政策性融资活动，以贯彻和配合政府的社会经济政策或意图的金融机构，如国家开发银行、中国进出口银行、中国农业发展银行。非政策性金融机构则不承担国家的政策性融资任务。

5. 按照所属的国家划分

按照所属国家的不同，金融机构可分为本国金融机构、外国金融机构和国际金融机构。

国际金融机构又称国际金融组织，是指世界多数国家的政府之间通过签署国际条约或协定而建立的，从事国际金融业务、协调国际金融关系、维系国际货币和信用体系正常运作的超国家金融机构，如国际货币基金组织、世界银行、国际清算银行、亚洲开发银行等。

任务二 现代金融机构体系

现代金融机构体系分为银行金融机构和非银行金融机构。

一、银行金融机构

银行金融机构包括中央银行、商业银行和政策性银行。后文项目十二和项目十三将分别介绍中央银行和商业银行。

二、非银行金融机构

非银行金融机构是指以发行股票和债券、接受信用委托、提供保险等形式筹集资金，并将所筹资金运用于长期性投资的金融机构。主要包括保险机构、证券机构、信托投资公司、金融租赁公司、邮政储蓄机构、财务公司、金融资产管理公司等。

（一）保险机构

保险机构包括专门经营保险业务的保险公司和专业保险中介机构。

1. 保险公司

保险公司的业务范围分为两大类：一是财产保险，包括财产损失保险、责任保险、信用保险等业务；二是人身保险，包括人寿保险、健康保险、意外伤害保险等业务。按照《中华人民共和国保险法》的规定，同一保险公司不得同时兼营上述两类保险业务，由此，保险公司分为财产保险公司和人寿保险公司两大类。

2. 专业保险中介机构

专业保险中介机构包括保险代理公司、保险经纪公司和保险公估公司。

（1）保险代理公司。

保险代理公司是指受保险公司的委托代其开展保险业务的机构。保险代理公司要根据保险公司委托的业务范围和授予的权限进行业务代理，因此所产生的权利、义务、责任等均由保险公司承担。

（2）保险经纪公司。

保险经纪公司是投保人的代理人，指基于投保人的利益，为投保人提供选择险种、与保险公司订立保险合同、缴纳保费、索取赔付等中介服务的保险中介机构。

（3）保险公估公司。

保险公估公司是指接受保险当事人委托，专门从事保险标的评估、勘验、鉴定、估损、赔偿额的核算等业务的机构。

（二）证券机构

证券机构是指专门从事证券发行、交易及其相关业务的机构，主要有证券公司、证券交易所、证券登记结算公司、基金管理公司等。

1. 证券公司

证券公司也称券商，是专门经营证券业务的非银行金融机构。证券公司的业务主要包括：

（1）证券承销业务，即证券公司依照协议、合同为发行人包销或代销证券的业务。

（2）证券自营业务，即证券公司用自己的名义和资金进行证券买进和卖出，以获取买卖差价为目的的业务。

（3）证券经纪业务，即证券公司接受客户的委托，代客户买卖证券并收取一定佣金的业务。

（4）咨询服务业务，即证券公司利用自身所掌握的信息及专业优势为客户提供服务，帮助客户确定投资策略的业务。

由于各个证券公司的资本实力不同，承担风险的能力存在差异，因此各国法律一般对不同资本规模的证券公司的业务范围都有规定。经纪类证券公司的资本规模相对较小，为了防范经营过程中可能出现的经营风险，各国法律一般规定其只能从事委托交易的证券经纪业务；综合类证券公司的资本规模相对较大，具备一定的风险承担能力，其业务范围较宽，能经营上述证券公司的各项业务。《中华人民共和国证券法》也明确了综合类证券公司和经纪类证券公司的分类管理原则。

2. 证券交易所

证券交易所是指有价证券集中交易的场所。它是依法设立的，不以营利为目的，为证券的集中和有组织的交易提供场所、设施并发挥相关监管职责的会员制事业法人。目前经国务院批准设立的证券交易所有两家，即上海证券交易所和深圳证券交易所。

3. 证券登记结算公司

证券登记结算公司是指为证券交易提供集中登记、保管和结算服务的机构，是不以营利为目的的法人。上海证券交易所和深圳证券交易所都设有证券登记结算公司，每个交易日结束后，由它对当日的证券交易进行清算、交割和过户，使买入者得到证券、卖出者得到资金。

4. 基金管理公司

基金管理公司在我国是指依照《证券投资基金管理暂行办法》的规定设立，从事投资基金管理业务的公司。所谓投资基金，是一种通过发行基金汇集社会资金，委托专门的投资管理机构（如基金管理公司）进行投资，将投资收益分配给基金持有人的投资制度。投资基金在发达国家得到广泛运用并已经形成庞大规模，近几年在我国也得到迅速发展。

（三）信托投资公司

信托投资公司是一种以受托人的身份代人理财的非银行金融机构，如中国国际信托投资公司、中国光大国际信托投资公司等。

（四）金融租赁公司

金融租赁公司也称融资租赁公司，是主要办理融资性租赁业务的专业金融机构。目前我国的金融租赁公司既有中资金融租赁公司，也有中外合资的金融租赁公司，还有兼营租赁业务的金融机构。

（五）邮政储蓄机构

邮政储蓄机构是指由邮政机构开办的以个人为服务对象，以经办储蓄和个人汇兑等为主要业务的金融机构。邮政储蓄机构经中国银行业监督管理委员会批准，可以经营下列部分或全部金融业务：

（1）吸收本币、外币储蓄存款。

（2）办理汇兑。

（3）从事银行卡（借记卡）业务。

（4）代理收付款项，包括代发工资和社会保障基金，代理各项公用事业收费和代收税款等。

（5）代理发行、兑付政府债券。

（6）代理买卖外汇。

（7）代理保险。

（8）代理政策性银行、商业银行及其他金融机构的特定业务。

（9）办理政策性银行、中资商业银行和农村信用社的大额协议存款。

（10）买卖政府债券、金融债券和中央银行票据。

（11）承销政府债券和政策性金融债券。

（12）提供个人存款证明服务。

（13）提供保管箱服务。

（14）办理网上银行业务。

（15）经中国银行业监督管理委员会批准的其他业务。

（六）财务公司

在我国，财务公司主要是指企业集团财务公司。企业集团财务公司是指为企业集团及其内部各成员单位办理相互间资金融通业务的金融机构。它在业务上接受中国人民银行的领导、管理、监督与检查，在行政上隶属于各企业集团，是实行自主经营、自负盈亏的独立企业法人。

（七）金融资产管理公司

金融资产管理公司是专门处置银行不良资产的专业机构。1999 年 3~10 月，我国先后成立了华融、长城、东方、信达四家金融资产管理公司，分别收购、处置从四家国有商业银行剥离出来的不良资产。

任务三 我国的金融机构体系

我国现行的金融机构体系由中央银行、商业银行、政策性银行、非银行金融机构及在华外资金融机构等构成，如图 8-1 所示。

- 我国现行的金融机构体系
  - 银行金融机构
    - 中央银行——中国人民银行
    - 商业银行
      - 国有商业银行
        - 中国工商银行
        - 中国农业银行
        - 中国建设银行
        - 中国银行
      - 股份制商业银行
        - 全国性股份制商业银行
        - 地方性股份制商业银行
    - 政策性银行
      - 国家开发银行
      - 中国农业发展银行
      - 中国进出口银行
    - 在华外资金融机构
  - 非银行金融机构
    - 保险机构
    - 证券机构
    - 信托投资公司
    - 财务公司
    - 其他非银行金融机构

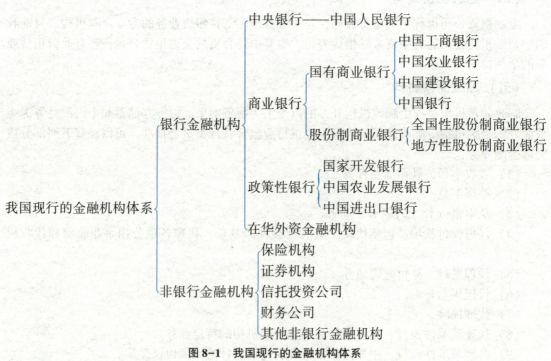

图 8-1 我国现行的金融机构体系

一、中央银行

中国人民银行是我国的中央银行，是我国金融机构体系的核心，其具体职责主要有：发行人民币，管理人民币的流通；依法制定和执行货币政策；持有并管理国家黄金、外汇储备；经理国库；维护支付、清算系统的正常运行，负责金融业的统计、调查、分析和预测；作为国家的中央银行从事有关的国际金融活动；负责国务院规定的其他职责。2003 年，我国成立了中国银行业监督管理委员会，原属中国人民银行的有关金融监管的各项职责移交给该机构执行。

中国人民银行的分支机构根据总行的授权履行各自的职责。1998 年年底，中国人民银行改变了过去按行政区划设置分支机构的做法，重新按经济区划在全国设立上海、广州、济南、南京、武汉、沈阳、西安、天津、成都九个大区分行，这种分支机构设置的改革有利于按经济发展需要实施中央银行的宏观调控职能。

二、商业银行

（一）国有商业银行

国有商业银行是我国金融机构体系的主体，包括中国工商银行、中国农业银行、中国建设银行、中国银行。目前国有商业银行无论在人员总数、机构网点数量，还是在资产规模及市场占有份额上，在我国整个金融领域都处于绝对的优势地位。

按照《中华人民共和国商业银行法》的规定，国有商业银行的业务经营范围包括：吸收公众存款；发放短期贷款、中期贷款和长期贷款；办理国内外结算；办理票据贴现；发行金融债券；代理发行、兑付、承销政府债券；从事同业拆借；代理发行、买卖外汇；提供信用证服务及担保；代理收付款项及代理保险业务；提供保管箱服务；经中国人民银行批准的其他业务。

（二）股份制商业银行

股份制商业银行分为全国性股份制商业银行和地方性股份制商业银行。全国性股份制商业银行在全国设立分支机构并开展经营业务，如交通银行、中信实业银行、中国光大银行、华夏银行等。地方性股份制商业银行是指在一定区域范围内经营金融业务的商业银行，如上海浦东发展银行、烟台住房储蓄银行、蚌埠住房储蓄银行等。一些原有的地方性股份制商业银行因经营规模扩大，超出了经营地域的界限，逐渐转为全国性股份制商业银行，如广东发展银行、深圳发展银行、兴业银行、招商银行等。

此外，从 1998 年起，由城市信用社合并成立的城市合作银行陆续改组为以城市命名的商业银行，成为由城市企业、居民和地方财政投资入股组成的地方性股份制商业银行。

股份制商业银行尽管在规模、数量和人员总数上远不能与国有商业银行相比，但其资本、资产及利润的增长速度不可小视，已呈现出较强的经营活力和增长势头。股份制商业银行已成为我国银行体系中的一个重要力量。

三、政策性银行

1994 年，本着政策性金融和商业性金融相分离的原则，我国设立了三家政策性银行，即国家开发银行、中国农业发展银行和中国进出口银行。

1. 国家开发银行

国家开发银行成立于 1994 年 3 月 17 日，其主要任务是筹集、引导境内外资金，向国家基础设施、基础产业和支柱产业的大中型基本建设和技术改造等政策性项目及其配套工程发放贷款。

2. 中国农业发展银行

中国农业发展银行成立于 1994 年 11 月 18 日，其主要任务是以国家信用为基础，筹集农业政策性信贷资金，承担国家规定的农业政策性金融业务，代理财政支农资金的拨付，为农业和农村经济发展服务。目前，在粮食流通体制改革过程中，中国农业发展银行的业务主要集中于发放农副产品收购贷款。

3. 中国进出口银行

中国进出口银行成立于 1994 年 7 月 1 日，其主要任务是执行国家产业政策和外贸政策，为扩大机电产品和成套设备的出口提供政策性金融支持。

四、非银行金融机构

（一）保险公司

改革开放以来，我国的保险业得到了迅猛发展，机构数量不断增加。目前，我国的保险公司按组织形式分为国有独资公司和股份制有限公司两大类，其中，国有独资保险公司是中保集团（原中国人民保险公司）在 1998 年分设形成的三家保险公司，即中国人民保险有限公司（财产）、中国人寿保险有限公司和中国再保险有限公司。此外，按经营区域分为全国性保险公司和地方性保险公司，其中全国性保险公司除上述国有独资保险公司以外，还包括中国太平洋保险公司、中国平安保险公司等；而天安保险公司、上海大众保险公司等为地方性保险公司。另外，目前还有部分中外合资保险公司和外国保险公司在我国设立分公司。可见，我国的保险市场已初步形成了以国有商业保险公司为主、中外保险公司并存、多家保险公司竞争的新格局。

（二）证券公司

证券公司是专门从事有价证券买卖的金融机构，它受托办理股票、债券的发行业务，受托代理单位及个人的证券买卖，也可自己从事有价证券的买卖活动。按照《中华人民共和国证券法》的规定，国家对证券公司实行分类管理，证券公司分为综合类证券公司和经纪类证券公司。同时规定，综合类证券公司可经营的业务范围包括证券经纪业务、证券自营业务、证券承销和经中国证券监督管理委员会规定的其他证券业务；经纪类证券公司只允许专门从事证券经纪业务。

随着我国国有企业股份制改造及更多公司上市的需要，证券公司得到迅速发展。目前，我国规模较大的证券公司主要有申银万国证券公司、华夏证券公司、国泰君安证券公司和海通证券公司等。

（三）信托投资公司

改革开放以来，信托业虽然得到了较快的发展，但存在着功能定位不清，发展方向不明、不规范等问题。1998 年，中国人民银行对信托业进行了全面的清理整顿。规范后的信托投资公司主要经营资金、动产和不动产信托，基金管理及兼并重组，企业财务顾问等业务。信托投资公司以手续费、佣金等为主要收入来源，从而使信托真正成为受人之托、代人理财的非银行金融机构。目前，我国的信托投资公司主要有中国国际信托投资公司、中国光大国际信托投资公司、中国信息信托投资公司、中国教育信托投资公司及一些地方性的信托投资公司。

（四）财务公司

当代西方国家的财务公司一般以消费信贷、企业融资和财务、投资咨询等业务为主。

我国的财务公司一般是由企业集团内部集资组建的，为企业集团内部提供融资服务，其主要业务有存款、贷款、结算、票据贴现、融资性租赁、代理发行有价证券等。我国目前的财务公司有华能集团财务公司、中国化工进出口公司财务公司、中国有色金属工业总公司财务公司等。由于我国目前的财务公司业务限定于企业集团内部，所以在非银行金融机构体系中并不占重要位置。

除以上机构以外，我国还存在其他一些非银行金融机构，如金融租赁公司、邮政储蓄机构及专门处理银行不良资产的金融资产管理公司等。

五、在华外资金融机构

随着改革开放的不断深入，外资金融机构已逐步进入我国，在华外资金融机构的数量及业务规模不断扩大，已成为我国金融机构体系的重要组成部分。尤其是我国加入 WTO 以后，外资金融机构更多地进入我国，在促进我国金融业竞争与发展、支持我国经济建设等方面发挥了重要作用。

目前，在我国境内设立的外资金融机构主要有两类：一是外资金融机构在华的代表处，其主要进行工作洽谈、联络、咨询、服务等业务，不从事任何直接营利的业务活动；二是外资金融机构在华设立的营业性机构，包括独资银行、外国银行分行、合资银行、外资非银行金融机构等。随着我国加入 WTO 的有关协议得到拓展，我国将逐步取消外资银行经营外币业务和人民币业务的地域和业务范围限制，最终使外资银行享有与中资银行同等的国民待遇，而且外资非银行金融机构也将在其经营的业务领域内享受到国民待遇。可见，我国加入 WTO 以后，外资金融机构在规模、体制、数量上都得到了更快的发展。

课后练习题

1. 简述金融机构的基本类型。
2. 简述我国的金融机构体系。

项目九

金融市场

学习目标

1. 了解金融市场。
2. 掌握资本市场。
3. 了解金融衍生市场。

任务一 金融市场概述

金融市场是现代经济体系中的一个重要部分，作为社会资金分配的重要渠道，金融市场与银行体系扮演着两个最主要的角色。其中，银行体系担负的是间接融资的功能，而金融市场是一个直接融资的体系。随着市场经济体系的发展，金融市场所承担的直接融资功能在扩张，其地位也在不断上升。金融市场对经济活动的各个方面都有着直接的深刻影响，如个人财富的多少、企业经营的好坏、经济运行效率的高低，都直接取决于金融市场的活动。

一、金融市场的类型

金融市场是资金供求双方通过存款、贷款、股票、债券、票据等金融工具进行资金融通的场所。

金融市场的存在为资金供给者和需求者提供了便利的融资途径，提高了金融资产的流动性，使资金达到最充分的利用。在金融市场上，由于金融交易的性质、对象、期限等不同，因此可以从不同角度，将庞大而复杂的金融市场分为不同种类。

1. 按资金融通方式划分

按资金融通方式，金融市场可分为直接融资市场和间接融资市场。

（1）直接融资市场是指资金供给者直接向资金需求者进行融资的市场，如企业通过发行债券和股票的方式进行融资。

（2）间接融资市场是指通过银行等信用中介的资产负债业务来进行资金融通的市场，如存贷款市场。银行等金融机构的间接融资活动在关于金融机构的有关章节已详细介绍，这里仅讨论狭义的金融市场，即通过直接融资工具的交易实现资金融通的市场。

2. 按金融市场上交易工具的期限划分

按金融市场上交易工具的期限，金融市场可分为货币市场和资本市场。

（1）货币市场是指交易期限在 1 年以内的短期金融工具的市场，其作用是满足交易者对资金的流动性需要。货币市场包括银行短期信贷市场、银行同业拆借市场、商业票据市场、银行承兑汇票市场、可转让大额定期存单市场等。这种金融市场的特点是偿还期比较短，流动性较高，风险较小。

（2）资本市场是指交易期限在 1 年以上的长期金融工具的市场，其作用是满足中长期的投资需求和政府弥补财政赤字的资金需要。这种金融市场的特点是偿还期长，流动性较低，风险较大，但可以为持有者带来较高的收益。

3. 按金融工具的交割期限划分

按金融工具的交割期限，金融市场可分为现货市场和期货市场。

（1）现货市场是指交易双方成交后的 1~3 日内立即付款交割的市场。

（2）期货市场则是交易双方按成交时所规定的特定日期进行交割，如 1 个月、3 个月之后实际交割，也可以进行反向对冲以完成交割。金融期货交易的对象主要是证券、外汇和黄金。

4. 按金融交易的程序划分

按金融交易的程序，金融市场可分为证券发行市场和证券流通市场。

（1）证券发行市场也称初级市场，是指证券发行人发行证券以募集资金，投资人购买发行人的证券成为股东或债权人，从而实现储蓄转化为资本的市场。

（2）证券流通市场也称二级市场或交易市场，是将已发行的证券按市价进行转让和流通的市场。证券流通市场根据交易场所的不同分为证券交易所市场和场外交易市场。

此外，还有第三市场和第四市场。第三市场是指在柜台市场上从事已在交易所上市的证券交易而形成的市场，第四市场是指投资者直接进行证券交易的市场。

二、金融市场的基本要素

一个完备的金融市场，应包括四个基本要素：

1. 资金供给者和资金需求者

资金供给者和资金需求者包括政府、金融机构、企业事业单位、居民、外商等，他（它）们既向金融市场提供资金，也从金融市场筹措资金。这是金融市场得以形成和发展的一个基本因素。

2. 信用工具

信用工具是借贷资本在金融市场上交易的对象，如各种债券、股票、票据、可转让存单、借款合同、抵押契约等。信用工具是金融市场上实现投资、融资活动所必须依赖的标的。

3. 信用中介

信用中介是指充当资金供求双方的中介人，起着联系、媒介和代客买卖作用的机构，如银行、投资公司、证券交易所、证券商和经纪人等。

4. 价格

金融市场的价格指它所代表的价值，即规定的货币资金及其所代表的利率或收益率的总和。

三、金融市场的功能

金融市场具有资本积聚、配置、经济调节和经济反映等功能。

1. 资本积聚功能

金融市场的资本积聚功能是指金融市场引导众多分散的小额资金汇聚成可以投入社会再生产的资金集合的功能。在这里，金融市场起着资金“蓄水池”的作用，可以调剂余缺，弥补缺漏。金融市场之所以具有资金积聚功能，一是由于金融市场创造了金融资产的流动性，二是由于金融市场上多样化的融资工具为资金供给者寻求到合适的投资手段提供了方便。

2. 配置功能

金融市场的配置功能表现在三个方面：一是资源的配置；二是财富的再分配；三是风险的再分配。

（1）资源的配置。

在经济运行过程中，有多余资产的盈余部门并不一定是最有能力和机会做最有利投资的部门，现有的资产在这些盈余部门得不到有效利用。金融市场通过将资源从低效率利用的部门转移到高效率利用的部门，从而使社会的经济资源能最有效地配置在效率最高或效用最大的用途上，实现稀缺资源的合理配置和有效利用。在金融市场上，投资者通过证券价格波动的背后所反映的信息来判断整体经济运行情况以及相关企业、行业的发展前景，从而决定其资金和其他资金资源的投向。一般来说，资金总是流向最有发展潜力、能够为投资者带来最大利益的部门和企业。这样，通过金融市场的作用，有限的资源就能够得到合理的利用。

（2）财富的再分配。

财富是各经济单位持有的全部资产的总价值。政府、企业及个人通过持有金融资产来持有财富，在金融市场上，金融资产价格发生波动时，金融资产的持有者财富的持有数量也会发生变化：一部分人的财富持有数量随金融资产价格的升高而增加，另一部分人则由于其持有的金融资产价格下跌，其所持有的财富数量相应减少。这样，社会财富就通过金融市场价格的波动实现了财富的再分配。

（3）风险的再分配。

金融市场同时是风险再分配的场所。在现代经济活动中，风险无时不在、无处不在，而不同的主体对风险的厌恶程度是不同的。利用各种金融工具，厌恶金融风险的人可以把风险转嫁给厌恶风险程度较低的人，从而实现风险的再分配。

3. 经济调节功能

经济调节功能是指金融市场对宏观经济的调节作用。金融市场一边连着储蓄者，一边连着投资者，金融市场的运行机制通过对储蓄者和投资者的影响而发挥调节宏观经济的作用。

金融市场的直接调节作用。在金融市场大量的直接融资活动中，投资者为了自身利益，一般会谨慎、科学地选择投资的国家、地区、行业、企业、项目及产品。只有符合市场需要、效益高的投资对象，才能获得投资者的青睐。而且被投资对象在获得资本后，只有保持较高的经济交易和较好的发展势头，才能继续生存并得到进一步的发展。否则，它的证券价格就会下跌，继续在金融市场上筹资就会面临困难，发展就会受到后续资本供应的抑制。这实际上是金融市场通过其特有的引导资本形成及合理配置的机制首先对微观经济部门产生影响，进而影响宏观经济活动的一种有效的自发调节机制。

4. 经济反映功能

（1）由于证券买卖大部分都在证券交易所进行，人们可以随时通过这个有形的市场了解到各种上市证券的交易行情，并据以判断投资机会。证券价格的涨跌在一个有效市场中实际上反映了其背后企业的经营管理情况及发展前景。此外，一个有组织的市场，一般也要求上市公司定期或不定期地公布其经营信息和财务报表，这也有助于人们了解及推断上市公司及相关企业、行业的发展前景。所以，金融市场首先是反映微观经济运行状况的指示器。

（2）金融市场交易直接和间接地反映国家货币供应量的变动。货币政策的紧缩和宽松均是通过金融市场进行的，实施货币政策时，金融市场会出现波动，表现出紧缩和宽松的程度。因此，金融市场所反映的宏观经济运行方面的信息，有利于政府部门及时制定和调整宏观经济政策。

（3）由于证券交易的需要，金融市场有大量专门人员长期从事商情研究和分析，并且他们每日与各类工商企业直接接触，从而能了解企业的发展动态。

（4）金融市场有着广泛而及时地收集和传播信息的通信网络，整个世界的金融市场已连成一体，四通八达，从而使人们可以及时了解世界经济的发展变化情况。

任务二 金融衍生市场

金融衍生市场又称金融派生市场，它是在20世纪七八十年代全球金融创新背景下兴起和发展起来的，目前已经成为国际金融市场最显著、最重要的特征之一。

金融衍生工具也称金融衍生产品，是指在原生性金融工具的基础上派生出来的一类新的金融工具，其价值大都取决于原生金融工具价格的变化。本节将主要介绍金融期货、金融期权和金融互换。

一、金融期货

（一）金融期货的定义

金融期货是一种期货交易，它是以各种基础金融工具，如债券、股价指数等为标的物，以标准化的期货合约为交易对象，按照双方约定的价格在未来特定的日期进行交割的期货。

（二）金融期货的种类

金融期货按基础证券不同，主要有三种类型：外汇期货、利率期货和股票价格指数期货。

1. 外汇期货

外汇期货又称货币期货，是以外汇为标的物的期货合约，是金融期货中最先产生的品种。它主要是为了规避外汇风险而产生的。外汇期货交易自 20 世纪 70 年代初在国际货币市场上率先推出后，得到了迅速发展。1972 年美国芝加哥商业交易所的国际货币市场推出第一张外汇期货合约并获得成功。此后，英国、澳大利亚等国也相继建立了外汇期货的交易市场。目前，外汇期货成为一种世界性的交易品种，其所涉及的货币主要有英镑、美元、欧元、日元、瑞士法郎、加拿大元、澳大利亚元等。

2. 利率期货

利率期货是继外汇期货之后产生的又一个金融期货品种，其标的物是一定数量的某种与利率相关的商品，即各种固定利率的有价证券。利率期货主要是为了规避利率风险而产生的。固定利率有价证券的价格受到现行利率和预期利率的影响，价格变化与利率变化一般成反比关系。

3. 股票价格指数期货

股票价格指数期货是以股票价格指数为标的物的金融期货品种。它是金融期货中产生最晚的一个品种，是 20 世纪 80 年代金融创新中出现的最重要、最成功的金融衍生工具之一。

（三）金融期货的作用

1. 套期保值

套期保值也称“对冲交易”“对冲操作”或“对冲处置”，是指在期货市场上买进（或卖出）与现货市场数量相当但交易方向相反的合约的行为，是投资者为了防范金融市场上价格的逆向运动对投资造成损失而采取的抵消性金融技术。

2. 投机行为

投机即投资者利用金融市场的价格波动，在承受较大风险的同时来获取较大收益的行为。在期货市场上，投机不但是一种高技巧的经济行为，而且是期货市场运转中不可缺少的部分。投机者通过买空卖空期货合约而进入市场，利用低买高卖的价差赚取利润。适度的投机行为可以起到吸收风险、加速流动、稳定市场的作用。

二、金融期权

（一）金融期权的定义

金融期权是指购买者在向出售者支付一定费用后，就获得了在规定期限内按照协议价格买进或卖出一定数量的某种金融工具或金融期货合约的权利。期权合约的买方有买进或卖出的权利，当条件对自己不利时，可以放弃权利，只损失期权费。而对于期权合约的卖方来说，没有选择权，只能看买方的决定。

（二）金融期权的种类

金融期权的种类很多，可以从不同的角度进行划分。

1. 按投资者的买卖行为划分

按投资者买卖行为的不同，金融期权可分为买入期权和卖出期权。

（1）买入期权。

买入期权又称看涨期权，是指期权的买方具有在约定期限内按协议价买入一定数量金融资产的权利。投资者之所以买入看涨期权，是因为他预期这种金融资产的价格在近期将会上涨。若判断准确，投资者按协议价买进该资产并以市价卖出，则可赚取市价与协议价之间的差额；若判断失误，则投资者损失期权费。

（2）卖出期权。

卖出期权又称看跌期权，是指期权的买方具有在约定期限内按协议价卖出一定数量金融资产的权利。投资者之所以买入看跌期权，是因为他预期该项金融资产的价格在近期将会下跌。若判断准确，投资者则可从市场上以较低的价格买进该项金融资产，再按协议价卖出，赚取协议价与市价之间的差额；若判断失误，则投资者损失期权费。

2. 按合约所规定的履约时间划分

按合约所规定的履约时间的不同，金融期权可分为欧式期权和美式期权。

欧式期权只能在期权到期日执行，既不能提前，也不能推迟；美式期权则可在期权到期日或到期日之前的任何一个营业日执行。当然，若超过到期日，则美式期权也同样会作废。

（三）金融期货与金融期权的区别

1. 标的物不同

金融期权与金融期货的标的物不尽相同。一般来说，可做期货交易的金融商品都可做期权交易。然而，可做期权交易的金融商品却未必可做期货交易。在实践中，只有金融期货期权，而没有金融期权期货，即只有以金融期货合约为标的物的金融期权交易，而没有以金融期权合约为标的物的金融期货交易。所以一般而言，金融期权的标的物多于金融期货的标的物。

2. 投资者权利与义务的对称性不同

金融期货交易双方的权利与义务对称，即对任何一方而言，都既有要求对方履约的权利，又有自己对对方履约的义务；而金融期权交易双方的权利与义务存在着明显的不对称性，期权的买方只有权利而没有义务，期权的卖方只有义务而没有权利。

三、金融互换

金融互换是指交易双方通过远期合约的形式约定在将来一段时期交换一系列货币流量。被交换的货币流量可以是固定的，也可以是按基础资产价格的波动而调整的。按基础资产的种类，金融互换可分为货币互换和利率互换等。

货币互换是指交易一方拥有一定数量的资本和由此产生的利息支付义务，另一方拥有相应数量的另一种货币资本以及由此需承担的利息支付义务，交易双方将各自拥有的资本和利息支付义务进行交换。

利率互换是指交易双方以特定时期内、特定名目的同一种本金和利率为基础，彼此交换利息支付义务。

任务三 资本市场

一、资本市场的定义

资本市场又称长期资金市场，是指融通长期性（通常是 1 年以上）资金的市场。

二、资本市场的主要参与者

资本市场的参与者主要有五大类：证券发行者、证券投资者、资本市场中介机构、自律性组织及证券监管机构。

1. 证券发行者

证券发行者即资金需求者，包括政府（包括中央政府和地方政府）、金融机构、企业及其他，如基金公司等。

2. 证券投资者

证券投资者即资金供给者，也是金融工具的购买者。投资者的种类较多，主要有以下几类：

（1）个人投资者。

个人投资者是资本市场最广泛的投资者，其特点是具有分散性和流动性。

（2）企业（公司）。

企业不仅是证券发行者，也是证券投资者。特别是当企业之间发生并购重组时，企业会成为其他股票发行人的股东。当然，企业也可以成为债券的投资者。

（3）各类金融机构。

无论是商业银行，还是非银行金融机构，都可成为发行市场和交易市场上的主要投资者。

（4）各类基金。

信托基金、退休基金、养老基金、年金基金等社会福利团体虽是非营利性质的，但也可以通过购买证券来达到基金资产保值增值的目的。

（5）外国投资者。

随着经济国际化趋势的不断发展，证券的发行与买卖已超出了国界限制。外国的公司、金融机构、个人可以到我国来购买证券；我国的企业或金融机构也可以在境外发行证券，向外国个人或团体募集资金。

3. 资本市场中介机构

资本市场中介结构主要包括证券承销商和证券经纪商、证券交易所或证券交易中心、证券结算公司、具有证券从业资格的会计师事务所或审计事务所、律师事务所、资产评估机构、证券评级机构、证券投资的咨询与服务机构等。

4. 自律性组织

自律性组织一般是指行业协会，它发挥着政府与证券经营机构之间的桥梁和纽带作用，能够促进证券业的发展，维护投资者和会员的合法权益，完善资本市场体系。我国证券业自律性组织是中国证券业协会和中国国债协会。

5. 证券监管机构

证券监管机构是指具有对资本市场进行管理和监督的机构。

美国是采取设立专门管理证券机构的证券管理体制的国家。在美国联邦政府下设有联邦证券管理委员会，在联邦政府的监督下，美国各州也有制定证券法的职权。英国的证券管理体制传统上以证券交易所“自律”为主，政府并无专门的证券监管机构。证券发行登记由英国贸易部下属的公司登记处兼管。

在我国，对资本市场进行监管的机构主要是中国证券监督管理委员会，经过其授权，各省、直辖市、自治区成立的证券管理委员会（证券管理办公室）也可在一定范围内行使监管职能。

三、资本市场的主要功能

在现代市场经济中，资本市场之所以具有重要的地位与作用，是因为它具备并能发挥重要的功能。资本市场的主要功能体现在以下几个方面：

（1）资本市场是筹集资金的重要渠道。

资本市场通过直接融资方式可以筹集巨额的长期资金。在资本市场上进行证券投资，一般都能获得较高的收益，而且各国一般都建立起了比较发达的股票、债券二级流通市场。有价证券的顺利转让，提高了其流动性，所以能吸引众多的投资者，投资者在踊跃购买证券的同时，也向市场提供了源源不断的巨额长期资金来源；对于证券发行者来说，通过资本市场发行证券可以筹集到所需的长期资金，用这些资金或补充自有资金的不足，或开发新产品、上新项目，从而迅速增强自身的实力。

（2）资本市场是资源合理配置的有效场所。

资本市场的产生与发展适应了社会化商品经济发展的需要，同时促进了社会化大生产的发展。从历史上看，资本市场为资金供应者自由选择投资方向和投资对象提供了十分便利的舞台，而资金需求者也冲破了自有资金的束缚和对银行等金融机构的依赖，有可能在社会范围内广泛筹集资金，这就为现代大工业中产生的新兴产业和为工业服务的基础产业部门的发展提供了所需资金。随着资本市场运作的不断发展，资本市场对产业结构调整的作用大大加强，因为资本市场上企业产权的商品化、货币化和证券化，很大程度上削弱了生产要素部门间转移的障碍。资产可以采取有价证券的形式在资本市场上自由买卖，打破了实物资产的凝固和封闭状态，使资产具有最大的流动性。效益好、有发展前途的企业可根据社会需要，通过控股、参股方式实行兼并重组，发展资产一体化企业集团，开辟新的经营领域。另外，在资本市场上，通过发行债券和股票广泛吸收社会资金，其资金来源不受个别资本数额的限制，这就突破了个别资本有限，难以进入一些产业部门的障碍，从而有助于生产要素在部门间的转移和重组，实现资源的有效配置。

（3）资本市场有利于企业重组。

企业介入资本市场，从各方筹集资金，必然会触及企业的产权关系，企业可以通过发行股票来组建股份公司，也可以通过股份转让来实现公司的重组，以调整公司的经营结构和治理结构。现代企业的兼并重组离不开资本市场，各种形式的兼并重组都是通过资本市场完成的。

四、资本市场的划分

（一）债券市场

1. 债券的概念

债券是一种有价证券，指社会各类经济主体如政府、金融机构、工商企业等为筹措资金而向投资者发行的承诺在一定时期内按规定利率支付利息，并按约定条件偿还本金的债权债务凭证。债券购买者与发行者之间是一种债权债务关系，债券发行者即债务人，债券购买者（或债券持有人）即债权人。

2. 债券的基本要素

债券的基本要素有票面价值、价格、偿还期限和利率。

（1）债券的票面价值。

票面价值对于发行者来说具有较为重要的意义，因为发行者是以它来计算所支付的利息和偿还本金的，它直接决定发行者筹资成本的高低。

（2）债券的价格。

债券是一种可以买卖的有价证券，它有价格。在发行时，债券的价格不一定和其面值相等，它有时可高出面值溢价发行，有时又需低于面值折价发行。当进入二级流通市场后，债券的市场价格就要随行就市了。

（3）债券的偿还期限。

债券的偿还期限是从债券发行日起至偿清本息之日止的时间间隔。债券的偿还期限各有不同，偿还期限在 1 年以内的，为短期债券；偿还期限在 1 年以上 10 年以内的，为中期债券；偿还期限在 10 年以上的，为长期债券。

（4）债券的利率。

债券的利率是债券应付利息与债券票面价值的比率。债券的利率主要受银行利率、发行者的资信情况、偿还期限、利息计算方式和资本市场资金的供求情况的影响。

3. 债券的特征

债券作为一种重要的融资手段和金融工具具有如下特征：

（1）偿还性。

债券一般都规定有偿还期限，发行者必须按约定条件偿还本金并支付利息。

（2）流动性。

流动性是指债券能迅速和方便地变为现金的能力。债券一般都可以在流通市场上自由转让。

（3）安全性。

与股票等其他投资品种相比，债券通常有固定的利率，收益比较稳定，风险较小。此外，企业破产时，债券持有者享有优先于股票持有者对企业剩余资产的索取权。

（4）收益性。

债券的收益性主要表现在两个方面：一是投资债券可以给投资者定期或不定期地带来利息收入。因债券的风险比银行存款要大，所以债券的利率也比银行的利率高。二是投资者可以利用债券价格的变动，买卖债券赚取差额。

4. 债券的种类

债券的种类繁多，而且随着人们对融资和证券投资的需要，新的债券形式又不断被创造出来。在当前的金融市场上，债券的种类可按发行主体、发行区域、偿还期限、利息支付方式、发行方式、有无担保和是否可转换分为七大类。

（1）根据发行主体的不同，债券可分为政府债券、金融债券和公司债券。

①政府债券。政府债券有两大类：一是由中央政府发行的债券，称为国家债券，它占政府债券中的绝大部分；二是由地方政府各职能部门发行的债券，称为地方债券。

②金融债券。金融债券是指由银行或其他金融机构为筹集资金而发行的债券。金融债券发行的目的一般是筹集长期资金，其利率也一般高于同期银行存款利率，而且持券者需要资金时可以随时转让。

③公司债券。公司债券是由非金融性质的企业发行的债券，其发行目的是筹集长期建设资金。公司债券的风险相对较大，因而其利率一般也较高。

（2）根据发行区域的不同，债券可分为国内债券和国际债券。

国内债券是指由本国的发行主体以本国货币为单位在国内金融市场上发行的债券；国际债券则是指本国的发行主体到别国或国际金融组织等以外国货币为单位在国际金融市场上发行的债券。

（3）根据偿还期限的不同，债券可分为短期债券、中期债券和长期债券。

一般的划分标准是，偿还期限在 1 年以下的为短期债券，偿还期限在 10 年以上的为长期债券，偿还期限在 1 年以上 10 年以下的为中期债券。我国国债的偿还期限划分与上述标准相同，但我国企业债券的偿还期限划分与上述标准有所不同：短期企业债券的偿还期限在 1 年以下，中期企业债券的偿还期限在 1 年以上 5 年以下，长期企业债券的偿还期限在 5 年以上。

（4）根据利息支付方式的不同，债券一般分为附息债券、贴现债券和普通债券。

附息债券是指在它的券面上附有各期息票的中长期债券，息票的持有者可按其标明的时间期限到指定的地点按标明的利息额领取利息；贴现债券是指在发行时按规定的折扣率将债券以低于面值的价格出售，到期时持有者仍按面值领取本息，其票面价值与发行价格之差即为利息；除此之外的就是普通债券，它按不低于面值的价格发行，持券者可按规定分期分批领取利息或到期后一次领回本息。

（5）根据发行方式的不同，债券可分为公募债券和私募债券。

公募债券是指按法定手续，经证券主管机构批准在市场上公开发行的债券，其发行对象是不限定的；私募债券是指发行者以与其有特定关系的少数投资者为募集对象而发行的债券。

（6）根据有无担保，债券可以分为信用债券和担保债券。

①信用债券。信用债券也称无担保债券，是仅凭债券发行者的信用而发行的没有抵押品做担保的债券。一般政府债券和金融债券都是信用债券。

②担保债券。担保债券具体包括以土地、房屋、机器、设备等不动产为抵押品而发行的抵押债券，以公司的有价证券（股票和其他证券）为担保而发行的质押债券以及由第三者担保偿付本息的保证债券。当债券的发行者在债券到期而不能履行还本付息义务时，债券持有者有权变卖抵押品和质押品来清偿抵付或要求担保人承担还本付息的义务。

（7）根据是否可转换，债券可分为可转换债券和不可转换债券。

①可转换债券。可转换债券一般是指可转换公司债券，这种债券的持有者可按一定的条件根据自己的意愿将持有的债券转换成股票。可转换债券是一种混合型的债券形式。当投资者不太清楚发行公司的发展潜力及前景时，可先投资于这种债券。待发行公司的经营业绩显著，经营前景乐观，其股票行情看涨时，投资者可将债券转换为股票，以受益于公司的发展。由于可转换债券具有可转换成股票这一优越条件，因而其发行利率较普通债券要低。

②不可转换债券。不可转换债券是指不能转换为其他金融工具的债券。

5. 债券市场的种类

债券市场是发行和买卖债券的场所，是金融市场的一个重要组成部分。根据不同的分类标准，债券市场可分为不同的类别，最常见的有以下几种：

（1）根据债券的发行过程和市场的基本功能，债券市场可分为发行市场和流通市场。

①发行市场又称一级市场，是指发行单位初次出售新债券的市场。债券发行市场的作用是将政府、金融机构以及工商企业等为筹集资金向社会发行的债券分散发行到投资者手中。

②流通市场又称二级市场，是指已发行债券买卖转让的市场。债券一经认购，即确立了一定期限的债权债务关系。但通过债券流通市场，投资者可以转让债权，把债变现。

（2）根据市场组织形式，债券市场可分为场内交易市场和场外交易市场。

在证券交易所内买卖债券所形成的市场，就是场内交易市场。证券交易所是专门进行证券买卖的场所，如我国的上海证券交易所和深圳证券交易所。交易所作为债券交易的组织者，本身不参加债券的买卖和价格的决定，只是为债券买卖双方创造条件，提供服务，并进行监管。

场外交易市场是在证券交易所以外进行证券买卖的场所，柜台交易市场为场外交易市场的主体。在柜台交易市场中，证券经营机构既是交易的组织者，又是交易的参与者。

（3）根据债券发行地点，债券市场可分为国内债券市场和国际债券市场。

国内债券市场的发行者和发行地点同属一个国家，而国际债券市场的发行者和发行地点不属于同一个国家。

6. 债券投资收益率及转让价格的计算

（1）债券投资收益率是指在一定时期内购买债券的收益与投资额的比率。人们投资债券时，最关心的就是债券收益的多少，因此计算投资收益率是选择债券过程中的必然步骤。一般债券的收益有利息收入和价格差额。投资收益率又称投资利润率，其计算公式为

$$投资利润率=年平均利润总额\div投资总额\times100\%$$

$$年平均利润总额=年均产品收入-年均总成本-年均销售税金及附加$$

（2）影响债券转让价格的因素主要有市场利率、经济发展情况、物价水平、债券的发行量、投机操纵，但是其决定因素是转让者和受让者所能接受的利率水平，即投资收益率。债券的种类不同，转让价格的计算方法也不同。

（二）股票市场

1. 股票的概念

股票是一种有价证券，是股份公司在筹集资本时向出资人公开发行的、表示持有人（股东）按其持有的份额享受相应权益和承担相应义务的可转让的书面凭证。股票代表其持有人（股东）对股份公司的所有权，每一股股票所代表的公司所有权是相等的，即通常所说的“同股同权”。

2. 股票的特征

（1）无期性。

股票是一种没有偿还期限的有价证券，持有人一旦认购了股票，就不能向股份公司要求退股，而只能在股票市场上进行转让。

（2）参与性。

股东凭其持有的股票，享有与其股份数相应的权利，同时承担相应的责任。权利主要表现为参加股东大会、投票表决、参与公司的经营决策、领取股息或红利、获取投资收益。责任主要是承担公司的经营风险，对公司的经营决策承担责任，而责任的限度为其认购股票的全部投资额。

（3）流通性。

股票的流通是指股票在不同的投资者之间进行转让，股票持有人可以通过股票的转让随时收回自己的投资额，从而提高了股票的变现能力。

（4）风险性。

任何一项投资的风险和收益都是并存的。股票的风险主要来源于股票价格的波动，由于股票价格受到诸如公司经营状况、宏观经济政策、市场供求关系、大众心理等多种因素的影响，因此股票投资是一种高风险的投资活动。

（5）收益性。

投资者依据持有的股票从公司取得股息和红利，还可以利用股票价格的变动，买卖股票赚取差额，即资本利得。

3. 股票的价值及价格

（1）股票的价值。

在股票的价值中，有面值、账面价值、清算价值和内在价值等几种。

①股票的面值又称为面额，是股份公司在所发行的股票上标明的票面金额，其作用是表明每一张股票所包含的资本数额。在上海证券交易所和深圳证券交易所流通的股票，其面值都统一定为壹元，即每股一元。股票面值的第一个作用是表明股票的认购者在股份公司投资中所占的比例，作为确认股东权利的根据。如某上市公司的总股本为1 000万元，持有 1 股

股票就表示在该股份公司所占的股份为千万分之一。股票面值的第二个作用就是在首次发行股票时，将股票的面值作为发行定价的一个依据。

②股票的账面价值又称净值或每股净资产，是指每股股票所代表的实际资产的价值，这是一个会计概念。每股账面价值是以公司的总资产减去全部负债，除以发行在外的普通股股数求得的，理论上表示股东所持有的公司的财产价值，是股东权益的表现。

③股票的清算价值，是指公司清算时每一股份所代表的实际价值。

④内在价值也称股票的理论价值，是指股票未来预期收益的现值。

（2）股票价格。

股票的交易价格简称股票价格，即通常人们所说的股票行价，是指在流通市场上买卖股票的价格。股票价格和股票的票面金额不同，股票的票面金额仅仅表示股东入股的货币金额，它是固定的，而股票价格是变动的。

①影响股票价格的基本因素。股票的交易价格受供求关系的影响，不断波动。影响股票价格的因素很多，一般可分为三类：经济因素、政治因素及证券市场上证券买卖行为因素。

a. 影响股票价格变动的经济因素主要有：公司盈利情况；公司的股息政策；资金的周转率和积累率；市场利率；物价水平；综合经济指标，如国民生产总值、国民收入、工农业生产指数、就业情况等；储蓄和投资。

b. 影响股票价格变动的政治因素是指有关的政治活动、政治事件，以及国家政策和措施等，其中，战争与和平是最大的影响因素。另外，诸如国家的财政政策、货币政策、税收政策、就业政策、对外经济政策等的变动都直接影响股票价格的变动。

c. 证券市场上证券买卖行为对股票价格变动也有重要影响，如投机活动、买空与卖空、大户买卖等。

②股票价格的形成。股票价格的形成取决于预期股息收益和市场利率两个基本因素。股票价格与预期股息收益的大小成正比，与市场利率成反比。用公式表示为

$$股票价格=预期股息收益÷市场利率$$

（3）股票与债券的区别。

股票与债券都是重要的投资工具，都是可以自由转让的有价证券。但二者又具有不同点：

①性质不同。股票是股东的入股凭证，是投入公司资金的所有权证书；而债券是一种债务，限期偿还。

②收益和风险不同。股票以取得股息和红利为补偿条件，经营状况好坏取决于股票的效益；而债券不承担经营风险，以定期收取利息为条件。

③偿还方式不同。股份公司不准股东从公司中退出股金，股东要退股，只能出卖股票，公司的股东可以变化，但资金额不会减少；而债券具有明确的付息期限，必须偿还本金。

④权利不同。股票是所有权凭证，股票所有者是发行股票公司的股东；而债券是债权凭证，债券持有者与发行债券的公司之间是债权债务关系。

4. 股票的种类

（1）按照股东的权利，股票可分为普通股和优先股。

普通股是随着企业利润变动而变动的一种股份，基本特点是其投资收益（股息和分红）不是在购买时约定，而是事后根据股票发行公司的经营业绩来确定。普通股是股份公

司资本构成中最重要、最基本的股份，也是风险最大的一种股份，同时是最基本、最常见的一种。

普通股有以下几个特征：

①持有普通股的股东有权获得股利，但必须是在公司支付了债息和优先股的股息之后。普通股的股利是不固定的，一般视公司净利润的多少而定。

②当公司因破产或结业而进行清算时，普通股股东有权分得公司剩余资产，但普通股股东必须在公司的债权人、优先股股东之后才能分得财产，财产多时多分，少时少分，没有则只能作罢。由此可见，普通股股东与公司的命运息息相关、荣辱与共。当公司获得暴利时，普通股股东是主要的受益者；而当公司亏损时，他们又是主要的受损者。

③普通股股东一般拥有发言权和表决权，即有权就公司重大问题进行发言和投票表决。

④普通股股东一般拥有优先认股权，即当公司增发新普通股时，现有股东有权优先（可能还以低价）购买新发行的股票，以维持其在公司的权益。比如，某公司原有 1 万股普通股，而你拥有 100 股，占 1%。现在公司决定增发 10%的普通股，即增发 1 000 股，那么你就有权以低于市价的价格购买其中 1%，即 10 股，以便保持你持有股票的比例不变。

优先股是普通股的对称，是股份公司发行的在分配红利和剩余财产时比普通股具有优先权的股份。优先股股东一般不能在中途向公司要求退股。

优先股的主要特征如下：

①优先股的股息通常是固定的。基于此，优先股的股息一般不会根据公司经营情况而增减，但优先股可以先于普通股获得股息。

②优先股的权利范围小。优先股股东一般没有选举权和被选举权，对股份公司的重大经营决策无投票权。

优先股的优先权主要表现为以下两个方面：

①股息领取优先权。股份公司分派股息的顺序是优先股在前、普通股在后。股份公司不论盈利多少，只要股东大会决定分派股息，优先股股东就可按照事先确定的股息率领取股息。

②剩余资产分配优先权。股份公司在解散、破产清算时，优先股股东拥有公司剩余资产的分配优先权。不过，优先股的优先分配权在债权人之后、普通股之前。优先股又可以分为累积优先股、非累积优先股、参加优先股、非参加优先股等。

（2）按照上市公司上市地点和所面对的投资者，股票可分为 A 股、B 股、H 股、N 股、S 股等。

A 股即人民币普通股，是由我国境内公司发行，供境内机构、组织或个人（不含港澳台投资者）以人民币认购和交易的普通股股票。B 股是人民币特种股票，是以人民币标明面值，以外币认购和买卖，在上海和深圳两个证券交易所上市交易的股票。它的投资者为境外投资者。H 股即在内地注册、在香港上市的外资股，取香港的英文名称字首，即为 H 股。依此类推，在纽约上市的股票为 N 股，在新加坡上市的股票为 S 股等。

5. 股票市场的分类和股息红利的发放

股票市场是股票发行和交易的场所。

（1）股票市场的分类。

①根据市场的功能，股票市场可分为发行市场和交易市场。

发行市场是通过发行股票进行筹资活动的市场。由于发行活动是股市一切活动的源头和起始点，故又称发行市场为一级市场。交易市场是已发行股票进行转让的市场，又称二级市场。与发行市场的一次性行为不同，在交易市场上股票可以不断地进行交易。

②根据市场的组织形式，股票交易市场可分为场内交易市场和场外交易市场。

场内交易市场是股票集中交易的场所，即股票交易所。目前，我国的证券交易所有两个：上海证券交易所是我国目前最大的证券交易中心，成立于 1990 年 11 月 26 日；深圳证券交易所是我国第二家证券交易所，筹建于 1989 年，于 1991 年 7 月经中国人民银行批准正式营业。场外交易市场是在股票交易所以外的各证券交易机构柜台上进行的股票交易市场，所以也叫作柜台交易市场。

（2）股息红利的发放。

①股息红利的来源。获取股息和红利是投资者投资上市公司的基本目的，也是投资者的基本经济权利。

股息是指股票持有者依据股票从公司分取的盈利，红利则是上市公司在分派股息之后按持股比例向股东分配的剩余利润。

②股息红利的发放方式。股息红利作为股东的投资收益，是以股份为单位计算的货币金额，如每股多少元。但在上市公司实施具体分派时，其形式可以有以下四种：现金股利、财产股利、负债股利和股票股利。

a. 现金股利是上市公司以货币形式支付给股东的股息红利，也是最普通、最常见的股利形式。如每股派息多少元，就是现金股利。

b. 财产股利是上市公司用现金以外的其他资产向股东分派的股息和红利。它可以是上市公司持有的其他公司的有价证券，也可以是实物。

c. 负债股利是上市公司通过建立一种负债，用债券或应付票据作为股利分派给股东。这些债券或应付票据既是公司支付的股利，又确定了股东对上市公司享有的独立债权。

d. 股票股利是上市公司用股票的形式向股东分派的股利，也就是通常所说的送红股。

上市公司发放股息红利的形式虽然有四种，但上海、深圳交易所的上市公司进行利润分配一般只采用股票红利和现金红利两种，即通常所说的送红股和派现金。

任务四 外汇市场、汇率及其标价方法

一、外汇市场

（一）外汇市场的概念

外汇市场指进行外汇买卖的交易场所或网络系统，是由外汇供给者、外汇需求者以及买卖外汇的中介机构所构成的买卖外汇的交易系统的整体。

外汇起源于商品生产与商品交换。伴随着商品生产的发展和交换规模的扩大，必须要形成世界性的商品市场。有世界性的商品市场，即国与国之间的商品交换，就要有为这种市场服务的货币。然而，一国的货币由于受本国的发行数量、购买商品的能力、货币制度等因素的制约，因此不会像一国的商品那样在国外也具有相同的使用性。一个国家一般不允许他国货币在本国自由使用，因此要满足国与国之间商品交换和债务清偿的需要，就要进行两种不同货币，即两国货币的兑换或买卖，于是就有了国与国之间货币的兑换，也就是外汇。外汇的本质就是货币的本质。

外汇具有动态和静态两种含义：动态的外汇是国际汇兑的简称，指把一国货币兑换成另一国货币的交易行为，是清偿国与国之间债权债务的手段；静态的外汇是指最终实现国与国之间商品买卖或债务清偿时具体使用的支付手段。我国现行的《中华人民共和国外汇管理条例》第三条规定，外汇是指以外币表示的可以用作国际清偿的支付手段和资产。具体内容有：

(1) 外币现钞，包括纸币和铸币。

(2) 外币支付凭证或者支付工具，包括票据、银行存款凭证、银行卡等。

(3) 外币有价证券，包括债券、股票等。

(4) 特别提款权。

(5) 其他外汇资产。

作为外汇应具备三个条件：一是自由兑换性，指外汇可以自由兑换成本币或其他第三国货币；二是普遍接受性，指外汇在国际经济交易中被各国普遍接受和使用；三是可偿还性。

（二）外汇市场的种类

1. 按组织形式划分

按组织形式，外汇市场可分为无形市场和有形市场。

无形市场也称抽象市场，这种市场没有具体的交易场所，没有统一的交易时间，买卖双方也不需要面对面交易，所有交易都通过电话、电报、电传等通信工具来实现。英国、美国、加拿大、瑞士等国家的外汇市场都采取这种形式。

有形市场也称大陆体系，因其主要流行于欧洲大陆而得名，如法国、荷兰、意大利等国的外汇市场均采用这种形式。有形市场上的交易有具体的交易场所，交易双方于每个营业日规定的营业时间集中在交易所进行交易。这种形式的外汇市场交易目的非常有限，主要用于调整即期的外汇头寸，决定对客户交易的公定汇率，所以不是外汇市场的主要组织形式。

2. 按经营范围划分

按经营范围，外汇市场可分为国内外汇市场和国际外汇市场。

国内外汇市场的外汇交易仅限于国内银行彼此之间或者国内银行与国内居民之间，不允许国外银行或其他机构参与，当地中央银行的管制较严，市场上使用的货币也仅仅局限于本币与少数几种外币。

国际外汇市场则是各国银行或企业按规定均可参加外汇交易，而且交易的币种多，交易规模大，市场网络辐射面广。纽约外汇市场、伦敦外汇市场、东京外汇市场、法兰克福外汇市场、新加坡外汇市场等都属于国际外汇市场。

3. 按外汇买卖双方的性质划分

按外汇买卖双方的性质，外汇市场可分为外汇批发市场和外汇零售市场。

外汇批发市场是指银行同业之间的外汇交易市场，包括同一市场上各银行之间的外汇交易、不同市场上各银行之间的外汇交易、中央银行同商业银行之间的外汇交易以及各国中央银行之间的外汇交易。外汇零售市场是指银行同一般客户间的外汇交易市场，交易额一般相对较小。

外汇市场还有其他的分类方式。按照外汇可否自由兑换，外汇市场可分为自由外汇市场和记账外汇市场；按照外汇的来源和用途，外汇市场可分为贸易外汇市场和非贸易外汇市场；按外汇买卖交割期限，外汇市场可分为即期外汇市场和远期外汇市场。

（三）外汇市场的主体和功能

1. 外汇市场的主体

（1）中央银行。

各国政府为了防止国际短期资金大量流动对外汇市场造成猛烈冲击，往往通过中央银行对外汇市场进行干预，即在市场外汇短缺时大量抛售，在市场外汇过多时大量买入，从而使本币汇率不至于发生过于剧烈的波动。中央银行既是外汇市场的参与者，又是实际的操纵者。

（2）外汇银行。

外汇银行也叫外汇指定银行，指经本国中央银行的批准，可以经营外汇业务的商业银行或其他金融机构。外汇银行可以分为三种类型：

①专营或兼营外汇业务的本国商业银行。

②在本国的外国商业银行分行。

③其他经营外汇买卖业务的本国金融机构，如信托投资公司等。

外汇银行在外汇市场上既可以通过尽可能地为客户提供全面的服务，如代客户进行外汇买卖等从中获益，也可以用自有的外汇资金或在外汇市场上直接进行买卖，以调整本身的外汇头寸或进行外汇投机买卖，使外汇资产保持在合理的水平，或赚取投机的利润。

（3）外汇经纪人。

外汇经纪人是指为外汇交易双方介绍交易以获得佣金的中间商人，其主要是利用自身掌握的外汇市场的各种行情和与银行的密切关系，向外汇买卖双方提供信息，以促进外汇交易的顺利进行。外汇经纪人有三种类型：

①一般经纪人，是指那些充当外汇交易的中介，同时又亲自参与外汇买卖以赚取利润者。

②经纪公司，是指那些资本实力雄厚，既充当商业银行间外汇买卖中介，又从事外汇买卖业务的公司。

③跑街经纪人，是指那些本身不参与外汇买卖，只充当中介赚取佣金的经纪人。

（4）外汇交易商。

外汇交易商是专门经营外汇交易的商号，其业务大多由信托公司或银行兼营。其交易大部分通过外汇经纪人接洽，少数直接向银行买卖。它的经营方式主要有先买后卖、先抛后补以及同时买入和卖出，其经营目的是通过外汇汇率的时间差和空间差赚取利润。

（5）外汇投机者。

外汇投机者是预期国际市场外汇汇率的变动趋势，用买空卖空的方式或买卖远期外汇的方式进行外汇交易，从中获利的机构或个人。当外汇投机者预期某一种货币的汇价将要上升时，就预先买入，待汇价上升后卖出或买入远期外汇，到期后再卖出现汇；反之，当外汇投机者预期某一种货币的汇价将要下跌时，就预先卖出，待汇价下跌后再补进或卖出远期外汇。外汇投机者既可以是外汇供给者，又可以是外汇需求者。

（6）进出口商及其他外汇供求者。

进出口商从事进出口贸易活动，是外汇市场上主要的和实际的外汇需求者与供给者。出口商出口商品后要把外汇收入卖出，进口商则要为进口商品支付而购买外汇，这些都要在外汇市场上进行。其他的外汇供求者是银行、进出口商以外的客户，主要指由运费、保险费、旅费、留学费、赠款、外国有价证券买卖、外债本息收付及其他原因引起的外汇供给者和需求者。

（7）贴现公司。

贴现公司也叫贴现商号，是以买卖远期票据为主要业务的公司。票据贴现业务中，外国汇票的贴现占主要部分。贴现公司在需要资金时还将此类汇票再贴现。

2. 外汇市场的功能

（1）国际清算。

国际经济交易的结果需要债务人向债权人进行支付，若债务人以债务国货币支付，则债权人需要在外汇市场上兑换成债权国货币；若债权人只接受债权国货币，则债务人需要先将债务国货币在外汇市场上兑换成债权国货币再进行支付。由此可见，外汇市场为这种国际清算提供了便利。

（2）套期保值。

进出口商从签订进出口合约到实际付款或收款，通常要经过一段时间。外汇市场中汇率的易变性，致使外币债权人和债务人都要承担一定的风险，他们如果不愿投机，只想用本币保持资产，就需要对这些货币资产套期保值，以确保该项资产没有头寸。套期保值就是通过卖出或买入等值的远期外汇，轧平外汇头寸来保值的一种外汇业务。

（3）投机。

外汇投机指根据对汇率变动的预期，有意保持某种外汇的多头或空头，希望从汇率变动中赚取利润的行为。其主要特征是：投机者进行外汇交易，并没有商业或金融交易与之对应。外汇投机利润具有不确定性，当投机者预期准确时可以赚取利润，但若预期失误，则要蒙受损失。

（四）外汇交易概况

外汇交易就是人们通常所说的外汇买卖，指不同货币按一定的汇率进行的兑换。要进行外汇交易，首先要了解外汇行情（如一张中国银行的外汇牌价表），一般的外汇交易行为当属外汇银行的交易活动，外汇银行总是要与客户发生买汇与卖汇的交易关系。外汇交易的方式有即期外汇交易、远期外汇交易、掉期外汇交易、套汇交易等几种。

（1）即期外汇交易是指在外汇买卖成交后的两个营业日内进行清算交割的一种外汇交易方式。通常采用电汇、信汇和票汇三种结算方式。

（2）远期外汇交易是指外汇买卖成交时，双方先约定交易的币种、数额和汇价，在未来某个时间再进行实际交割的一种外汇交易方式。远期外汇交易的期限范围很广，一般为1个月、3个月、6个月，最长的为1年。

（3）掉期外汇交易指买进或卖出即期外汇时，卖出或买进交割期不同的、等额的同一种货币的外汇交易方式。一般有两种形式：一是近期对远期的掉期外汇交易；二是远期对远期的掉期外汇交易。

(4) 套汇交易是指在外汇汇率形成地区差异时，在低价地区买进，同时在高价地区卖出，借此赚取差额收益的一种外汇交易方式。套汇交易主要有两种形式：直接套汇和间接套汇。直接套汇是利用某一汇率在不同市场上的差异而获取收益；间接套汇又称三角套汇，就是利用三个或三个以上不同地点外汇市场上的汇率差异而获取收益。

二、汇率及其标价方法

(一) 汇率的概念

汇率又称为汇价，是不同货币之间兑换的比率或比价，也可以说是以一种货币表示的另一种货币的价格。

外汇是可以在国际上自由兑换、自由买卖的资产，也是一种特殊商品，汇率就是这种特殊商品的特殊价格。一般商品的价格是用货币表示的，人们不能反过来用商品表现货币的价格，但在国际汇兑中，不同的货币之间可以相互表示对方的价格。因此，汇率也就具有双向表示的特点：既可以用本币表示外币的价格，也可以用外币表示本币的价格。这里，本币和外币都有表示对方货币价格的功能。至于是用本币表示外币，还是用外币表示本币，取决于一国所采用的标价方法。

(二) 汇率的标价方法

由于两种不同的货币可以互相表示，因此也就有两种基本的汇率标价方法：直接标价法和间接标价法。20 世纪五六十年代以来，西方各国的跨国银行又普遍采用了美元标价法。

1. 直接标价法

直接标价法是指以一定单位（如 1、100、1 000、10 000 等）的外国货币为标准来计算折合多少单位的本国货币。这种标价方法的特点是：外币数额固定不变，折合本币的数额根据外国货币与本国货币币值对比的变化而变化，若一定数额的外币折合本币的数量增加，即外汇升值，则本币贬值；反之，若一定数额的外币折合本币的数量减少，即外汇贬值，则本币升值。

除英国、美国以外，世界上大多数国家都采用直接标价法来公布汇率。

2. 间接标价法

间接标价法是指以一定单位的本国货币为标准来计算折合若干单位的外国货币。这种标价方法的特点是：以本币为计价标准，固定不变，折合外币的数额根据本币与外币币值对比的变化而变化，若一定数额的本币折合外币的数量增加，即本币升值，则外币贬值；若一定数额的本币折合外币的数量减少，则本币贬值，外币升值。

世界上采用间接标价法的国家主要有英国和美国。英国是资本主义发展最早的国家，英镑曾经是世界贸易计价结算的中心货币，因此长期以来伦敦外汇市场上英镑采用间接标价法。第二次世界大战以后，美国经济实力迅速增强，美元逐渐成为国际结算、国际储备的主要货币。为了便于计价结算，从 1978 年 9 月 1 日开始，纽约外汇市场也改用间接标价法，以美元为标准公布美元与其他货币之间的汇价，但是对英镑和爱尔兰镑仍沿用直接标价法。

直接标价法和间接标价法都是针对本国货币与外国货币之间的关系而言的。对于某个国家或某个外汇市场来说，本币以外其他各种货币之间的比价无法用直接标价法或间接标价法来判断，实际上非本币之间的汇价往往是以一种国际上的主要货币或关键货币为标准。例如，第二次世界大战以后，由于美元是世界货币体系中的中心货币，各国外汇市场上公布的外汇牌价均以美元为标准，这种情况可称为美元标价法。

美元标价法与两种基本的标价方法并不矛盾。银行汇价挂牌时，标出美元与其他各种货币之间的比价，如果需要计算美元以外的两种货币之间的比价，就必须通过各自货币与美元的比价进行套算，由此便产生了套算汇率，又称交叉汇率。

（三）汇率的种类

1. 按汇率制定方法划分

按汇率制定方法，汇率可分为基础汇率和套算汇率。

（1）基础汇率是一国所制定的本国货币与基准货币（往往是关键货币）之间的汇率。与本国货币有关的外国货币往往有许多种，但不可能使本币与每种货币都单独确定一个汇率，所以往往选择某一种主要的货币即关键货币作为本国汇率的制定标准，由此确定的汇率是本币与其他货币之间汇率套算的基础，因此称为基础汇率。选择的关键货币往往是国际贸易、国际结算和国际储备中的主要货币，并且与本国的国际收支活动关系最为密切。第二次世界大战以后，由于美元在国际贸易与金融领域占据主要地位，许多国家都将本币对美元的汇率定为基础汇率。

（2）套算汇率是在基础汇率的基础上套算出的本币与非关键货币之间的汇率。如果本币与美元之间的汇率是基础汇率，那么本币与非美元货币之间的汇率即为套算汇率，它是通过非美元货币各自与美元之间的基础汇率套算出来的。

目前各国外汇市场上每天公布的汇率都是各种货币与美元之间的汇率，非美元货币之间的汇率均需通过美元汇率套算出来。

2. 按银行买卖外汇的角度划分

按银行买卖外汇的角度，汇率可分为买入价、卖出价和中间价。

（1）买入价即买入汇率，是银行从同业或客户那里买入外汇时使用的汇率。

（2）卖出价即卖出汇率，是银行向同业或客户卖出外汇时使用的汇率。

（3）银行从事外汇的买卖活动分别以不同汇率进行，当其买入外汇时往往以较低的价格，卖出外汇时则往往以较高的价格，低价买进、高价卖出之间的差价即为银行的经营费用和利润，一般约为 0.1%（也就是中间价上下各 0.05%），具体要依据外汇市场行情、供求关系及银行自己的经营策略而定。我国的外汇买卖差价率为 0.5%。

3. 按外汇交易中的支付方式划分

按外汇交易中的支付方式，汇率可分为电汇汇率、信汇汇率和票汇汇率。

（1）电汇汇率，也称电汇价，是买卖外汇时以电汇方式支付外汇所使用的汇率。银行往往用电报、电传等通信方式通知国外分行支付款项，外汇付出迅速，银行占用利息减少，因而向对方收取的价格（汇率）也就较高。现代外汇市场上多用电汇方式付出外汇，因而电汇汇率成为一种具有代表性的汇率，且汇率水平较其他汇率要高。

（2）信汇汇率，是银行卖出外汇时开具付款委托书，以信函方式通知国外分行或代理行付款时使用的汇率。由于信汇的邮寄时间较长，银行可利用客户在途资金时间较长，因此信汇汇率水平较电汇汇率低。信汇汇率主要用于我国港澳地区，其他地区则很少使用。

（3）票汇汇率，也称票汇价，是银行买卖即期汇票的汇率。由于买卖即期汇票所需时间也较长，因而票汇汇率较电汇汇率低。如果买卖的是远期汇率（如 30 天期、60 天期），那么票汇汇率水平取决于远期期限的长短和该种外币贬值的可能性。

4. 按外汇买卖成交后交割时间的长短划分

按外汇买卖成交后交割时间的长短，汇率可分为即期汇率和远期汇率。

（1）即期汇率也称现汇率，是交易双方达成外汇买卖协议后，在两个工作日内办理交割的汇率。这一汇率一般就是现时外汇市场的汇率水平。

（2）远期汇率也称期汇率，是交易双方达成外汇买卖协议，约定在将来某一时间进行外汇实际交割所使用的汇率。这一汇率是交易双方以即期汇率为基础约定的，但往往与即期汇率有一定差价，其差价称为升水或贴水。当远期汇率高于即期汇率时，称外汇升水；当远期汇率低于即期汇率时，则称外汇贴水。升水和贴水主要取决于利率差异、供求关系、汇率预期等因素。另外，远期汇率虽然是未来交割时所使用的汇率，但与未来交割时的市场汇率是不同的：前者是事先约定的远期汇率，后者是将来的即期汇率。

5. 按国际汇率制度划分

按国际汇率制度，汇率可分为固定汇率和浮动汇率。

（1）固定汇率是在金本位制度下和布雷顿森林体系下通行的电汇汇率。这种汇率规定本国货币与其他国家货币之间维持一个固定比率，汇率波动只能限制在一定范围内，由官方干预来保证汇率的稳定。目前许多发展中国家仍然实行固定汇率。

（2）浮动汇率是指本国货币与其他国家货币之间的汇率不由官方制定，而由外汇市场的供求关系决定，汇率可自由浮动，官方在汇率出现过度波动时才出面干预市场，是布雷顿森林体系解体后西方国家普遍实行的汇率制度。由于各国具体情况不同，选择汇率浮动的方式也会有所不同，所以浮动汇率又可进一步分为自由浮动汇率、管理浮动汇率、联合浮动汇率、钉住浮动汇率等。

6. 根据纸币制度下汇率是否通过通货膨胀调整划分

根据纸币制度下汇率是否通过通货膨胀调整，汇率可分为名义汇率和实际汇率。

（1）名义汇率是由官方公布的，或在市场上通行的，没有剔除通货膨胀因素的汇率。由于纸币制度下各国都会发生不同程度的通货膨胀，货币的国内购买力因此会有不同程度的下降，由此造成的货币对内贬值应该反映在货币的对外比价即汇率上。但现实中的汇率变化与国内通货膨胀的发生常常是相脱离的，名义汇率便是没有消除过去一段时期两种货币通货膨胀差异的汇率。

（2）实际汇率是在名义汇率的基础上剔除了通货膨胀因素后的汇率。在计算方法上，它是在现期名义汇率的基础上用过去一段时期两种货币各自的通货膨胀率（物价指数上涨幅度）来加以校正，从而得出实际的而不是名义的汇率水平及汇率变化程度。由于消除了不同货币之间存在的通货膨胀差异，实际汇率比名义汇率更能反映不同货币的实际购买力水平，由此看出，实际汇率与购买力平价有着相似的作用和特点。

课后练习题

1. 简述金融市场的功能。
2. 简述金融期货和金融期权的区别。

项目十

货币与货币制度

学习目标

1. 了解货币的本质与形态。
2. 了解货币制度。
3. 了解我国的货币制度。

任务一 货币概述

一、货币的产生

货币自产生以来已经有几千年的历史，根据历史资料的记载，人们都同意货币的出现是和商品交换联系在一起的。马克思在《资本论》中深刻分析了货币产生的必然性，认为货币产生的根源是私有制，货币是私有制商品经济内在矛盾发展到一定历史阶段的必然产物。商品交换的发展经历了两个阶段，即物物直接交换阶段和有媒介的商品交换阶段。

在交换不断发展的进程中，逐渐出现了通过媒介物进行的交换，即先把自己的物品换成媒介物，再用媒介物交换自己需要的物品，这些媒介物就是货币的雏形。在中国，比较早的媒介物是“贝”。

货币是商品价值形式发展的必然结果。所谓价值形式，是指用一种商品的价值来表示另一种商品的价值，也就是价值表现形式。

既然商品的价值只能通过交换找到外衣，那么与交换的不断发展一样，价值形式也有不同的阶段。马克思按照人类历史发展的进程，科学地将价值形式的发展过程归纳为以下四个阶段：

1. 简单的价值形式

在原始社会末期，虽然原始公社内部生产资料是公有的，不会发生交换，但不同公社之间是不同的所有者，还是有可能发生交换。由于那时生产力极其低下，产品很少有剩余，因此也就很难有产品可供交换。又由于当时自然条件恶劣，两个原始公社能够碰到一起的机会非常少，所以交换非常少、非常偶然。但只要有可能发生交换，就会有价值表现问题。

马克思用以下公式来表现简单的价值形式：

1 只绵羊 ＝ 2 把石斧

此时的“绵羊”和“石斧”都是作为交换产品而偶然出现并进行交换的，交换完成后双方都立即退出交换领域，去执行各自的商品职能。在上述交换过程中，绵羊和石斧的地位和作用完全相同：二者既是等价物，又是被等价物，没有哪一方被固定在等价形式上。

2. 扩大的价值形式

随着社会分工的出现，共同生产逐渐被个人生产代替；随着私有制的出现，原始公社之间的交换逐渐被个人之间的交换代替；劳动生产率提高了，可用于交换的剩余产品也越来越多，于是交换成为一种经常出现的现象。马克思把这一个阶段称为扩大的价值形式。这时一种商品不再是偶然地和另外一种商品进行交换，而是可以经常和很多种商品进行交换，于是一种物品的价值不再是偶然地被另一种物品表现，而是经常地被很多种物品表现。比如，一只绵羊不再是偶然地和两把石斧进行一次交换，而是可以经常地和两把石斧、一袋粮食、几尺布等很多种物品进行频繁的交换。

在扩大的价值形式中，绵羊作为被等价商品，可以同时由公式右端多种等价物形式来等价，或者说，绵羊的价值可以同时由多种商品来表现。而处在公式右端的多种商品在一次交换中只能出现一种，相互之间是严格排斥的，表明作为等价物形式的商品，其使用价值的特殊形式和其充当等价物之间本身并没有必然的联系，从而把价值是人类无差别劳动的凝结物的性质体现出来。

在扩大的价值形式中，公式两端的商品已经各自有了特定的地位和作用：左端的绵羊作为价值形式出现，而右端的一系列商品则是作为等价物形式出现的。

3. 一般价值形式

在这个阶段，出现了一般等价物。所谓一般等价物，是指从大量的商品中分离出来，成为表现其他各种商品价值的材料。这种一般等价物在不同地区、不同时期是不一样的。在欧洲，最早充当一般等价物的商品是绵羊。

4. 货币价值形式

由于历史、文化、民族习惯及经济发展水平等的不同，一般等价物在不同地区、不同时期是不同的。许多充当一般等价物的商品本身存在着难以克服的缺点，如难以分割、价值不统一、不便于携带、难以保存等。因此人们要选择一种价值含量高、价值统一、便于分割、便于携带、便于保存的商品固定充当一般等价物。在第二次社会大分工后，人们终于找到了这种最适宜充当一般等价物的商品——贵金属。

贵金属有四个自然属性：一是具有同一性。贵金属质地均匀、质量相等。二是具有可分性。贵金属可以根据需要加以分割而不丧失价值。三是具有便利性。贵金属体积小、价值高、便于携带。四是具有永恒性。贵金属不变质，适宜保存和作为财富储藏。

当人们选择贵金属作为一般等价物时，一般等价物就相对稳定了，货币也就产生了。马克思把“货币价值形式”作为人类历史上价值形式发展的第四个阶段。所谓货币价值形式，即一切商品的价值都可以用一种特殊商品来表现的价值形式。如果把上述一般价值形式中的“绵羊”用货币替换，那么“一般价值形式”与“货币价值形式”已经没有本质区别了。

二、货币的本质

1. 货币是商品，具有商品的共性

商品价值形式的发展过程告诉我们，货币是商品在长期的交换过程中从一般商品中分离出来的，是可以用来与一切商品进行交换的劳动产品，具有商品的共性，即价值和使用价值。

2. 货币是能够充当一般等价物的特殊商品

货币之所以能够成为一般等价物，是因为货币本身就是商品，但货币又不是一般的商品，而是特殊商品。这种特殊性表现在：

（1）货币是表现一切商品价值的材料。

除货币以外的其他商品是以各种各样的使用价值的资格出现的，其价值必须由交换中的另一种商品来表现，货币则是以一切商品的价值的表现者资格出现的。在货币价值形式中，一种商品只要能交换到货币，就使生产它的私人劳动转化为社会劳动、具体劳动转化为抽象劳动，从而使商品的价值得到表现。因此，货币成了表现、衡量一切商品价值的材料。

（2）货币具有与一切商品直接交换的能力。

一般商品具有的是具体的、各种各样的使用价值，不能与一切商品直接交换。货币作为一般等价物，是社会财富的直接代表，它获得了一般的社会性的使用价值，是被人们普遍接受的物品，拥有货币就意味着能够换取各种商品，获取任何一种使用价值，所以，货币具有和一切商品直接交换的能力。

世界上根本不存在不是一般等价物的货币。因此，一般等价物是货币最本质的属性。

3. 货币体现一定的生产关系

货币作为一般等价物反映了商品生产者之间的交换关系，体现着商品归不同所有者占有，并通过等价交换来实现他们之间的社会联系的生产关系。

在商品经济社会里，人与人之间的关系是通过商品与货币的交换体现出来的。而商品交换的根本原则就是等价交换，离开了这条原则，商品就不能成为商品，价值也就不能成为价值。同样，货币作为价值的独立体现者，具备转化为任何商品的能力，否则，货币也就失去了存在的意义。

三、货币形态的演变

随着商品和商品交换的发展，人们对货币在经济中的作用的认识不断深化，货币不断地由自发演变的形态向人为管理和控制形态的方向发展。迄今为止，货币形态的发展经历了一个从金属货币到纸币，从名副其实的价值实体到名不副实的价值符号，从真实价值到名义价值的演变过程。这一过程与社会经济发展有着紧密的内在联系。一方面，商品交换的发展要求规定了货币形态历史沿革的轨迹；另一方面，货币形态的发展更好地适应了商品交换发展的需要。从金属货币到纸币，从实体形态到“观念上”存在，这是货币发展史的一条基本

线索。纵观货币的发展历史，我们可以从中概括出具有不同特征的货币类型，认清货币发展的趋势。在此基础上，我们就能恰当地选取适应现代市场经济发展要求的货币类型，进而能在控制货币供给、货币购买力，乃至调控整个社会经济中居于更加主动的地位。

货币形态的演变是一个漫长和渐进的过程。历史上货币发展的内在动因来自人们对交换过程效率性的要求。为了提高交换过程的效率，货币取材应当具备以下几个特征：一是具有普遍接受性，即被社会公众普遍接受和认同；二是具有防伪性，即不被轻易地仿制、伪造；三是便于携带，易于分合。

在古代社会，人们只能用稀缺和具有较高与稳定价值的商品来充当货币，这就是在历史上曾起到稳定币值作用的贵金属货币制度存在的原因。正因为如此，马克思才有“金银天然不是货币，但货币天然是金银”的论断。

随着商品交换的不断扩大，以及国际政治格局和经济格局的变化，经济发展的条件和内容变得更为复杂，贵金属货币在使用中的弊端日益显现：贵金属的稀缺性、生产制造的复杂性，使制造货币的币材（如黄金）不能满足商品交换规模不断增长和扩大的历史发展要求，贵金属由促进商品交换的媒介转变为扼制商品交换的桎梏。进入近代社会，货币材料为社会普遍接受的问题已通过国家法律得以解决，而货币的价值尺度只要是“观念上”的就可以。流通手段也只是转瞬即逝，人们只关心货币所能换回商品的价值和使用价值，并不关心币材本身的价值。这样，纸质货币替代贵金属货币就成了历史的必然。

具体地说，货币的历史发展经历了实物货币、金属货币、代用货币、信用货币四个阶段，并逐渐向电子货币的新阶段迈进。

1. 实物货币

实物货币又称为商品货币，它是货币形态发展的最原始形式。在物物交换已不能适应交换的发展时，人们就会在商品世界中寻找一种特殊商品，并将其作为交换媒介。这种商品必须是交换者普遍愿意接受且自身也有价值的。任何货币，假如其作为非货币用途的价值与其作为货币用途的价值相等，则都可称为实物货币。在人类历史上，各种商品，如米、木材、贝壳、家畜等，都曾经在不同时期和不同地域扮演过货币的角色。随着商品交换的发展，这些实物货币逐步显现出缺陷。比如，一些实物货币体积笨重，不能分割为较小单位，且携带、运输都非常困难，无法充当理想的交换媒介。另外，实物货币一般都质地不均匀，如果分割开，就将出现价值与体积不成比例的问题，而且有些商品质量极不稳定，有些易于腐烂，这样，就妨碍了货币发挥价值标准和价值储藏的职能。所以，随着商品经济的发展，普通实物货币逐渐被金属货币取代。

2. 金属货币

金属货币是指以贵金属作为币材的货币，也称实体货币。从广义上说，它是实物货币的一个阶段，即实物货币的高级阶段。但是，严格地讲，金属货币同原始的实物货币有着明显的区别，主要表现在：在实物货币阶段，多种商品在不同时期、不同地域交替地扮演着货币的角色，这些特殊等价物往往是多变的和不固定的。而在金属货币阶段，扮演货币角色的特殊等价物集中在一种商品上，这就是黄金或白银。随着商品交换的发展，人们逐步看到黄金或白银由于具有单位体积价值高、价值稳定、质地均匀且易于分割、耐磨等优点，是作为货币币材的最佳材料，所以，几乎所有的国家在不同历史时期都经历了金属货币阶段。这种货币的优点在于其本身具有十足的价值，当金属货币量大于媒介商品流通需要量时，它会自动退出流通，作为价值储藏手段，因而具有稳定币值的作用。这一货币形态成为古典意义上比较完美的货币形态。金本位制度就是建立在这一货币形态的基础之上的。

3. 代用货币

代用货币是简称，它的全称应该是代表实体货币。代用货币是指作为货币的商品本身的价值低于其所代表的货币价值。从理论上讲，代用货币的形态有许多，其中国家铸造的不足值的铸币也应属于代用货币，因为这种铸币本身的价值低于它所代表的货币价值。但是一般来说，代用货币指的是政府或银行发行的代替金属货币流通的纸币或银行券。这种纸币所代表的价值是金属货币价值。这种纸制的代用货币之所以能在市面上流通，被人们普遍接受，是因为它们有十足的金银贵金属做保证，可以自由地用纸币向发行机构兑换金银。代用货币较之金属货币有明显的优点：一是印刷纸币的成本较铸造金属低；二是节省了部分黄金作为币材的使用；三是降低了运送成本与风险。代用货币最早出现在英国中世纪后期。英国的金匠为顾客保管金银货币，所开出的本票形式的收据，即银行券的初始形式，可以在流通领域进行流通，这是原始的代用货币。在顾客需要时，这些收据可以随时兑现或作为支付凭证。美国在 1878 年实行金本位制度以后，为减少公众因持有大量黄金或金币所带来的麻烦，发行了黄金凭单，凭单全值代表存放于财政部金库中的足值铸币和等价黄金，凭单可在市场上流通。直到 1933 年美国放弃金本位制度，实施黄金国有化，黄金凭单由财政部收回，代用货币才消失。

这种货币形态之所以被历史淘汰，在于它是以黄金作为保证或准备的。这种兑换上的硬联系，使得这种供应货币的方式缺乏适应经济不断发展后的商品生产和商品交换即需要的弹性。因为商品交易的数量和规模越来越大，而金银产出有限，不能与普通商品生产同步，满足不了商品生产和交换的需要，最后只得与黄金脱钩。

4. 信用货币

信用货币就是以信用作为保证，通过信用程序发行和流通的货币。信用货币是代用货币进一步发展的产物，其形态同代用货币一样，大多为纸质形态。目前世界上几乎所有的国家都采用这种货币形态。信用货币有以下几个特征：

（1）信用货币完全割断了与贵金属的联系，其发行的依据主要不是以黄金做准备的，国家也不承诺兑现黄金。所以，信用货币也称作不兑现的信用货币。信用货币的发行以商品物资保证为基本依据，根据社会经济发展的内在要求，并结合国家对特定的经济运行周期做宏观调控的需要。

（2）信用货币的另一信用保证是国家的信誉和银行的信誉。信用货币本质上是一种国家债务货币，其原始货币形态纸币（现钞）为国家货币当局发行的法偿货币，理应由国家通过法律来保证其正常流通和支付。

（3）信用货币的具体形态是纸质货币——纸币（现钞），纸币是国家货币当局发行的，并依靠国家权力（通过立法保障）强制流通的“货币符号”。

根据经验，政府和货币当局发现，只要纸币发行量控制适当，社会公众对纸币就仍然能保持信心，因此法定纸币并不需要金银准备。但这并不意味着现代信用货币完全没有任何发行准备。实际上，目前大多数采用信用货币制度的国家，均具有相当数量的黄金、外汇、有价证券等资产作为发行货币的准备。然而，政府和货币当局的货币发行显然不再受充足金银准备的束缚，甚至可以在没有任何准备的情况下发行货币。从银行的角度看，无论是中央银行还是商业银行都在金融实践中发现，只要社会大众对银行的信誉保持信心，在一定时期内，存款人就不会要求将存款全部提取。所以，银行体系只需要保留部分现金准备即可，其余存款可用于放款或投资，这就是现代银行普遍实行的“部分准备金制”。在这种制度下，银行创造的存款货币没有相应的现金准备，至少是没有全部的现金准备。这些货币之所以能在流通领域被接受，完全是因为人们信赖银行，相信这些货币的支付能力会得到银行的保证。

在现代银行非现金结算体制条件下，作为货币执行一般媒介手段的主要部分，信用货币是以银行活期存款的形式存在的。这些活期存款实质上是存款人提出要求即可支付的银行债务，是银行对存款人的负债，所以，这种货币又可称为债务货币。存款人可借助支票或其他支付指示，将本人的存款支付给他人，作为商品交换的媒介。目前，在全社会交易总量中，用银行活期存款作为支付手段的比重已经占了很大部分。所以，银行存款也是信用货币的一个组成部分。

信用货币完全摆脱了黄金束缚，只受到商品发展规模和市场化程度的制约，从这个意义上说，它更符合经济发展的内在要求。但信用货币的发行权在国家货币当局，国家可以根据客观的和主观的需要（如战争和重大自然灾害，为刺激经济奉行赤字财政政策等），进行货币的超额发行和财政发行，从而侵蚀币值稳定和引起通货膨胀。

5. 电子货币

电子货币通常是指利用计算机网络或储值卡进行电子资金转移，利用电子计算机记录和转移存款。电子货币是当今货币形态发展的新趋势，由信用货币的符号化向电子货币的观念化发展。银行在各销售场所安装终端机并与银行计算机中心联结。顾客消费时，只需将其专用的货币卡插入终端机，电子计算机便会自动将交易金额分别记入买卖双方的银行账户。究其实质，电子计算机网络内传输的是“数码信号”电子流，并非具体的货币形态。电子货币可以被认为是一种观念上的货币。

四、货币的职能

货币的职能也就是货币在人们经济生活中所起的作用。在发达的商品经济条件下，货币具有以下五种职能：价值尺度、流通手段、贮藏手段、支付手段和世界货币。其中，价值尺度和流通手段是货币的基本职能，其他三种职能是在商品经济发展中陆续出现的。

1. 价值尺度

货币在表现其他商品的价值并衡量价值量的大小时，便发挥着价值尺度的职能。货币之所以能充当价值尺度，是因为货币本身是商品，具有内在价值，因而它可以作为衡量、表现一切商品价值的材料。这是货币的第一职能，也是最基本、最重要的职能，也叫本质职能。

货币执行价值尺度的职能是通过把商品价值表现为价格来实现的，价格便是商品价值的货币表现。货币执行价值尺度时，具有观念性特点。也就是说，价格可以用口头或书面形式表达出来，而不必把相应数量的货币摆在商品旁。

现代社会，各国都有自己的货币来行使价值尺度职能。我国的法定货币是人民币，国际结算通行的货币单位是美元、欧元等。金属货币制度下，价格标准即货币含金量，如在美国，1934—1971 年 1 美元的含金量为 0.888 671 克黄金，这个含金量就是美元的价格标准。随着不兑现的纸币制度的建立，有的国家取消了货币含金量，如我国的货币单位“元”就没有规定含金量。

2. 流通手段

货币作为流通手段，也就是货币充当商品交换的媒介。我们平常在商品买卖过程中所看到的货币的作用，就属于这一种。所以，这种职能又称为购买手段。显然，作为流通手段的货币，不能是观念上的货币，而必须是实实在在的货币。任何一个厂商绝不会允许他人用空话来拿走他的商品。

在货币执行流通手段这一职能时，商品与商品不再是互相直接交换，而是以货币为媒介。商品所有者先把自己的商品换成货币，然后用货币去交换其他的商品，这种由货币作为媒介的商品交换叫作商品流通。由物物交换过渡到商品流通，这意味着商品经济的内在矛盾有了进一步的发展。因为，在这种条件下卖与买被分成了两个独立的过程，如果出卖了商品的人不立刻去买，就会使另一些人的商品卖不出去。也就是说，货币作为流通手段的职能，已经包含了经济危机形式上的可能性。

作为流通手段的货币，起初是贵金属条块，以后发展成铸币，最后出现纸币。纸币是从货币作为流通手段的职能中产生的。

3. 贮藏手段

货币的贮藏手段，是指货币可以作为财富的一般代表被人们储存起来。作为贮藏手段的货币，既不能像充当价值尺度时那样只是想象的货币，也不能像充当流通手段时那样用货币符号来代替，它必须既是实实在在的货币，又是足值的货币。因此，只有金银铸币或者金银条块等才能执行贮藏手段的职能。

货币作为贮藏手段具有自发调节货币流通量的作用。当流通中所需要的货币量减少时，多余的金属货币便会退出流通而成为贮藏货币；反之，当流通中所需要的货币量增多时，一部分贮藏货币又会重新进入流通而成为流通手段。由于贮藏货币具有这种作用，所以在足值的金属货币流通的条件下，便不会出现流通中货币量过多的现象，不会发生通货膨胀。

4. 支付手段

在放债还债、支付工资和缴纳税款等场合，货币就起着这种作用。在货币作为支付手段的情况下，由于很多商品生产者互相欠债，他们之间结成了一个债务链条，如甲欠乙的钱，乙欠丙的钱，丙又欠了丁的钱等。如果其中某一个商品生产者因为生产和销售的困难而不能按期支付欠款，就会引起一系列的连锁反应，从而造成全线崩溃的局面。因此，货币作为支付手段的职能，使经济危机形式上的可能性有了进一步的发展。

5. 世界货币

货币充当世界货币，即在世界市场上发挥作用。能够作为世界货币的只有黄金或白银，铸币和纸币是不能充当世界货币的，因为后者一旦超出本国范围，便失去了原来的法定意义。世界货币的作用：一是作为一般的支付手段，用来支付国际收支的差额；二是作为一般的购买手段，用来购买外国的商品；三是作为社会财富的代表由一国转移到另一国，如支付战争赔款、对外贷款和转移财产等。

货币的各个职能之间存在着有机的联系，它们共同表现货币作为一般等价物的本质。

任务二 货币制度

一、货币制度的主要内容

货币制度也称货币本位制，简称币制，是一个国家或地区以法律形式确定的货币发行与流通的准则和规范。

货币制度的主要内容包括：

1. 确定货币的材料

本位货币是一国法律规定的标准货币，具有无限法偿的能力。确定用什么材料做本位货币，是建立货币制度的首要步骤，也是建立整个货币制度的基础。各个国家在经济发展的不同阶段规定的币材不同，由此形成了不同的货币本位制度。

2. 确定货币的单位

货币单位是一国法律规定的货币计量单位。货币单位的确定就是规定货币单位的名称和货币单位的币值。例如，我国的货币单位是人民币元，美国、日本、英国的货币单位分别是美元、日元、英镑。

3. 确定货币的铸造、发行与流通程序

在金属货币流通的条件下，本位币（主币）按国家法定的金属和货币单位铸造。其特点有：

（1）本位币是足值的货币，即它的名义价值（面额）与实际价值一致。

（2）本位币可以自由铸造、自由熔化，即每个公民都有权把货币金属送到国家造币厂请求铸成本位币，造币厂不收费或只收很低的费用。

（3）本位币具有无限法偿能力，即本位币具有无限的法定支付能力。

辅币是本位币以下的小额货币，供日常零星交易与找零之用。其特点如下：

（1）辅币通常用贱金属铸造。

（2）辅币的实际价值低于其名义价值，是不足值的铸币。

（3）辅币不能自由铸造，只有国家才能铸造。

（4）辅币可以与主币自由兑换。

在当代信用货币流通的情况下，各国的现金发行一般由中央银行垄断，存款货币的流通与银行业的经营活动和中央银行的调控结合在一起，信用货币同样由国家确定为具有无限法偿的能力。

4. 规定准备金制度

在金属货币流通的条件下，准备金制度主要是建立国家的黄金储备，它是一国货币发行与稳定的基础。准备金的用途主要有：

（1）作为国内金属货币流通的准备金。

（2）作为支付存款和兑换银行券的准备金。

（3）作为国际支付的准备金。

在当今信用货币流通的条件下，各国的准备金由黄金准备和外汇准备构成，黄金、外汇由中央银行集中保管，作为国际支付的准备金。

二、货币制度的演变

纵观世界各国货币制度的演变过程，大体上经历了银本位制、金银复本位制、金本位制、纸币本位制四种类型。

1. 银本位制

银本位制是以白银作为本位币的货币制度。其基本内容是：本位币的币材是白银；银币可以自由铸造、自由熔化；银行券可以自由兑换成银币；白银与银币可以自由输入输出；银币具有无限法偿的能力。

银本位制是历史上最早出现的货币制度，16 世纪以后开始盛行，如墨西哥、日本、印度等国都实行过银本位制。我国自宋代开始银、铜并行，直至清宣统二年（1910 年）4 月清政府颁布《币制则例》，才正式确定实行银本位制。

2. 金银复本位制

金银复本位制，就是同时以金、银两种金属作为本位币的货币制度。其基本内容是：以金、银两种金属同时作为币材；金币和银币都可以自由铸造、自由熔化和自由输入输出；金币和银币都具有无限法偿的能力。

3. 金本位制

金本位制是以黄金作为本位币的货币制度。金本位制又可分为金铸币本位制、金块本位制和金汇兑本位制三种不同的形态。

（1）金铸币本位制是典型的金本位制，其基本内容包括：黄金是本位币的币材；金币可以自由铸造、自由熔化；黄金和金币可以自由输入输出；银行券可以自由兑换成金币；金币具有无限法偿的能力。

（2）金块本位制又称生金本位制，是指国内不铸造、不流通金币，只流通代表一定重量黄金的银行券，黄金由国家集中保存，银行券只能按照一定条件向发行银行兑换金块的金本位制。

（3）金汇兑本位制又称虚金本位制，是一种间接兑换黄金的货币制度。实行这种货币制度的国家，国内不铸造、不流通金币，只流通规定含金量的银行券，银行券在国内不能兑换黄金，只能兑换为可转换成黄金的外汇。

金块本位制和金汇兑本位制，流通中都没有金币，黄金失去了作为流通手段和支付手段的作用，因此均为残缺不全的金本位制，都是极不稳定的货币制度。

4. 纸币本位制（不兑现的信用货币制度）

纸币本位制是以纸币为本位币的货币制度。纸币是由国家强制发行和流通的、不兑换金银的纸质货币符号。纸币本位制取代金本位制，是货币制度演进的质的飞跃，它突破了商品形态的桎梏，而以本身没有价值的信用货币作为流通中的媒介。纸币本位制具有以下特点：

（1）流通中的货币都是信用货币，金银不再作为货币进入流通。

（2）信用货币由中央银行垄断发行，由国家法律赋予无限法偿的能力。

（3）信用货币的发行量不受黄金准备的限制，而取决于货币管理当局实施货币政策的需要。

（4）信用货币都是通过银行信用程序投入到流通领域的，通过银行信用的扩张或收缩可以调节货币流通量。

（5）中央银行对货币流通的调节日益成为国家对宏观经济调控的一个重要手段。

纸币本位制是当今世界各国普遍实行的一种货币制度，其核心内容是稳定币值，促进经济的发展。纸币币值稳定与否主要取决于银行的信用、社会资源的保证程度和社会公众的信心。

三、我国的货币制度

人民币是一种信用货币，人民币制度是一种纸币本位制。人民币于 1948 年 12 月 1 日由中国人民银行开始发行，这标志着我国的货币制度开始建立。随着社会主义制度的建立和社会经济的不断发展，我国的货币制度逐步完善。我国货币制度的主要内容包括：

（1）人民币是我国的法定货币，具有无限法偿的能力。

（2）人民币的单位是“元”，元是主币，辅币的名称为“角”和“分”。人民币的符号为“￥”。

（3）人民币的发行实行高度集中统一，由中国人民银行统一印制和发行。

（4）严禁伪造、变造人民币；禁止出售、购买伪造、变造的人民币；禁止故意损毁人民币；禁止在宣传品、出版物或其他商品上非法使用人民币图样。

（5）任何单位和个人不得印刷、发售代币票券以代替人民币在市场上流通。

（6）残缺、污损的人民币，按照中国人民银行的有关规定兑换，并由中国人民银行负责收回、销毁。

（7）对人民币出入境实行限额管理。

（8）人民币在国际收支的经常项目中可自由兑换。

课后练习题

1. 简述货币形态的演变。
2. 简述货币的职能。
3. 论述我国的货币制度。

项目十一 信用

学习目标

1. 了解信用的含义、产生与发展。
2. 掌握信用的表现。
3. 掌握信用的形式。
4. 了解利息和利率。

任务一 信用概述

我们日常生活中经常提到“信用”一词，那么，什么是信用？对此，《辞海》有三种解释：其一为信任使用；其二为遵守诺言，实践成约，从而取得别人对他的信任；其三为以偿还为条件的价值运动的特殊形式，多产生于货币借贷和商品的赊销或赊购之中，其主要形式包括国家信用、银行信用、商业信用和消费信用。

一、信用的含义

信用有广义和狭义之分，既有道德层面的，也有经济学层面的。本书所讲的信用主要是经济学层面的狭义的信用，是一种借贷行为，是以偿还本金和支付利息为条件的价值运动的特殊形式，即一方把商品或货币让渡给另一方，在一定时间后收回，并且要求得到一定的报酬。信用的这一含义，可以从以下两个方面来进一步理解：

一方面，信用是一种借贷行为。所谓借贷，就是商品或货币的所有者把商品赊销或将货币贷放出去，借方按一定的时间偿还购货款或偿还借贷本金并支付一定的利息。无论是以赊销形式进行的商品借贷，还是以货币形式进行的直接借贷，在借贷活动中，贷方是债权人，借方是债务人，借贷双方构成的债权债务关系是一种信用关系。

另一方面，信用是价值运动的特殊形式。信用的价值运动是通过一系列的借贷、支付、偿还过程完成的，是价值单方面的让渡。它与一般的商品买卖不同，一般的商品买卖是商品价值与货币价值双向等量转让运动。在信用活动中，商品或货币的所有者贷出商品或货币，而不是出卖它们，即所有权并没有发生转移，让渡的只是商品或货币的使用权，所有权仍属于贷方，因而借方到期必须偿还商品或货币的使用权。货币在这一过程中不是充当流通手段，而是充当到期支付手段。

综上所述，信用是一种借贷行为，是以偿还本金和支付利息为条件的价值单方面的转移，是价值运动的特殊形式。

随着市场经济的发展，信用也高度发达。现代社会中，无论是国际交往，还是一国政府、企业、居民之间，都存在信用关系。可以说，现代经济就是信用经济。

二、信用的产生和发展

信用产生和发展的基础在于商品货币经济。

（一）信用的产生

1. 最早的信用活动——实物借贷的产生

人类最早的信用活动产生于原始社会末期，由于生产力的发展，人类社会出现了两次社会大分工，即畜牧业从原始农业中分离出来与手工业从农业中分离出来。这使商品生产和商品交换得到较快的发展。原始公社开始解体，产生了私有制，出现了贫富差距。贫困者为了生存必须向富有者借债，这就是最初的信用。

2. 货币作为支付手段的信用活动的产生

人类社会在第三次社会大分工后，出现了专门从事商品经营的商人。在商品交换过程中存在着商品或货币在时间和空间上分布的不均衡，也就是商品或货币时多时少、时余时缺，此多彼少、此余彼缺。于是商品买卖采取了延期支付的形式。卖者因赊销商品而成为债权人，买者因赊购商品而成为债务人，到约定期限偿还货款和利息。在这里，货币就开始执行支付手段的职能，而这种债权债务关系就是信用关系。

3. 货币借贷的信用活动的产生

信用在货币支付手段职能存在的条件下获得进一步的发展，使商品交换中的买者和卖者，由简单的商品买卖关系，转化为债权债务的信用关系。随着商品经济的发展，货币作为支付手段的职能又进一步超出了商品流通的范围。企业在经营过程中出现了闲置的货币，把它提供给需要资金进行再生产或扩大再生产的企业，使信用活动越来越多地表现为货币形式的借贷活动，这就是货币的借贷。

可见，商品货币经济的发展是信用产生的基础。

（二）信用的发展

信用产生以后经历了一个长期的发展变化过程。早期的信用形式是实物借贷，货币出现以后，逐渐发展为以货币借贷为主。在奴隶社会和封建社会中信用的形式是高利贷，而现代信用形式却多种多样。

1. 高利贷信用

高利贷信用简称为高利贷，是一种以偿还和支付高额利息为条件的借贷活动。作为人类历史上最初的信用形式，高利贷产生于原始社会末期，在奴隶社会和封建社会得到广泛的发展。

高利贷盘剥的对象主要是小生产者。因为在原始社会末期，出现了贫富分化，大量财富被少数家族占有，而剩余产品又很有限，所以当那些不占有生产资料的家族因种种原因临时需要补充某些商品或货币以维持生活和生产时，往往需要付出高额的利息，这就是高利贷产生的历史根源。封建社会，自给自足的自然经济占统治地位。小生产经济是极不稳定的经济，如果遇到自然灾害或意外事故就会使小生产者的简单再生产难以继续，家庭生活陷入困境。为了维持简单再生产或生活，支付地租和各种苛捐杂税，这些小生产者不得不高利举债。在前资本主义社会，奴隶主和封建主也是高利贷活动的对象。他们借高利贷是为了满足奢侈的生活，或是为了巩固和加强其统治地位，但高额的利息支出最终还是转移给了生产者。

从事高利贷放款的主要是商人，特别是从事货币经营的商人。此外，寺院、教堂、修道院等也从事高利贷活动。高利贷最明显的特点是利率高、剥削残酷，并且具有非生产性。小生产者借贷多用于生活和生产急需；统治者和寄生阶层借贷多用于奢侈的消费且可以转嫁。借贷的这种非生产性决定了利率几乎没有上限的约束。另外，在自然经济占统治地位的社会，用于借贷的暂时闲置的资金也是有限的，这也使得高利率得以维持。

高利贷产生和发展的基础是小生产占主导地位的经济方式。随着商品经济的发展，货币借贷逐渐成为高利贷的主要方式。债务人为了清偿债务就得出售产品，以便获得货币，这在一定程度上推动了自然经济的解体和商品货币关系的发展。但在高利贷的盘剥下，小生产者的绝大部分劳动产品甚至连同一部分生产资料都转入高利贷者手中，加上封建主将高利贷本息进行转嫁，致使小生产日益萎缩，从而破坏了社会生产力的发展。

高利贷者的长期重利剥削，使其积累了大量货币财富。从封建社会向资本主义社会过渡时期，高利贷为资本主义生产方式的形成提供了物质基础。同时，大量的小生产者沦为无产者，从而形成了资本主义生产方式赖以生存的社会基础——雇佣工人。但高利贷只能促进资本主义生产方式的形成，并不能创造新的生产方式，由此产生了新型资产阶级反对高利贷的斗争。经过长期发展，现代信用随着现代银行的出现而逐渐建立。

2. 现代信用形式

随着商品货币经济的不断发展，信用也越来越发达。可以说，经济越发展，信用越发达；反之，信用越发达，经济越发展。现代经济就是信用经济。

信用涉及现代社会经济生活的各个方面，无论是国内经济交往还是国际经济交往，无论是居民、企业还是政府和金融机构之间都普遍存在着信用关系，信用形式也多种多样。

三、信用的表现

信用作为一种借贷行为，可表现为直接信用和间接信用。

1. 直接信用

直接信用是指资金供求双方借助金融工具直接实现资金转移的信用活动。

直接信用的主体，一是资金的供给者即债权人，二是资金的需求者即债务人。直接信用是债权人和债务人之间直接发生的债权债务关系，而不需要任何金融机构作为媒介。如商业信用、国家信用、民间信用等，都是直接信用。

2. 间接信用

间接信用是指资金供求双方通过金融机构进行资金转移的信用活动。

间接信用的主体有三方，即资金供给者、资金需求者和金融机构。间接信用反映了三个行为主体间的债权债务关系：一是资金供给者与金融机构之间的债权债务关系；二是金融机构与资金需求者之间的债权债务关系。在这里，金融机构起着信用中介的作用。从负债角度看，金融机构是资金供给者的债务人；从资产角度看，金融机构又是资金需求者的债权人。如银行信用就是典型的间接信用。

直接信用和间接信用既有联系又有区别。二者的联系表现为：二者都属于信用的表现，是一个问题的两个方面；直接信用在一定条件下可以转化为间接信用，如商业票据向银行贴现等。二者的区别表现为：资金从债权人流向债务人时，是否有金融机构的参与并充当信用中介。

四、信用的职能

从信用的产生和发展可以看出，信用是经济社会尤其是现代经济社会所不可缺少的重要基础。

1. 再分配资金

信用能将社会各方面的闲置资金汇集起来，形成一股巨大的资金力量，有力地促进资本的集聚和集中，然后通过贷款等方式投向需要资金的方面，使广大的工商企业得到生产经营所需的资金。没有信用活动，任何经营者只能用其自身有限的资金来发展其事业，这显然是不利于生产经营规模扩大的。信用活动能使资本积累在更大规模和更快速度下进行，使社会生产不断向前发展。

2. 创造信用工具

在现代信用制度下，商品可以赊销赊购，这加快了商品价值的实现过程，缩短了流通时间；建立在银行信用基础上的各种票据的使用，使转账结算代替了现金流通，既便利了商品流通，又节省了大量费用。信用工具的创造，能促进商品周转的加速和流通费用的节省。

3. 调节货币流通

作为最重要的信用形式的银行信用，与货币流通有着不可分割的内在联系。流通中的货币是由银行信用方式提供的，如果银行信用扩张，流通中的货币供应量就会增加；如果银行信用收缩，流通中的货币供应量就会减少。银行信用是货币流通的调节器。而在当代市场经济条件下，货币流通贯穿于社会经济生活的全过程，因而信用对货币流通的调节也就是信用对社会经济生活的调节。

可以说，信用正在渗透整个经济生活领域，对市场经济发展起着重要的推动作用。随着市场化和经济全球化的发展，信用的方式正在发生着革命性的变化。新经济和网络经济的迅猛发展使市场对信用的需求越来越大，信用在市场经济中的基础地位也越来越突出。

任务二　信用的形式

信用按其主体或内容的不同，分为六种形式：商业信用、银行信用、国家信用、消费信用、国际信用和民间信用。

一、商业信用

（一）商业信用概述

商业信用是指企业之间相互提供的、与商品交易相联系的一种信用形式。它包括企业之间以赊销、分期付款等形式提供的信用，以及在商品交易的基础上以预付定金、预付货款等形式提供的信用。商业信用是现代经济最基本的信用形式。商业信用工具主要是商业汇票和商业本票等，它可以直接用商品提供，也可以用货币资金提供，但必须和商品交易直接联系在一起，这是它和银行信用的主要区别。

商业信用是历史上最早出现的信用形式。早在奴隶社会和封建社会时期，在简单商品生产条件下，商品生产者和经营者之间发生相互赊欠行为，商业信用便产生了。商业信用在资本主义时期最早是由再生产的资本家互相提供的信用，随着社会化大生产的发展，商业信用得到了巨大发展。商业信用发展到现代，最典型的形态是工商企业之间在进行商品交易时所提供的信用。

商业信用的主要特点有：

1. 分散性

商业信用是企业与企业之间直接提供的、无须通过中间环节统一集中的信用形式。而这些商业信用的主体即债权人和债务人都是分散在各地区、各部门的生产经营者。

2. 商品性

商业信用是在商品买卖过程中发生的，是与商品交易直接联系的信用。它提供的信用客体不是暂时闲置的货币资本，而是处于再生产过程中的商品资本，因而它的使用受商品使用价值流转方向的限制，这也是商业信用与其他信用形式最本质的区别。

3. 自由性

商业信用是企业与企业之间发生的直接信用，企业有很大的自主权，使得它所形成的资金运动和物质运动都有较大的自由性甚至盲目性。

（二）商业信用的作用与局限性

1. 商业信用的作用

在现代市场经济中，商业信用的充分发展使其成为现代信用的基础。商业信用之所以能在商品经济中得到巨大发展，是由商业信用本身的作用决定的。商业信用的作用主要有：

（1）保证社会再生产的顺利进行，如某些缺乏资金的企业可以通过信用购买原材料，以保证再生产的进行。

（2）提高商品的流转速度，加速资本的周转和循环，提高经济效益。因为一些暂时缺乏资金的企业也可以成为现时的购买者了，对于企业来说，加快了商品价值的实现，从整个社会来看，经济效益得到了提高。

（3）加强了企业之间的联系，有利于企业之间的相互监督。

2. 商业信用的局限性

商业信用也存在局限性，主要表现在以下几个方面：

（1）商业信用的规模受到限制。

商业信用是企业之间相互提供的信用，会受到企业本身资本规模的限制。一方面企业本身拥有的资本量是有限的，另一方面企业不能按其全部资本额来提供商业信用量，所以商业信用能提供的资本量是很有限的，大额的信用量不可能通过商业信用来满足。

（2）商业信用的范围和流转方向受到限制。

商业信用仅存在于商品直接供求的双方，而且一般是在经常往来、相互了解的企业间进行。另外，企业之间商品的流转方向也是一定的，只能是上游企业贷给下游企业。比如，赊销只能是生产商品的企业向需要购买该种商品的企业提供信用，而不能倒过来。

（3）商业信用的信用期限受到限制。

由于企业暂时闲置资金的时间很短，如果以商品形态贷出的资本不能很快以货币形态收回，就会影响产业资本的正常循环周转。所以，商业信用只能是到期信用。

（4）商业信用的供求受到经济周期波动的影响。

因为商业信用的规模取决于企业的生产经营规模，而企业的生产经营规模又受到经济周期波动的影响（比如，在经济繁荣时期，生产和需求都很旺盛，企业商品销售量增大，商业信用的规模就会增大；反之，在经济衰落时期，生产和需求都很疲软，商品销售不畅，商业信用的规模也随之缩小），所以，商业信用可能使企业在不了解市场供求的情况下盲目地扩张生产或经营，使再生产不顾需求的数量与结构而盲目扩大，并形成债权与债务链条。一旦某一企业发生偿债困难，就会对债权企业产生连锁影响，甚至可能使一系列企业都陷入债务危机之中。

二、银行信用

（一）银行信用概述

银行信用是指银行和其他金融机构通过组织存款、以货币形式发放贷款等多种业务形式组合起来的货币形态的信用。

银行信用是在商业信用发展到一定阶段后产生的，对商品经济的发展起着巨大的推动作用。银行信用工具主要是银行票据、支票、大额可转让存单、信用证等。

在银行信用中，银行和其他金融机构是信用活动的中间环节，是媒介。从负债角度看，银行是资金供给者的债务人；从资产角度看，银行又是资金需求者的债权人。货币资金的供给者和需求者通过银行这一信用中介实现了资金的余缺调剂。

银行信用克服了商业信用的局限性，具有以下特征：

1. 集中性

从融资方式看，银行信用属于间接融资，其主要形式是吸收存款、发放贷款，资金供给者和资金需求者不是直接进行借贷，而是通过银行形成借贷关系。银行能把社会各方面的闲置资金集中起来，积少成多，续短为长，从而形成巨额的借贷资金。

2. 货币性

银行信用是以货币形式提供的，由于货币具有与一切商品进行交换的能力，因而银行信用不受商品流转方向的限制，可以以货币形式向各个方面提供不同额度和不同期限的信用，并能在更大程度上、更大范围内满足生产经营等的需要。

3. 政策性

通过银行信用形成巨大的借贷资金，生产经营者的货币收付大部分通过银行进行，从银行账户上数字的变动可以及时、全面地反映国民经济活动，且银行信用本身的活动要受到国家金融政策的制约，这使银行能站在宏观经济的高度面对各方面的资金需要而进行有选择的资金分配。银行可以根据政府的经济政策、经济效益和社会效益来确定贷款规模、贷款结构、利率水平等。

银行信用的以上几个特征，无论在规模、范围还是期限、管理上等都优越于商业信用，因而成为世界各国广泛采用的居于主导地位的信用形式。

（二）银行信用的优越性

银行信用是在商业信用普遍存在的基础上产生的。由于商业信用不能完全适应现代经济发展的需要，为了克服它的局限性，银行信用在经济发展过程中逐渐发展起来，并和商业信用一起构成经济社会信用体系最基本的部分。与商业信用相比，银行信用有自己的特点，在功能上也具有某些优越性。银行信用的优越性主要有：

1. 能够有效聚集社会上的各种资金

银行信用不仅能够聚集企业再生产过程中暂时闲置的货币资本，还可以把社会各阶层的货币储蓄转化为资本，形成巨额的借贷资本，从而克服了商业信用在数量上的局限性。

2. 规模广，范围大，灵活性强

（1）银行信用供求会受到宏观经济环境的影响，但是不完全受它的限制。比如，在经济萧条时期，企业有可能为了防止破产和清偿债务而增加对资金的需求；在经济衰退时期，可能会有大批企业资本不能用于生产而转化为借贷资本，造成借贷资本过剩。所以，银行信用克服了商业信用受经济运行周期限制的局限性。

（2）银行信用有期限上的灵活性，既可以提供短期信用，也可以提供长期信用，从而克服了商业信用在期限上的局限性。

（3）银行信用在商品流转方向上具有灵活性。由于银行信用是以单一的货币形态提供的，因此可以不受货币流转方向的限制，能向任何企业、任何机构、任何个人提供银行信用，从而克服了商业信用在范围和提供方向上的局限性。

3. 具有广泛的接受性

银行和其他金融机构具有很高的社会信誉，它们的很多债务凭证具有广泛的接受性，被视为货币，能够充当流通手段和支付手段。而商业信用中企业的信用度相对于银行而言要小得多，所以企业经常要通过银行担保等方式来提升自己的信用。

4. 可控性强

社会资金以银行为中心集散，国民经济的各个部门、各个地区无一不与银行有着密切联系，因而易于统计、控制和管理。中央银行可以通过经济手段、行政手段和法律手段对银行信用的规模、数量和方向进行调控。比如，银行信用具有创造信用的功能，可以通过调控银行信用规模来调控整个社会的信用规模。所以以银行为信用中介，可以反映国民经济的情况，促进国民经济发展。

我国在改革开放之前，银行信用一直是最基本的信用形式，甚至是唯一形式。改革开放之后，信用形式从单一的银行信用趋向多元化，但银行信用仍然是我国的主体信用形式。

三、国家信用

（一）国家信用概述

国家信用是国家以债务人的身份，依据信用原则，发行债券筹集资金而发生的信用。广义的国家信用还包括国家以债权人的身份发放的财政贷款或政府贷款。这里主要指狭义的国家信用，即国债。

国家信用也称财政信用，它既属于信用体系范畴，也属于财政体系范畴，其主要形式是国家公债。按发行范围，国债可分为国内国债和国外国债。国内国债（内债）是国家向国内的居民、企业、社会团体等发行债券筹集资金的信用形式；国外国债（外债）是国家以债务人身份向国外的居民、企业、社会团体、国际金融机构、外国政府等发行债券或取得借款的信用形式。

国家信用的债权人是拥有国家债券的单位和个人，债务人为政府；国债所筹集的资金由国家统一掌握使用，是经济生活中不可忽视的重要因素，发挥着特殊的作用，如调节财政收支的不平衡、调节货币流通等。

国家信用的特点有：

（1）国家信用的债权人或债务人中有一方是国家。

（2）国家信用的流动性强、信用风险小、安全性高。政府的债券是以财政收入作为偿还保障的，所以信誉度高、流动性强，让投资者更有安全感。

（3）国家信用与银行信用关系密切，国家信用依赖于银行信用的支持。国家信用一般由金融机构代理发行债券，并且金融机构的部分资金直接或间接地投资于国家债券。二者有相同的资金来源，在社会闲散资金总量一定的条件下存在此消彼长的关系。

（4）国家信用不以营利为目的，是调节收支不平衡的手段。如预算赤字时，国家可以通过发行公债来弥补赤字，也可以通过发行国际债券来弥补收支逆差。

（5）国家信用是调节经济、实现宏观调控的重要杠杆。国家通过发行债券可以广泛动员各方面的资金，引导社会资金流向，促进国民经济结构更加合理。此外，中央银行通过公开市场业务买卖政府债券，是调节货币供求的一种货币政策。

（6）国家信用还存在强制性，如在战争等特殊情况下。

（二）我国的国家信用

为了应对由美国次贷危机引发的全球性金融危机，2009 年 3 月 8 日时任国务院总理温家宝在《政府工作报告》中指出，国务院同意地方政府发行 2 000 亿元债券，由财政部代理发行，列入省级预算管理。同年 3 月 19 日，财政部公布了《2009 年地方政府债券预算管理办法》，明确地方政府债券收入可以用于省级（包括计划单列市）直接支出，也可以转贷市、县级政府使用。财政部同时表示，怎样建立管理规范、运行高效、风险可控的地方政府债务管理制度和运行机制已成为今后一段时期研究的主要内容。但是，现在很多专家学者仍旧对发行地方政府债券存有疑虑，认为地方政府发行债券必须要受到一定的约束，同时监管也是必不可少的。

四、消费信用

（一）消费信用概述

消费信用是企业或金融机构对消费者个人提供的信用，主要是为消费者购买耐用消费品、接受教育、家居装修等提供服务。它具有以自然人为贷款对象、条件宽松、用途广泛、手续简便等特点。

消费信用的具体形式有商品赊销、分期付款、信用卡、消费信贷四大类。前两类类似于商业信用，后两类类似于银行信用，所不同的是，消费信用的接受者是消费者个人。

1. 商品赊销

商品赊销是零售商对消费者提供的短期消费信用，即以延期付款方式销售。

2. 分期付款

分期付款是销售者给消费者提供的信用，常用于消费者购买耐用消费品而又无法一次性支付所有货款时。其操作程序是：先由消费者与销售者签订分期付款合同，然后销售者交付货物，消费者在合同规定的时间内按期缴纳相应的金额。分期付款一般为中期信用。

3. 信用卡

信用卡是银行（或信用卡公司）对信用良好的人签发的可在指定商店或场所进行记账消费的一种信用凭证。它具有先消费、后付款的特点。

4. 消费信贷

消费信贷是银行或其他金融机构直接贷款给个人，用以购买住房和耐用消费品等相对大额和长期的贷款种类。消费信贷按是否需要抵押，可分为信用贷款和抵押贷款。信用贷款无须任何抵押品，抵押贷款需要提供担保品，一般为中长期信用。

（二）消费信用的作用

1. 促进生产，改善社会消费结构

消费信用可以扩大商品销售，减少商品积压，促进社会再生产。消费信用既能够促进消费，又能带动生产，所以消费信用可以促使消费市场更好地发挥对生产的引导作用，改善社会消费结构。

2. 提高消费效用

消费信用可以促使人们提前消费，更好地规划自己的长期消费计划，从而提高消费效用。而且，消费信用能够使消费者购买那些暂时不能支付却迫切需要使用的东西，使长期消费计划成为可能。比如，预先购买一套房子住一辈子，到老还清贷款的效用，肯定高于到老终于能买成房子的消费效用。

3. 刺激内需，拉动经济增长

消费信用必然会促使人们增加消费，消费又能刺激投资，投资又能拉动经济增长，所以可以利用消费信用来拉动经济增长。

但如果消费信用过度或失控，会使生产盲目扩张，从而加深生产和消费的矛盾。因此，消费信用也应控制在适度的规模内。

（三）我国的消费信用

我国商业银行开展了品种繁多的消费信用业务。目前一些商业银行开展的消费信用主要有：

（1）个人住房贷款，即商业银行向借款人发放的用于购买住房的消费贷款。

（2）汽车消费贷款，即商业银行向借款人发放的用于购买汽车的消费贷款。

（3）教育助学贷款，即商业银行向借款人发放的用于借款人自己或其法定被监护人就读规定学校所需学杂费用的消费贷款。

（4）家居装修贷款，即商业银行向借款人发放的用于借款人自用家居装修的消费贷款。

（5）旅游度假贷款，即商业银行向消费者个人发放的用于参加贷款人认可的各类旅行社组织的国内外旅游所需费用的消费贷款。

（6）大额耐用消费品贷款，即商业银行向消费者个人发放的用于购买大额耐用消费品的消费贷款。

（7）个人存单质押贷款，即以客户未到期的定期储蓄存单做质押，从银行取得一定金额的贷款，并按期偿还贷款本息的一种存贷结合业务。

（8）小额信用消费贷款，即商业银行向资信良好的借款人发放的用于正常消费和劳务等费用支付的消费贷款。

消费信用实际上就是个人负债消费。在我国，人们对此往往持谨慎的态度。但随着经济的发展、信用制度的完善、人们观念的改变、消费结构的变化等，我国的消费信用得到了较快的发展，且具有很大的发展潜力。

消费信用能在一定程度上缓解消费者有限的购买力与生活需要之间的矛盾，能更好地改善人们的生活，更好地促进商品的生产和销售，尤其是在经济紧缩、市场疲软时期。当然，过量地发展消费信用也会导致信用膨胀，因而要注意消费信用的合理规模。

五、国际信用

（一）国际信用概述

国际信用是指国与国之间的企业、金融机构、政府等相互提供的信用，以及国际经济组织向各国政府、银行、企业提供的信用，它反映的是国与国之间的借贷关系。随着经济全球化的发展，一国的商业信用、银行信用、国家信用等扩展到世界范围就成了国际信用。国际信用的主要特点是规模大、风险大、交易更加复杂和方向具有不对称性。

（二）国际信用的具体形式

1. 国际商业信用

（1）来料加工。

来料加工是指由出口国企业提供原材料、设备零部件或部分设备，在进口国企业加工，成品归出口国企业所有，进口国企业从原材料和设备中扣留一部分作为加工费。

（2）补偿贸易。

补偿贸易是指出口方在进口方外汇资金短缺的情况下，将机器设备、技术和各种服务提供给进口方，待项目建成投产后，进口方以项目的产品或双方商定的办法清偿贷款。补偿贸易的偿付期限由双方商定。

2. 国际银行信用

（1）出口信贷。

出口信贷是由出口方银行给进口方提供的信用。由于交易金额比较大，进口方通常无法马上付清所有的货款，因此出口方银行就给进口方提供贷款。通常贷款是有指定用途的，必须用于购买出口方的商品。这种给买方提供的贷款又称为买方信贷。另外还有卖方信贷，就是把贷款提供给卖方，因为出口方如果不能及时收到货款就可能会发生资金周转困难。出口信贷能够帮助一国促进其出口的增加。

（2）进口信贷。

进口信贷可以分为两种：一种是进口方银行给进口方提供信用；另一种是进口方向国外的银行申请贷款。进口信贷的目的主要是支持进口。

（3）国际的银行贷款。

国际的银行贷款是指商业银行、银团、大公司、企业及其他金融机构在国际市场上进行的借贷活动，它由一国借款人向另一国的银行直接借款。这种国际银行信用形式和出口信贷的不同点是，借款人可以自由使用贷款，手续也相对简单，但是它的借款利率相对高些。

3. 国际政府信用

从政府作为债务人的角度看，国际政府信用通常是指由财政部出面借款的信用形式，其特点是：利率较低，期限较长，通常用于非生产性支出。从政府作为债权人的角度看，国际政府信用一般是指一国政府以其国库资金向他国政府提供的具有援助性质的贷款。这种贷款的条件一般比较优惠，但是附加条件比较多。

4. 国际金融机构信用

国际金融机构信用主要是指联合国所属的国际金融机构或区域性开发银行对其会员国提供的信用。这些机构主要包括国际货币基金组织、世界银行、国际开发协会、亚洲开发银行等，这些国际金融机构按各自设置的宗旨，对会员国提供各种特定用途的贷款。

我国自改革开放以来，充分利用国际信用，积极引进外资、外国先进技术和先进管理经验，从而缓解了国内建设资金的不足，加快了经济建设速度，促进了社会主义市场经济的发展。

六、民间信用

民间信用是指居民个人之间以货币或实物形式所提供的信用，主要是为适应居民个人之间解决生活和生产等方面的费用需要而产生的。在我国农村，民间信用由来已久，普遍带有高利贷性质。改革开放以来，随着经济的发展尤其是个体经济和私营经济的发展，民间信用得到了较大的发展，资金使用方向也发生了重大变化。民间信用是银行信用和国家信用的重要补充，但国家必须给予正确引导。

民间信用是一种比较广泛存在的私人间短时间融通资金的方式，很长时间以来一直运用于日常生活中，这对方便居民生活、促进社会发展起到了一定的积极作用。但是，由于民间信用是资金在金融管理秩序外的循环，缺乏一定的监控机制，既不便于国家对货币流通的控制，又为一些别有用心的人滥用自己所掌握的资金从事非法集资、放高利贷提供了可乘之机，因此法律对民间信用的利率有限制性规定：

（1）民间信用的利率可以高于银行利率。

（2）民间信用利率的最高限额是同类贷款利率的4倍。

（3）复利计息原则是不允许的。若依复利计息，则不得违反（2）的规定。

（4）超过限定最高利率的部分，法律不予保护。不予保护的含义是：当事人因民间信用发生纠纷时，法律只承认相当于同类贷款利率4倍的民间贷款利率，超过部分，若借款人愿意偿还，则法律不予禁止；若借款人无力偿还，则法律免除其对此部分的偿还责任。对出借人而言，若其实际所得利息不及双方约定的（没有超过同类贷款利率的4倍），则可以要求借款人依照约定偿还；若约定利率低于同类贷款利率的4倍，则按实际利率计算偿还，而高于同类贷款利率4倍的，则只能按4倍偿还。

七、信用形式间的关系

各种信用形式既相互独立又相互制约，从而构成一个完整的信用体系。它们的联系是多方面的，甚至是交错的。银行通过购买政府债券和办理政府债券的贴现，使得银行信用与国家信用联系起来；通过办理商业票据贴现，银行信用与商业信用联系起来；工商企业和银行都可提供消费信用，使得消费信用、银行信用、商业信用三者交叉在一起；民间信用同银行信用、消费信用、商业信用，甚至国家信用都存在着相互制约、此消彼长的关系。这些关系进一步反映了信用形式产生于商品经济之中又服务于商品经济的属性。当然，在信用形式的多种关系中，以银行信用为主控点，银行信用规模的大小及其利率的高低影响和制约着其他信用形式的规模与状况。

任务三 利息和利率

一、利息

信用作为一种借贷行为，借者必须要偿还本金和支付利息。利息和利率是与信用相伴随的经济范畴。

利息是债权人因贷出资金的使用权而从债务人手中取得的报酬。或者说，利息是借款人因使用贷款而支付给贷款人的代价。实际上，也就是借贷资金的“价格”。在借贷资金市场上，由借贷双方力量的共同作用形成借贷资金的“市场价格”。

计算利息的基本公式为

$$利息=本金\times期限\times利率$$

从利息的来源看，利息是剩余价值的转化形式。利息虽然产生于借贷关系，但实质上是利润的一部分。利润是劳动者为社会创造的剩余价值的表现形式，所以，利息是剩余价值的转化形式。

利息是利润的一部分，也就成为社会总产品的组成部分，是社会一定时期财富的增加。借者凭借货币资本的使用权增加了财富，贷者凭借货币资本的所有权要求对财富加以分配，从而使利息成为社会财富的分配形式。

二、利率的种类

利息水平的高低是用利率即利率来表示的。所谓利率，就是借贷期限内所形成的利息额与所贷资金额（本金）的比率。利率按不同的标准可划分为不同的类别，各种不同的利率构成一个利率体系。也就是说，在发达的市场经济条件下，利率呈多样化，各种利率之间存在着密切的联系。

（一）基准利率和非基准利率

按在利率体系中的地位和作用，利率可分为基准利率和非基准利率。

基准利率是指在整个利率体系中处于关键地位，起决定性作用的利率。它是带动和影响其他利率的利率，是决定利率政策和构成利率体系的中心环节。它的变动可预示利率体系的变动趋势，甚至在某种程度上影响人们的预期，有所谓的告示性效应。西方国家通常把中央银行的再贴现率作为基准利率，即中央银行向其借款银行收取的利率。目前我国的基准利率是指中国人民银行对商业银行的再贷款利率。随着货币政策工具的转换，中央银行的再贴现率将逐步成为我国利率体系中的基准利率。

非基准利率是指基准利率以外的其他利率，它在利率体系中不处于关键地位，不起决定性作用。当然，在所有的非基准利率中，它们各自的地位、作用也有一定的区别。

（二）市场利率和官定利率

按利率的确立方式，利率可分为市场利率和官定利率。

市场利率是受市场供求规律影响而自由变动的利率。官定利率是由政府金融管理部门或中央银行确定的利率。市场利率和官定利率相互影响、相互制约。官定利率在一定程度上对市场利率起导向作用，但官定利率的制定也要参照当时的市场利率。一般来说，市场经济越发达的国家，市场利率所占比重就越大。

我国目前的利率，市场化程度很低，基本上属于官定利率。因而，官定利率是我国目前中央银行体制的利率体系和利率政策中最大量的部分。官定利率包括多种存款利率和贷款利率，各项存、贷款利率又按期限、种类的不同被划分为不同的档次。随着社会主义市场经济体制的不断完善，我国的市场利率范围将不断扩大。

（三）名义利率和实际利率

按是否考虑通货膨胀，利率可分为名义利率和实际利率。

名义利率就是市场现行的利率。实际利率是名义利率扣除通货膨胀率后的真实利率，相当于物价水平不变、货币购买力不变条件下的名义利率。实际利率、名义利率和通货膨胀率的关系用公式表示为

实际利率＝名义利率－通货膨胀率

或者：

名义利率＝实际利率+通货膨胀率

可见，在通货膨胀的情况下，市场上的各种利率都是名义利率。名义利率也可以被认为是包括对债权人通货膨胀风险补偿的利率。在利率自由变动的市场经济条件下，名义利率的变动取决于对实际利率的预期与对通货膨胀的预期。

（四）固定利率和浮动利率

按借贷期内利率是否调整，利率可分为固定利率和浮动利率。

固定利率是指在整个借贷期内固定不变的利率。实行固定利率，对于借贷双方准确计算成本与收益十分便利，是传统采用的方式。但在通货膨胀条件下，实行固定利率，对债权人尤其是对长期放款的债权人会造成较大的损失，因而目前的借贷活动中越来越多地采用浮动利率。

浮动利率是指在整个借贷期内可做调整的利率。根据借贷协议，在规定时间内依据某种市场利率进行调整，一般调整期为半年。浮动利率虽然可减少债权人的损失，但因手续繁杂、计算依据多样等而使计算较麻烦，因此多用于三年以上的借贷及国际金融市场。

（五）单利和复利

按计算方法，利率可分为单利和复利。

单利是指只按本金计算利息，所生利息不再加入本金计算利息。复利是指按一定期限，将所生利息加入本金逐期滚算，重复计息。

与单利相比，复利更符合利息的定义和计算利息的方法。当然，对短期信用来说，单利计息也有其方便之处。

（六）一般利率与优惠利率

按是否有优惠性质，利率可分为一般利率和优惠利率。

一般利率是指不带任何优惠性质的利率。优惠利率是指政府通过金融机构或金融机构本身对认为需要扶持的企业、行业所提供的低于一般利率水平的利率。我国目前的优惠利率主要是对老少边穷地区发展经济的贷款，对重点行业的基本建设贷款，出口贸易贷款等。

在国际金融领域，外汇贷款利率常以伦敦同业拆借市场的利率为标准，低于该利率者称为优惠利率。优惠利率对于实现国家的产业政策有重要的作用。当然，优惠利率也不能滥用，否则会造成一些消极后果。

（七）年利率、月利率和日利率

按计算利率的不同期限单位，利率可分为年利率、月利率和日利率。

年利率，又称年息率，是用本金的百分之几来表示的。

月利率，又称月息率，是用本金的千分之几来表示的。

日利率，又称日息率，习惯叫“拆息”，是用本金的万分之几来表示的。

年利率、月利率和日利率之间可以换算。

此外，利率还可以分为长期利率与短期利率、存款利率与贷款利率等。

三、决定和影响利率变动的因素

（一）平均利润率

马克思的利率决定理论认为：利率取决于平均利润率，这一论点是以剩余价值在不同资本家之间分割作为起点的。马克思认为，利息是贷出资本家从借入资本家那里分割的一部分剩余价值。剩余价值表现为利润，因此，利息量的多少取决于利润总额，利率取决于平均利润率。

按照马克思的利率决定理论，利率与平均利润率是同方向运动的。也就是说，利率是随平均利润率的提高而提高，随平均利润率的降低而降低的。利率波动到底有多大，其上下为：平均利润率>利率>0。利率的上限必须低于平均利润率，否则工商企业借款经营将无利可图；利率的下限必须大于0，否则银行及其他金融机构贷款将无利可图。因而，利率的变化范围是在平均利润率和0之间。

（二）借贷资金供求状况

借贷资金供求状况是影响市场利率最直接、最明显的因素。在市场经济条件下，利率作为特殊的商品——借贷资金的价格，其水平高低随资金供求状况的变动而变动。当市场上借贷资金供应紧张时，利率就会上升；反之，利率就会下降。

在我国，随着经济体制和金融体制改革的不断深入，借贷资金供求状况对利率水平的影响越来越大，这将有利于对资金这一生产要素的合理配置。

（三）物价变动情况

物价变动情况往往用通货膨胀率来反映。利率与通货膨胀率紧密相关，通货膨胀率提高，利率水平也要相应提高。在通货膨胀条件下，若不提高名义利率，则实际利率必然下降，从而影响借贷资金的来源和贷款人的经济利益。若实际利率为零，则利率杠杆作用将消失；若实际利率出现负数，则会对经济生活产生消极影响。

（四）国家经济政策

利率水平要能适应国家对宏观经济调控的要求。如果国家实行扩张性的货币政策，利率总水平就要下降；如果国家实行紧缩性的货币政策，利率总水平就要提高。对国家鼓励发展的一些产业如交通、能源等可制定优惠利率，以促使其快速发展。

（五）国际金融市场利率水平

在世界经济一体化的今天，国际金融市场利率水平及其变动趋势必然对一国利率水平有很强的示范效应。尽管我国实行外汇管制，但国际金融市场利率仍然会影响我国利率，在制定利率时应充分考虑这一因素。

影响利率变动的因素还有许多，如借贷风险、借贷期限、利率管制、税率和汇率等。任何一个时期的一项具体利率，总是由多种因素综合决定的。

四、个人储蓄利息的计算

所谓利率，就是在单位时间内所得利息额与原借贷金额（储蓄本金）之比，一般用百分数表示。这里所说的利息，是指在借贷过程中，银行应按一定比率支付给储户的超过本金（原借贷金额）的部分。

1. 我国储蓄利率概述

目前，我国储蓄实行的是月利率，活期存款和协定存款按季度结息。实行实际天数积数法，每季度末月的 20 日为结息日，利息在 21 日转入本金。通知存款的每笔支取金额，利随本清。定期存款计息时间的计算方法：一年按 360 天算，一个月按 30 天算，利随本清。

2. 储蓄利率的种类及其相互换算

由上文可知，利率有年利率、月利率、日利率，年利率、月利率、日利率的换算关系为

年利率＝月利率×12 或日利率×360

月利率＝年利率÷12 或日利率×30

日利率＝年利率÷360 或月利率÷30

3. 储蓄利息的计算

依照我国的有关规定，对于各种储蓄存款以元为计息单位，元以下的角、分不计利息。储蓄存款的存期从存入日算起，到支取日前一天止，存入日当天计息，支取的当天不计息。利息的尾数计算至分位，分以下四舍五入。各种定期储蓄存款，在原定的存期内，如遇利率调整，不论调高调低，均按开户日存单所定利率计算利息，不分段计息；活期储蓄存款，遇到利率调整，不分段计息，每个季度末月 20 日结算日以持牌公布的利率计算利息，支取全部活期储蓄存款以支取日挂牌公告的活期存款利率计算利息。各种定期储蓄存款，逾期支取或部分提前支取，均按支取日挂牌公告的活期存款利率计付利息（通知存款除外）。

储蓄利息的基本计算公式为

利息=本金×存期×利率

其中

存期=支取年月日−存入年月日（注：每年统一按360天算，每月统一按30天算）

课后练习题

1. 简述银行信用的优越性。
2. 简述信用的形式。
3. 决定和影响利率变动的因素有哪些?

项目十二

中央银行

学习目标

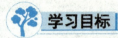

1. 了解中央银行的产生与发展。
2. 掌握中央银行的特征和职能。
3. 掌握中央银行的类型。
4. 了解中央银行的业务。

任务一 中央银行概述

中央银行其实也是一种专业银行，是专门从事银行券发行的银行。

一、中央银行的产生与发展

（一）中央银行的产生

最早的银行就是商业银行。后来，在市场经济发展进程中，出现了一些大银行。它们拥有大量资本并在全国范围内具有很高的信用，这些银行所发行的银行券在流通中排挤了小银行的银行券。同时，由于存款业务的发展，一般的商业银行已逐渐可以不依靠银行券的发行来扩大信用业务，于是，就形成了银行券集中发行的客观经济基础。在此基础上，国家逐步用法令限制或取消了商业银行的发行权，并把发行权集中于一个或少数几个发行银行。

此后，发行银行逐渐放弃直接对企业的信贷业务，而主要或专门与商业银行和国家往来。由于发行银行在金融市场的地位日益提高，许多商业银行逐渐把现金准备的一部分存入银行，因此它们彼此之间的清算也就通过发行银行来完成。当商业银行本身感到现金不足时，则可以得到发行银行信用上的支援。这样，发行银行就逐渐转化为中央银行，也就是所谓的银行的银行。

“中央”一词无论在中文里还是外文里都是“中心”的意思，这个中心的形成也有一个产生和发展的过程，绝非由人为决定。虽说瑞典的里克斯银行是最早执行中央银行职能的银行，但一般公认，1694 年英国建立的英格兰银行最具有现代中央银行的典型特征。英格兰银行建立时，是一家股份制形式的商业银行，当时它虽拥有银行券的发行权，但并不是全国唯一的银行券发行银行，也就是说，它当时还没有成为银行金融业务中心。即使到 1844 年通过著名的《英格兰银行条件》(《比尔条例》)，英格兰银行也没有完全垄断银行券的发行权。到了 19 世纪，市场经济有了相当大的发展，随之而来银行业高度发展，逐渐形成和突出了英格兰银行的中心地位。到 19 世纪后期，英格兰银行垄断了银行券的发行权，成为全部银行的最后贷款者，成了名副其实的中心银行，即中央银行。

(二) 中央银行的发展

由于各国历史发展的特点不同，因此各国的发行银行是在不同时期取得中央银行资格的。在英国，市场经济的发展早于其他国家，英格兰银行在 1694 年就已经产生，但直到 19 世纪后期它才独占银行券的发行权和确立中央银行的地位。在德国，因为市场经济发展较晚，到 1875 年才把原来的普鲁士银行改组成为国家银行，普鲁士银行成为国家银行后不久(20 世纪初叶) 便成为中央银行。德国的这种情况是由德国市场经济飞跃式的发展所决定的。根据 1913 年美国国会通过的联邦储备法，美国全国划分为 12 个区，每区设立一个联邦储备银行，这些银行掌握着银行券的发行权并集中商业银行的现金准备。在它们之上有一个联邦储备局，负调节与监督之责，这就是美国形式的中央银行制度。

二、中央银行的特征和职能

(一) 中央银行的特征

中央银行是一国金融体系中居于核心地位的、代表政府进行金融管理和调控的金融机构，其基本特征主要表现在以下几个方面：

1. 不以营利为目的

中央银行有自身的业务活动，也会取得一些利润，但营利不是目的。中央银行以金融管理和调控为己任，稳定货币、促进经济发展是其宗旨。

2. 不经营普通银行业务

中央银行的业务对象是政府和商业银行等金融机构，不办理一般企业、单位和个人的存贷款、结算业务。

3. 资产流动性高

中央银行持有具有较高流动性的资产，旨在灵活调节货币供求，确保经济、金融运行的相对稳定。

4. 不在国外设立分支机构

根据国际法的有关规定，一国中央银行在他国只能设置代表处而不能设立分行，不能在他国发行货币、经营商业银行的业务，不能与各国商业银行发生联系。

(二) 中央银行的职能

中央银行的职能一般可概括为三项：发行的银行、银行的银行和政府的银行。

1. 发行的银行

中央银行是发行的银行，指中央银行垄断银行券的发行权，具有货币发行的特权、独占权，是一国唯一的货币发行机构。因此，根据经济发展的客观情况，适时、适度地发行货币，调节货币供给量，为经济稳定增长提供良好的金融环境，中央银行责无旁贷。同时，中央银行应根据货币流通的需要，适时印刷、铸造、销毁货币，调剂地区间货币分布、货币面额比例，满足流通中货币支取的不同要求。

2. 银行的银行

中央银行是银行的银行，指中央银行通过对商业银行及其他金融机构办理存、放、汇等项业务，对它们的业务经营施以有效的影响。这一职能集中体现为中央银行应履行以下职责：一是集中保管存款准备金。商业银行及其他金融机构必须按吸收的存款的法定比例向中央银行缴存存款准备金。因此，集中统一保管商业银行及其他金融机构的存款准备金的制度，是现代中央银行制度中一项极其重要的内容。二是充当最后贷款人。所谓最后贷款人，是指中央银行为稳定经济、金融运行，向那些面临资金周转困难的商业银行及其他金融机构及时提供贷款，帮助它们渡过难关。中央银行作为最后贷款人提供贷款，主要通过票据再贴现和票据再抵押方式来实现，从而成为一国商业银行及其他金融机构的信贷中心。三是组织全国银行间的清算。因为商业银行都在中央银行开立存款账户，所以商业银行之间因业务办理产生的债权债务关系，就可以通过中央银行采用非现金结算办法予以清算，从而使得中央银行成为一国银行业的清算中心。

3. 政府的银行

中央银行是政府的银行，指中央银行为政府提供服务，是政府进行金融管理的专门机构。中央银行的这一职能主要体现在以下五个方面：一是经理国库，即经办政府的财政预算收支，充当政府的出纳；二是充当政府的金融代理人，代办各种金融事务，如代理国债的发行和到期国债的还本付息事宜；三是对政府提供融资支持，如向财政提供贷款，或直接购买政府债券；四是代表政府参加国际金融活动，进行金融事务的协调、磋商等；五是制定和执行货币政策。

任务二 中央银行的类型及业务

一、中央银行的类型

中央银行的类型可以归纳为四种：单一中央银行制、复合中央银行制、跨国中央银行制和准中央银行制。

1. 单一中央银行制

单一中央银行制是指一个国家单独设立中央银行机构，全面行使中央银行的全部职能的制度。这种类型的中央银行制度有两种具体情形：一是一元制，即一个国家只设立一家统一的中央银行，并形成由总行、分行、支行垂直隶属组成的中央银行体制。目前，世界上大多数国家的中央银行都采用这种体制，我国现在也是如此。二是二元制，即一国在国内设立中央和地方两级相对独立的中央银行机构，二者分别行使其职权。其中，中央级银行机构是最高权力与管理机构，地方级银行机构也有独立的权力。采用这种类型的国家有美国、德国等。

2. 复合中央银行制

复合中央银行制是指一个国家不单独设立专司中央银行职能的银行，而是把中央银行与商业银行的业务与职能集中于一家大银行的制度。我国在 1983 年以前实行这种制度。

3. 跨国中央银行制

跨国中央银行制是指由参加某一货币联盟的所有成员国共同组成中央银行的制度，如西非货币联盟、中非货币联盟、东加勒比海货币管理局、欧洲中央银行都属于这种制度。

4. 准中央银行制

准中央银行制是指一国或地区只设置类似于中央银行的机构，或者授权几个大的商业银行行使中央银行部分职能的制度。目前，新加坡、中国香港特别行政区等实行的就是准中央银行制。

二、我国的中央银行

中国人民银行是我国的中央银行，是国务院领导下制定和实施货币政策的国家机关。中国人民银行具有各国中央银行所具有的一般特征，是我国发行的银行、银行的银行和政府的银行。

根据 2003 年 12 月修正后的《中华人民共和国中国人民银行法》，中国人民银行的主要职责是：制定和执行货币政策；发行人民币，管理人民币流通；监督管理银行间同业拆借市场、银行间债券市场、银行间外汇市场、黄金市场等金融市场；持有、管理和经营国家外汇储备、黄金储备；经理国库；维护支付、清算系统的正常运行；指导、布置金融业反洗钱工作，负责反洗钱的资金监测；负责金融业的统计、调查、分析和预测；从事有关的国际金融活动。

1998 年以前，中国人民银行的分支机构按行政区划设置。1998 年按经济区域设立了九个跨省（自治区、直辖市）的大区分行，即上海、天津、广州、沈阳、济南、成都、武汉、南京、西安九大分行，各大区分行下设若干中心支行，并将北京分行和重庆分行改为总行内部的两个营业部。这些分支机构根据中国人民银行总行的授权，负责辖区内的金融管理工作，承办有关业务。

三、中央银行资产负债表

世界各国中央银行资产负债表各不相同，但其基本结构相近，概括起来可以分为以下两大方面：

（一）中央银行的负债业务方面

1. 流通中的通货

流通中的通货是指中央银行发行的由公众持有的纸币和各种辅币。这一项是中央银行重要的资金来源。例如，在美国联邦储备系统的资产负债表中，联邦储备钞票（流通中的通货）占全部负债的比重为60%；在英格兰银行的资产负债表中，流通中的货币占全部负债的比重为88%。

2. 政府部门的存款

政府部门的存款是指财政部和其他政府部门存在中央银行的款项。

由于中央银行是国家的银行，担负着为政府代理货币收支的任务，因此，政府部门的周转性货币资金必然存在中央银行的账户上。

3. 商业银行的存款

商业银行的存款包括两部分：一是商业银行上缴的法定存款准备金（在美国是指联邦储备系统的会员银行的准备金账户）。它是中央银行重要的资金来源。在美国，准备金存款占中央银行全部存款的87%。二是商业银行的超额准备金。这部分资金存在中央银行，只是为了使用中央银行的清算设施。

（二）中央银行的资产业务方面

1. 黄金及外汇储备

中央银行担负着为国家管理黄金和外汇储备的责任，而黄金和外汇储备，要占用中央银行资金，因此它构成中央银行资产项目的一部分。

2. 政府债券

政府债券是指中央银行购买的国家公债和国库券，它是中央银行资产项目中重要的一项。在西方各国，这一项是指中央银行参加公开市场业务而未销售出的债券。

3. 对商业银行贷款

各商业银行在资金不足时，可向中央银行申请贷款。这种贷款在西方一般使用再贴现的方式，即商业银行把未到期的商业票据到中央银行再贴现，以取得头寸。目前从美国的情况看，由于商业银行越来越多地保有政府债券，因此为方便起见，商业银行向中央银行借款往往以政府债券为担保。

四、中央银行资产负债表体现实施货币政策的渠道

中央银行资产负债表反映了中央银行的全部业务活动，反映了中央银行法定准备金率的变动，若提高法定准备金率，商业银行缴存的准备金增加，其贷款能力降低，从而压缩整个社会的信贷规模；反之，若降低法定准备金率，商业银行缴存的准备金减少，其贷款能力提高，从而扩张整个社会的信贷规模。

从资产项目看，政府债券是中央银行实施货币政策的一条重要渠道。中央银行持有政府债券额的变动，对商业银行的资金力量会产生十分重要的影响。中央银行在公开市场上出售政府债券，资产负债表上的政府债券减少，将会使得商业银行为购进政府债券而压缩其他金融资产，如压缩贷款，这样就缩小了整个社会的信贷规模。相反，中央银行在公开市场上购买政府债券，资产负债表上的政府债券增多，将会使得商业银行由于抛售政府债券而增加可用于贷款的资金力量，这样就使整个社会的信贷规模呈扩张趋势。

从资产业务的“对商业银行贷款”看，这也是中央银行实施货币政策的一条重要渠道。

中央银行对商业银行的贷款形成强力货币，具有高能量，它将以多倍的派生系数，引起商业银行信贷规模的变化。因此，掌握中央银行的贷款，就基本可以控制商业银行的信贷规模。对商业银行贷款的控制，可分为绝对量的控制和贷款成本的控制。前者主要是改变再贴现或抵押贷款的数量，后者是通过改变再贴现率或贷款利率来制约贷款数量。

总之，通过中央银行的资产负债表，可以观测货币政策各项工具之间的数量关系。因此，各国中央银行都力求设计出一个科学的、能够明确显示中央银行货币政策活动的资产负债表。

五、我国中央银行资产负债表的基本内容

现代各国中央银行的任务和职责基本相同，其业务活动大同小异，资产负债表的内容也基本相近。在国际经济一体化的背景下，为了使各国相互了解彼此的货币金融运行状况和分析它们之间的相互作用，对金融统计数据按相对统一的标准进行适当规范是很有必要的。为此，国际货币基金组织定期编印《货币与金融统计手册》，以相对统一的口径向人们提供各成员国有关货币金融和经济发展的主要统计数据，中央银行资产负债表就是其中之一，称作货币当局资产负债表。

（一）资产项目

（1）国外资产。

这个项目反映的是中国人民银行所持有的外汇资产总量，包括中国人民银行掌握的外汇（储备）、货币黄金和其他国外资产。

（2）对政府债权。

这个项目反映的是中央政府向中国人民银行的借款。

（3）对其他存款性公司债权。

这个项目反映的是中国人民银行再贷款、再贴现业务的余额。我国的其他存款性公司包括中国工商银行、中国农业银行、中国银行、中国建设银行、中国农业发展银行、交通银行、中信实业银行、中国光大银行、华夏银行、广东发展银行、深圳发展银行、招商银行、上海浦东发展银行、兴业银行、中国民生银行、烟台住房储蓄银行、蚌埠住房储备银行和城市商业银行、城市信用社、农村信用社、村镇银行、财务公司等。

（4）对其他金融性公司债权。

这个项目反映的是中国人民银行所持有的其他金融性公司的债券余额或再贷款余额。

（5）对非金融部门债权。

这个项目反映的是中国人民银行为支持老少边穷地区的经济开发等所发放的专项贷款。

（二）负债项目

（1）储备货币。

这是指中国人民银行所发行的货币和金融性公司存款（其他存款性公司、其他金融性公司）库存现金，各金融性公司依法缴存中国人民银行的法定存款准备金、超额准备金和金融机构吸收的由财政拨款形成的部队机关团体等财政性存款（1998 年起机关团体存款改由开户的金融机构支配，但部队机关团体存款仍属财政性存款，全部缴存中国人民银行）。

（2）不计入储备货币的金融性公司存款。

这一项目反映的是金融性公司在中国人民银行的除了储备货币存款之外的其他存款。

（3）发行债券。

这是指中国人民银行发行的融资债券。

（4）国外负债。

这是指存款性公司以人民币计值的对非居民的负债，主要包括非居民外汇存款、境外筹资、委托借款和国外同业往来。

（5）政府存款。

这是指各级财政在中国人民银行账户上预算收入与预算支出的余额。

（6）自有资金。

这是指中国人民银行的资本金和信贷基金。

（7）其他负债。

这是指平衡项目，其他资产与其他负债轧抵后的差额。

课后练习题

1. 中央银行的性质是什么？
2. 中央银行的职能有哪些？
3. 简述中央银行的类型。

项目十三

商业银行

学习目标

1. 了解商业银行的性质。
2. 掌握商业银行的职能和类型。
3. 了解商业银行的主要业务。

任务一 商业银行概述

一、商业银行的定义和内涵

商业银行是各国金融机构体系中的重要组成部分，是各国经济活动中最主要的金融中介机构。

1. 商业银行的定义

商业银行是以活期存款为负债核心，以自偿性商业贷款为基本资产业务，从事银行零售业务，兼营批发业务的银行。

2. 商业银行的内涵

（1）经营活期存款，以此办理转账结算，成为社会经济生活中的支付中介是商业银行区别于其他性质银行的根本。

（2）所谓自偿性商业贷款，是指企业商品售出，贷款未到时贴现商业票据，以完成经营周转资金的借贷。一旦票据到期和产销完成，贷款可以自动收回。之所以称之为“商业贷款”，就在于放款的基本任务是自偿性商业贷款。

（3）所谓银行零售业务，是指所从事的存款、贷款、汇兑、结算等基础性业务，不设营业起点金额，即只要客户有需求，无论金额大小，都予以办理。

（4）所谓批发业务，是指办理银行业务中的某一项或某几项，如专门办理贴现业务，或专门办理农业开发贷款业务，且所开办业务设有一定的营业起点金额。

（5）商业银行承办银行零售业务，这也是其区别于其他性质银行的内容之一。同时，可以根据实际情况承办某项银行批发业务，但只是兼营而已，不能替代主办银行零售业务这一中心业务。

二、商业银行的性质、职能和类型

1. 商业银行的性质

商业银行是企业。与一般工商企业一样，商业银行实行独立核算、自主经营，并以利润最大化作为自己的经营目标。可见，商业银行具有现代企业的基本特征。同时，商业银行是特殊企业。商业银行的特殊性是指商业银行经营的对象是特殊商品，即具有货币属性和资本属性的金融工具。商业银行与整个社会经济的关系较为特殊，即商业银行对整个社会经济的影响要远远大于一般企业，同时商业银行受整个社会经济的影响也较其他企业更为明显。商业银行是综合性、多功能的金融企业。

2. 商业银行的职能

商业银行在现代经济运行中具有不可替代的作用，这正是其信用中介职能、支付中介职能、信用创造职能和金融服务职能运用的结果。

（1）信用中介职能。

信用中介是商业银行最基本、最能反映其经营活动特征的职能。这一职能是指商业银行通过吸收存款等负债业务，把社会上的各种闲置货币资金集中起来，再通过贷款等资产业务将其投向社会经济的各部门，充当货币资金的贷出者和借入者的中介人，从而实现资金的融通。商业银行信用中介职能的运用，对经济活动具有十分重要的意义：一方面，可以将多种不同数额、不同期限的闲置货币资金动员起来，积少成多，变死为活，续短为长，从而扩大可用的社会资本总量，为经济发展提供资金来源；另一方面，在利益的驱使下，商业银行可以将货币资金从低效益的企业、部门引向高效益的企业、部门，从而形成对经济结构的调节。

（2）支付中介职能。

支付中介职能是指商业银行提供商品、劳务买卖的货币结算以及与货币收支有关的技术性业务的职能。例如，通过存款在账户上的转移代理客户支付，在存款的基础上为客户兑付现金等，成为企业、机关团体和个人的货币保管者、出纳和支付代理人，由此商业银行成为社会经济活动的出纳中心和支付中心。商业银行支付中介职能的运用，大大减少了现金的使用，节约了流通费用，加速了结算过程和货币资金的周转，促进了经济发展。

（3）信用创造职能。

信用创造职能是指商业银行吸收存款、发放贷款等业务，在转账结算的基础上派生出更多的存款货币，从而扩大社会货币供给量的职能。这一职能是在信用中介和支付中介职能的基础上产生的，它既可以节约现金使用，减少社会流通费用，又能满足经济发展对媒介物品流通手段和延期支付增加的需要。但商业银行的信用创造并不是无限制的，它要以原始存款为基础，以贷款需求为前提，并受中央银行制约。

（4）金融服务职能。

金融服务职能是指商业银行利用其较好的信誉、设备（如电子计算机及网络）以及充当信用中介和支付中介过程中的客户等资源，为社会各界提供其他金融服务的职能。如商业银行提供的各种代理业务、咨询业务、信托业务等。商业银行的金融服务既提高了自身信息资源与信息技术的利用价值，加强了银行与社会的联系，同时有利于扩大资产负债业务，成为其现在和今后增加利润来源的重要渠道。在银行竞争日趋激烈的形势下，商业银行的金融服务意识必将越来越强，金融服务的职能及作用将会越来越广泛。

3. 商业银行的类型

各国商业银行的类型大体有两类：一是职能分工型商业银行；二是全能型商业银行。

（1）职能分工型商业银行。

这种类型的商业银行实行分业经营体制，即银行业、证券业、保险业、信托业实行严格分工、独立经营，业务不准交叉。美国、英国、日本等国的商业银行曾是这类商业银行的代表。

（2）全能型商业银行。

这种类型的商业银行实行混业经营模式，即商业银行在经营传统的存款、贷款、结算等业务的同时，可以经营证券、信托、保险等多种金融业务。采取这种类型商业银行的国家以德国、奥地利和瑞士为代表。

实行分业经营的职能分工型商业银行和实行混业经营的全能型商业银行各有利弊。随着金融业竞争的加剧，混业经营的浪潮正在形成。我国商业银行目前仍属于职能分工型，但为了适应国际大环境和满足增强竞争力的需要，现已允许在某些业务上进行交叉经营。从趋势上看，混业经营是我国银行业改革与发展的方向。

三、我国的商业银行体系

目前我国的商业银行体系由国有商业银行、股份制商业银行、城市商业银行、农村金融机构、外资商业银行等构成。其中，国有商业银行居主体地位，其他商业银行尤其是股份制商业银行呈快速发展态势。

1. 国有商业银行

中国工商银行、中国农业银行、中国建设银行、中国银行是我国的四大国有商业银行，过去也常常被称为国有独资商业银行。

2. 股份制商业银行

20 世纪 80 年代后半期以来，我国陆续组建了一批股份制商业银行。它们从组建开始就基本按照商业银行机制运作，尽管它们在资产规模、机构网点等方面无法同国有商业银行相比，但其资本、资产及利润的增速明显高于国有商业银行，呈现出较强的经营活力和强劲的增长态势。

现行的股份制商业银行主要有交通银行、招商银行、兴业银行、深圳发展银行、中国民生银行、上海浦东发展银行。其中，交通银行是我国改革开放后组建的第一家全国性的股份制商业银行；深圳发展银行是我国银行业首家上市公司，目前已上市的股份制商业银行还有招商银行、中国民生银行、上海浦东发展银行、中国光大银行、华夏银行、中信银行、兴业银行等。

3. 城市商业银行

1998 年，从北京开始陆续出现了以城市命名的商业银行，如北京市商业银行、包头市商业银行等。城市商业银行是由各城市原来的城市合作银行合并组建而成的，原来的城市合作银行则是在原城市信用社的基础上组建的，它是由各城市的企业、居民和地方财政投资入股组成的地方性股份制商业银行，其主要功能是为本地区的经济发展融通资金，重点是为城市中小企业的发展提供金融服务。

4. 农村金融机构

（1）农村信用社。

农村信用社是 20 世纪 50 年代中期在全国广大农村建立起来的。在计划经济体制下，农村信用社被定性为农村集体金融组织，作为国家银行的基层机构存在，并由中国农业银行管理。1996 年下半年我国对农村信用社进行了改革：一是与中国农业银行脱离了行政隶属关系，中国农业银行不再领导、管理农村信用社，而由农村信用社县联社负责业务管理；二是要求按合作制原则重新规范农村信用社，使其恢复合作制的性质，在经营方面贯彻自主经营、独立运算、自负盈亏、自担风险的原则。目前许多地区的农村信用社已发展成为小型商业银行，在当地社会经济发展中起着重要作用。国家也积极鼓励符合条件的农村信用社改制组建为农村商业银行。截至 2020 年，我国已组建农村商业银行 1539 家。通过改革，农村信用社治理模式已经发生了根本性变化，长期存在的内部人事控制问题也得到了有效解决，机构自身已经形成了深入推进深层次体制改革的内生动力。

（2）村镇银行和农村资金互助社。

以往，在中国农村只有农村信用社和邮政储蓄两种金融主体，金融服务的水平越来越无法满足农民的需求，因此建立村镇银行和农村资金互助社成为监管层大力推动的目标。村镇银行是指由境内外金融机构、境内非金融机构企业法人、境内自然人出资，在农村地区设立的主要为当地农民、农业和农村经济发展提供金融服务的银行业金融机构。在规模方面，村镇银行是真正意义上的“小银行”；在经营范围方面，村镇银行的功能相当齐全。根据规定，村镇银行可以吸收公众存款，发放短期、中期、长期贷款，办理国内结算、票据承兑与贴现，从事同业拆借、银行卡业务，代理发行、兑付、承销政府债券，代理收付款项、保险业务和银监会批准的其他业务。村镇银行作为新型农村金融机构的主要试点机构，拥有机制灵活、依托现有银行业金融机构等优势，自 2007 年以来取得了快速的发展，弥补了农村资金供给不足、网点覆盖率低、竞争不充分等问题，改进和加强了农村金融服务，起到了与现有农村金融机构互补市场的作用，满足了农户多层次融资需求。农村资金互助社是由乡镇、行政村村民、农村小企业自愿入股组成的社区性银行机构，它的资金来源包括社员存款、社会捐赠、其他银行业金融机构融入资金，主要业务是向社员发放贷款，不得向非社员吸收存款、发放贷款及办理其他金融业务。

5. 外资商业银行

目前在我国境内设立的外资商业银行有两类：一是外国银行在华代表机构，其工作范围是进行工作洽谈、联络、咨询、服务等非营利性活动，不得开展任何直接营利的业务活动；

二是外资银行在华设立的营利性机构，包括外资独资银行、外国银行分行、中外合资银行等。

任务二 商业银行的主要业务

商业银行作为信用中介和支付中介，以信贷经营和结算服务为业务核心，其业务触及现代经济生活的许多领域，成为对经济活动影响最大的金融中介机构。同时，商业银行也为社会提供全方位的金融服务。

一、商业银行的负债业务

负债业务是商业银行形成资金来源的业务。商业银行通过负债来筹集资金，作为业务经营的基础，银行因此而承担了能够以货币计量的、需要以资产或服务偿付的债务。所以，负债所代表的是商业银行对其债权人所承担的全部经济责任。在商业银行经营的业务中，负债业务是其最基本、最主要的业务，商业银行的负债规模决定其资产规模，负债期限结构影响其资产运用方向和盈利水平。商业银行的全部资金来源包括自有资本金和吸收的外来资金两部分。

（一）自有资本金

商业银行的自有资本金主要是指股份制银行成立时发行股票所筹集的股份资本以及资本公积金和未分配利润，属于银行的权益资本。商业银行的自有资本金一般只占银行负债的一小部分，却是银行吸收外来资金的基础。商业银行拥有的资本越雄厚，表明银行的实力越强，就越能得到存款人的信任，从而获得更多的存款。

（二）吸收的外来资金

1. 存款业务

吸收存款是商业银行接受存款人存入的货币资金，存款人可以随时或按约定时间支取款项的一种信用业务。这是商业银行的传统业务，在银行负债业务中占有最主要的地位，约占其负债总额的70%以上。商业银行的存款业务一般分为活期存款、定期存款和储蓄存款三大类。尽管我们在实际生活中会发现存款的名称不限于此，但其他存款都是在这三类存款的基础上变化而来的。

（1）活期存款。

活期存款是指不规定存款期限，存款人可随时提取，银行有义务随时兑付的存款。由于存款人支用款项时须使用银行规定的支票，因而活期存款又称为支票存款。活期存款主要用于交易和支付。银行发给存款人支票簿，存款人可用支票从银行提取现款，但更多的是用支票向第三者支付货款或偿还债务。活期存款能满足存款人存取自由、运用灵活的需要，同时是存款人从银行取得贷款和服务的基本条件。因此，公司、个人、社会团体、政府机构、非银行金融机构都会在银行开立活期存款账户，商业银行彼此之间一般也会开立活期存款账户，以备往来结算之用。

商业银行吸收活期存款要提供多项服务，支付各种费用，而活期存款存取频繁，手续复杂，银行的经营成本较高，因而绝大多数国家规定商业银行对活期存款不支付利息，有些国家甚至收取活期存款客户的手续费。即便如此，活期存款在商业银行对客户的业务中仍占相当大的比重，各国商业银行仍然十分重视这项业务，并尽可能地加以扩大。这是因为，一方面，客户将闲置资金作为活期存款存入银行，不是为了获取利息，而是为了通过银行进行各种支付和结算；另一方面，对于商业银行来说，虽然活期存款时存时取，流动性很强，经营成本较高，有悖于商业银行的营利性原则，但吸收活期存款，商业银行不仅可以获取短期资金，用于短期贷款和投资，而且在存取交替之中总会使银行形成一笔相对稳定、数量可观的余额，用于长期贷款和投资。所以，活期存款是商业银行的一项重要的资金来源。此外，经营活期存款也是商业银行开展中间业务的基础。在现代经济中，支票通常很少用来提取现金，支票的持有者把支票所开金额转存到活期存款账户中。这种转账支票的使用和流通，大大节省了流通费用，商业银行也因此具有信用创造和信用扩张的职能。许多国家的银行还允许超过存款金额签发支票，即允许支票存款账户透支，其目的就是要争取更多的活期存款客户。

（2）定期存款。

定期存款是有固定期限，到期才能提取的存款，其载体一般采用存单或存折的形式。如果到期前存款人要求提前提取，那么银行可按制度不予提前，或要求客户事先通知银行。通常银行为了争取客户的存款，在执行这一制度时并不严格，而只是要求客户填写“存单提前提取书”，银行在扣除提前日期的利息后照付本息。普通的定期存单不能像支票一样转让流通，只作为到期提取款项的凭证，但存款人可以以未到期的定期存单为抵押向商业银行申请贷款。20 世纪 60 年代以来推出的可转让定期存单使定期存款获得了流动性，存单持有人于到期日前可在货币市场上将存单转让以获取现款。

定期存款的期限通常为 3 个月、6 个月、1 年期，甚至更长，利率也随着期限的长短而高低不等。由于定期存款一般要到约定的期限才能提取，所以银行给予的利率较高，且总是高于活期存款利率。因而对于存款人来说，定期存款是获取利息收入的一项重要金融资产；而对于商业银行来说，定期存款在银行存款负债中占有相当大的比重，是其吸收外来资金的主要方式。定期存款期限固定而且比较长，从而成为商业银行稳定的资金来源，可以满足商业银行长期贷款和投资的需要。

（3）储蓄存款。

储蓄存款是商业银行为满足居民个人积蓄货币和获得利息收入的需要而开办的一种存款业务。储蓄存款不使用支票，而是使用存折或存单，手续比较简单。存折一般不得流通转让，存款人不能透支款项。储蓄存款的利率介于活期存款利率和定期存款利率之间。储蓄存款的存款人通常限于个人和非营利性组织。近年来，也有允许某些企业、公司开立储蓄账户的。在美国，88%以上的储蓄存款为个人和非营利性组织所持有，约 15%为政府机构的存款基金，营利性组织的储蓄存款占存款总额的 10%。至于经营储蓄存款的金融机构，有的国家严格限定只准专门的金融机构开办储蓄存款，如储蓄银行（属专业银行），商业银行及其他金融机构不准经营储蓄存款业务。

储蓄存款又分为活期储蓄存款和定期储蓄存款两类。

①活期储蓄存款。活期储蓄存款的存取没有固定期限，只凭存折即可提现。开立活期储蓄存款账户不需他人介绍或保证，只需要填写“开户申请书”“留存印鉴卡”即可。我国各商业银行按有关规定要求开户人提交有效证件（如居民身份证等），以证明其真实身份，实行储蓄实名制。

②定期储蓄存款。定期储蓄存款类似于定期存款，但不可以流通转让和提前贴现。定期储蓄存款有整存整取、零存整取、整存零取、存本取息等多种形式。这种存款到期前客户若要求提前支取，则不仅要受到种种限制，而且往往会遭受部分损失。在美国，客户若要提前支取，必须提前14天通知银行；而我国规定，定期储蓄存款要提前支取，必须出示本人的有效证件（如要代他人提取，必须出示存款人和取款人的有效证件），而且无论实际存期多长，只要提前支取，就一律按活期储蓄存款利率计息。定期储蓄存款是个人投资获利的重要手段。

我国商业银行的负债业务中，储蓄存款的地位和作用十分突出。储蓄存款占存款总额的比重保持在50%以上，其中定期储蓄部分的比例既高又相当稳定，为商业银行提供了大量的长期性资金。

2. 同业拆借

同业拆借是指商业银行之间及商业银行与其他金融机构之间的短期资金融通。银行在日常经营中有时会有暂时的资金闲置而形成多头寸，有时又会发生临时性的资金不足而形成缺头寸。前者拆出资金，后者拆入资金，方式是相互买卖它们在中央银行存款的余额或其他超额储备。同业拆借期限一般较短，多数在一周以内，最长不超过12个月，常常是今日借、明日还；有的甚至是半日拆借，即上午借、下午还。由于时间很短，所以一般以日计息。同业拆借的利率基本控制在存款利率和短期贷款利率之间。

商业银行进行同业拆借，不仅能弥补短期资金的不足，平衡头寸，同时能为商业银行带来盈利。在西方国家，由于中央银行对商业银行的存款准备金不支付利息，而商业银行对一部分活期存款也不支付利息，因此更加刺激商业银行将暂时闲置的资金投放到同业拆借市场，以获取盈利。我国中央银行对商业银行的存款准备金支付利息，商业银行对活期存款也支付利息，商业银行同业拆借的目的是补充存款准备金的不足和保持资金的流动性。只有当拆入资金的投资所得高于中央银行存款准备金利率时，拆借用于投资才是划算的。

除同业拆借外，商业银行向其他银行或金融机构临时借入资金的方式还有转抵押和转贴现等。

3. 向中央银行借款

商业银行资金不足时还可以向中央银行借款，其借款方式主要有再贴现和再贷款。

（1）再贴现。

再贴现是指商业银行把自己在贴现业务中买进的尚未到期的票据拿到中央银行申请再次贴现。商业银行因此将债权转移给中央银行，自己则提前获得资金融通。一般来说，再贴现是最终的贴现，票据随即退出流通转让过程。

（2）再贷款。

再贷款是商业银行凭借自身信用，或以自己持有的合格票据、银行承兑汇票、政府债券等作为抵押品向中央银行申请的直接贷款。各国对再贷款限制较严，一般只允许用于商业银行资金临时调剂的急需，而不能用于扩大银行资产规模。

商业银行向中央银行借款的直接目的在于缓解自身资金的暂时不足。从西方国家来看，无论是在商业银行负债中，还是在中央银行资产中，其比重都很小；而从我国来看，由于体制的原因，中央银行借款一直是国有商业银行一项比较重要的资金来源。而对这两种方式的选择，在市场经济发达的国家，商业票据比较流行，贴现业务广泛开展，再贴现便成为商业银行向中央银行借款的主要途径；在商业票据市场欠发达的国家，商业银行利用自身信用或抵押有价证券向中央银行进行再贷款是其主要的借款方式。

4. 发行金融债券

发行金融债券是指商业银行以发行人的身份，通过承担债券利息的方式，直接向债券购买者举借债务的融资方式。这种方式可以为商业银行筹集中长期资金。商业银行在发行债券时，可凭自己的信用担保发行，也可以商业银行的资产作为抵押品或通过第三方担保来发行。在英国、美国等国家，金融机构发行的债券归类于公司债券；在我国和日本等国家，金融机构发行的债券称为金融债券。

发行金融债券不需缴纳存款准备金，同时能为银行带来较为稳定的资金来源。但银行承担的利息较高，其融资成本较其他融资方式要大，资金成本的提高又促使商业银行不得不去经营风险较大的资产业务，这就从总体上加大了银行的经营风险。因此，各国对商业银行发行债券以法律、法规加以限制，通常西方国家鼓励商业银行通过发行长期债券（尤其是资本性债券）来融资，而我国中央银行则根据不同时期的资金状况和金融政策对其实行严格的限制。商业银行发行中长期债券的比例很低。我国自 1985 年以来，经中国人民银行批准，商业银行面向社会发行金融债券，为指定用途筹集资金。

除上述存款业务和借入款业务以外，形成商业银行资金来源的途径还有结算过程中的短期资金占用，即在途资金占用，这是指商业银行在办理中间业务或同业往来业务过程中临时占用的部分资金。例如，商业银行在办理转账结算业务时，一般实行先收款后付款的原则，而付款单位和收款单位往往不在同一商业银行开户，商业银行从付款单位收到款项，或者从付款单位账户划出资金，经过联行划转或票据交换才能进到收款单位账户。所以，款项从付款银行划出到收款银行，收款银行从收到款项到付出款项，都有一段间隔时间，这期间的在途资金就可以为商业银行所占用。此外，商业银行在办理代收代付、代客买卖、代理投资等中间业务时可以在收进款项到完成业务之间占用客户的资金；在同业往来过程中，如果出现应付账款大于应收账款的情况，商业银行也会占用他行的资金。虽然从每笔业务看，资金占用时间很短，且金额不大，但由于周转总额巨大，因而占用的资金数量也相当可观。所以，在途资金占用也是商业银行负债业务的一个组成部分。

二、商业银行的资产业务

商业银行的资产业务是商业银行运用资金以取得收益的业务。商业银行运用资金的目的是创造利润。常见的资产业务有贴现、贷款和证券投资，除此之外，商业银行必须将其资金的一部分以现金资产的形式加以保留，用以随时应对客户提取存款的需要。所以，商业银行的资产业务不仅包括能够为其带来盈利的贷款业务和投资业务，还包括不能产生增值的储备性资产。

（一）贷款业务

贷款也叫放款，是商业银行将其吸收的存款按照约定的利率贷给客户并约定日期归还的业务。贷款是传统的资产业务，按不同的标准有不同的划分。

1. 根据偿还期限划分

根据偿还期限，贷款可分为活期贷款、定期贷款和透支贷款。

（1）活期贷款。

活期贷款也叫通知贷款，是指偿还期限未定，银行可以随时通知收回或借款人可以随时偿还的贷款。在西方国家，通知贷款要由银行提前至少3~5天通知借款人还款。

（2）定期贷款。

定期贷款是指具有确定偿还期限的贷款。这是商业银行的主要贷款形式，包括短期贷款、中期贷款和长期贷款。短期贷款是指偿还期限在1年以内的贷款，用于支持企业短期流动资金需要或季节性资金需要；中期贷款偿还期限一般为1~5年，通常采用分期偿还本息的方式；长期贷款归还期限一般在5年以上，主要是指银行发放的不动产抵押贷款。

（3）透支贷款。

透支贷款是指银行允许存款户在约定的范围内，超过其存款余额签发支票以兑现的贷款，包括信用透支、抵押透支和同业透支三种。透支贷款有随时偿还的义务，利息按天计算。

2. 根据使用贷款的经济内容划分

根据使用贷款的经济内容，贷款可分为经营性贷款、有价证券经纪人贷款和消费性贷款。

（1）经营性贷款。

经营性贷款是指商业银行对工商企业等经营活动中的正常资金需要而发放的贷款，包括工商企业贷款、农业贷款和不动产抵押贷款等。

（2）有价证券经纪人贷款。

有价证券经纪人贷款是指银行向专门从事证券交易的经纪人提供的贷款，目的是应对证券交易过程中暂时资金不足的困境。

（3）消费性贷款。

消费性贷款是指银行向消费者个人发放的、用于购买耐用消费品或支付其他费用的贷款。发放这种贷款时可以是消费者和银行直接发生借贷关系，也可以是银行通过某一商业企业与消费者间接发生借贷关系，即银行贷款给商店，商店将商品赊销给消费者，消费者根据协议分期付款。消费性贷款也可以通过信用卡透支发放。

3. 根据贷款的用途划分

根据贷款的用途，贷款可分为流动资金贷款和固定资产贷款。

流动资金贷款一般属于短期贷款，包括工业、农业、商业、建筑业、外贸业流动资金贷款；固定资产贷款一般属于中长期贷款，包括基本建设贷款和更新改造贷款。

4. 根据成本定价方法划分

根据成本定价方法，贷款可分为固定利率贷款和浮动利率贷款。

固定利率贷款是借款人根据借款时与银行约定的利率还本付息的贷款；浮动利率贷款以贴近市场利率水准，当利率下滑时，可节省发行成本，锁定利差，避免利率风险。

5. 根据担保形式划分

根据担保形式，贷款可分为信用贷款、担保贷款和票据贴现。

（1）信用贷款。

信用贷款是指根据借款人的信誉而发放的贷款。其最大特点是不需要借款人提供任何形式的担保，只凭借款人的资信、财务状况、预期收益和过去的债务清偿记录，银行就可以发放贷款。因而这种贷款的风险程度较高，一般只对少数经营状况好、经济实力强、借款往来时间长、信誉高的借款人才提供。而且，银行发放信用贷款是有条件的，如要求借款人必须是银行的基本客户，具有较稳定的存款量，具有较高的资信等级，与贷款银行有长期的信用关系等。

（2）担保贷款。

担保贷款包括保证贷款、抵押贷款和质押贷款。

①保证贷款是以第三者承诺在借款人不能偿还贷款时，按约定承担一般保证责任或连带保证责任为前提而发放的贷款。这种贷款只有当保证人有能力和意愿代替借款人偿还贷款时才是可靠的。银行必须充分了解保证人的财务实力和信誉。贷款担保对借款人能产生一种微妙的监督作用。这是因为，贷款的保证通常是由借款人的股东、所有人、高级管理人员或关联机构提供的，它能够增强相关人员所在机构对公司债务的责任感，时刻提醒他们对借款人所承担的义务，同时会努力督促借款人稳健经营以获得利润。

②抵押贷款是指借款人或第三人在未转移财产占有权的情况下，将财产作为债权的担保而取得的贷款。银行持有抵押财产的担保权益，当借款人不履行借款合同时，银行有权以该财产折价或者以拍卖该财产的价款优先受偿。抵押是最常见的担保形式，不仅适用于中长期贷款，也适用于短期周转性贷款。

③质押贷款是以借款人或第三人的动产或权利作为质物发放的贷款。借款人未如期偿还贷款本息时，银行有权将该动产或权利折价出售来收回贷款，或者以拍卖、变卖该财产或权利的价款优先受偿。

质押的法律特征与抵押相似，但用于质押的只能是动产和权利。

（3）票据贴现。

票据贴现是指票据贴现银行以购买借款人未到期商业票据的方式发放贷款的资产业务。贴现的票据最早以商业票据为主，现在已扩展到政府短期债券。政府债券信用较高、风险较小，且便于转让，商业银行对其贴现既能获利又可以满足流动性需求。

贴现业务形式上是票据的买卖，实际上是信用业务。它反映的是票据载明的支付人对持票人负责。在票据未贴现前，支付人对持票人负责；贴现后，支付人对购入票据的银行负责。所以，票据贴现实际上是银行通过收购票据，直接地贷款给贴现人，而间接地贷款给票据金额的支付人。贴现从本质上说是一种贷款，但它是一种特殊的贷款。票据贴现与普通的贷款虽然都是运用资金并收取利息，但二者有许多不同之处：一是贷款是到期以后收取利息；贴现是在贴现业务发生时从票面额中预扣利息。二是贷款的申请人即为银行的直接债务人；而贴现的申请人并非银行的直接债务人，票据的出票人、承兑人、背书人均应对票面款项负责。三是贷款期限较长，经银行同意，借款人可以延期或提前归还；贴现期限较短，到期必须无条件付款，不得延期。四是因银行的实际付款额低于票据到期收款额，所以贴现利率要低于贷款利率。

6. 根据贷款风险程度与质量划分

根据贷款风险程度与质量，贷款可分为正常贷款、关注贷款、次级贷款、可疑贷款、损失贷款。

（1）正常贷款。

正常贷款是指借款人能够履行合同，有充分把握按时、足额偿还本息的贷款。

（2）关注贷款。

关注贷款是指尽管借款人目前有能力偿还贷款本息，但是存在一些可能对偿还产生不利影响的因素，贷款本息损失概率不超过5%，逾期90~180天的贷款。

（3）次级贷款。

次级贷款是指借款人的还款能力出现了明显的问题，依靠其正常的经营收入已无法保证足额偿还本息，贷款本息损失概率在30%~50%，逾期180~360天的贷款。

（4）可疑贷款。

可疑贷款是指借款人无法足额偿还本息，即使执行抵押或担保，也肯定要造成一部分损失，贷款本息损失概率在50%~75%，逾期360~720天的贷款。

（5）损失贷款。

损失贷款是指在采取所有可能的措施和一切必要的法律程序之后，本息仍然无法收回，或只能收回极少部分，贷款本息损失概率为95%~100%，逾期720天以上的贷款。

上述分类中，后三类合称为不良贷款。贷款五级分类法是国际上推行的针对商业银行贷款进行风险管理的一种方法。商业银行的贷款风险管理不仅要注重“事前”的管理，还要注重资金投放过程中及投放后的管理。已发放的贷款由于种种原因可能会由风险较低的贷款变为风险较高的贷款，从而使商业银行遭受损失。因此，从防范风险的角度看，通过分析借款人的财务状况和信用状况来判断借款人的还款能力及还款的可能性，随时关注贷款的使用和偿还情况，并将贷款分成不同等级加以区别对待，尤其对不良贷款要采取相应的方法及时加以处理，就成为商业银行风险管理的重要内容之一。

（二）投资业务

商业银行的投资业务是指商业银行购买有价证券的业务活动。目前各国商业银行的证券投资主要用于购买政府债券，包括公债券、国库券，也可以用于购买公司债券。对于股票，绝大多数国家一般会限制或禁止商业银行购买。商业银行的投资业务不仅可以为其带来固定收益，而且有价证券作为一种资产的存在形式，比较灵活、主动，需要现款时可以通过出售证券脱手变现，增加了银行资产的流动性，成为银行的二线准备，同时实现了资产多样化，分散和降低了风险。

作为营利性资产业务，商业银行的投资与贷款极为相似，但也有许多不同之处：一是贷款是银行应借款人的请求而发放的，一定程度上是被动的；而投资是银行主动地以购买证券的方式运用资金。二是贷款一般到期以后才能收回；而投资可以随时将证券在公开市场上出售收回。三是贷款一般用于生产经营活动，与产业资本循环发生联系；而投资一般用于证券投机活动，不和真实资本发生直接联系。

《中华人民共和国商业银行法》规定：商业银行在中华人民共和国境内不得从事信托投资和股票业务，不得投资于非自用不动产。目前我国商业银行证券投资业务的对象主要是政府债券以及中央银行、政策性银行发行的金融债券。

（三）储备性资产

储备性资产就是银行的现金类资产，是商业银行为应付客户提存或结算的需要而保留的一定比例的现金和其他准备，它构成银行的一线准备。由于这类资产占用了银行的经营资金，所以也是银行的资产业务。储备性资产包括库存现金、在中央银行的存款准备金和同业存款。

1. 库存现金

库存现金是存放在商业银行金库中用于日常客户提现和零星开支的资金。保持一定数量的库存现金可以保证商业银行的清偿能力。但由于库存现金不能给银行带来任何收益，还必须花费保管费用，因此商业银行一般会尽量控制库存现金的规模。

2. 在中央银行的存款准备金

这是商业银行存放在中央银行的资金，包括法定存款准备金和超额准备金，供商业银行办理结算使用。法定存款准备金是按照法定存款准备金率（法定存款准备金额与商业银行吸收的存款总额之间的比率）向中央银行缴存的准备金。法定存款准备金一方面为银行提供一定的流动性，保证银行有足够的资金来应对客户提取存款，避免因流动性不足而导致商业银行破产；另一方面也为中央银行控制商业银行提供了有效途径。超额准备金是指商业银行存放在中央银行的超过法定存款准备金的那部分存款。超额准备金可以随时支用，以补充法定存款准备金的不足，或用于商业银行间同业清算等。

3. 同业存款

同业存款是指商业银行存放在其他商业银行的存款，其目的是方便在银行间开展代理和结算支付业务。商业银行设立的同业存款账户一般为活期账户，可随时支取。

三、商业银行的经营原则

商业银行是经营货币的特殊企业，赢利并追求最大化的利润是商业银行的经营目标，而商业银行特殊的资金来源结构和经营方式，使其资产的流动性和安全性同样受到关注。赢利性、流动性和安全性构成了商业银行经营的三个基本原则。

（一）赢利性

赢利性是商业银行的核心原则，是商业银行的经营动机，也是商业银行生存和发展的内在动力和根本原因。商业银行主要是通过各项资产业务来取得赢利的，其赢利来自利用存款进行贷款和投资所得的收入与它对存款人所付的利息之间的差额，再扣除各项管理费用之后的余额。

（二）流动性

流动性是指银行能够随时应付客户提存、满足客户必要贷款的能力。商业银行的资金主要来自存款，银行能否做到按要求到期偿还债务，是银行信誉高低和能否生存下去的主要标志。为此，银行应保持一定的清偿能力，以应付客户日常提现的需要。同时，对客户提出的正常贷款要求，从表面上看，银行有选择的权利，既可以满足也可以不满足，但在激烈的竞争环境下，银行必须满足客户合理的贷款要求，这就要求银行随时具有足够的资金来源。可见，银行的流动性应包括两种含义：一是资产的流动性；二是负债的流动性。前者是指在银行资产不发生损失的情况下迅速变现的能力，后者是指银行能以较低的成本随时获得所需资金的能力。

（三）安全性

安全性是指商业银行在经营中使资产免遭风险的程度。由于受到外部环境和内部管理等不确定因素的影响，商业银行的资产业务在给其带来收益的同时，也使其面临各种风险，如信用风险和利率风险。一方面，商业银行在发放贷款时会遇到信用风险，即借款人可能到期不能偿还贷款本息；另一方面，在固定利率贷款下，市场利率的不确定性会使银行面临利率风险而导致损失。此外，银行在进行证券投资时，可能会因为市场利率上升导致证券价格下跌而使投资出现亏损。

商业银行的三大原则既有统一的一面，又有矛盾的一面。一般来说，流动性与安全性是正相关的，表现为：流动性越强的资产，风险越小，安全性越高；反之亦然。流动性和安全性是赢利性的前提和基础，银行首先要生存下来才有可能去实现赢利目标；赢利又反过来给商业银行带来更多的资金，以确保其流动性和安全性。如果银行长期不赢利，就必然会导致其负债大于资产，安全性和流动性从根本上得不到保证。流动性、安全性与赢利性之间往往存在着矛盾，表现为：流动性越强，安全性越高，其赢利性就越低。

四、商业银行的中间业务和表外业务

（一）商业银行的中间业务

中间业务是指商业银行不需要动用自己的资金，只是利用自身在资金、技术、机构、信息和人才等方面的特殊功能与优势，以中介身份为客户办理各种委托事项，提供各类金融服务，并从中收取手续费或佣金的业务。

下面为常见的中间业务：

1. 汇兑业务

汇兑业务是银行结算业务中常用的方式，指汇款人委托银行将其交付的现金款项支付给异地收款人的业务。商业银行接受汇款人交来的现金，经审查无误后，向收款人所在地的分支行或代理行发出通知，将款项转入收款人所开设的存款账户中，并由汇入银行向收款人发出收款通知。汇兑有电汇和信汇两种方式，即汇出银行通过电报或者信函的方式通知汇入银行进行支付操作。电汇的成本较高，收费也高；信汇的收费较低，但花费时间较长。在银行业务广泛使用电子技术的情况下，除小额款项仍使用电汇、信汇的方式外，大笔款项都能通过电子资金划拨系统处理。汇兑适用于异地各单位的资金调拨、货款交易、欠款清理、差旅费支付等。银行在经营汇兑业务时，可以利用客户资金。尽管每笔款项占用数额不大，时间也短，但由于银行每天要办理大量的汇兑业务，此项业务占用的资金较为可观。

2. 信用证业务

信用证业务是银行提供付款保证的业务。信用证有商品信用证和备用信用证两种，其中商品信用证是在异地采购，尤其在国际贸易中使用最广泛的支付方式。它可以有效地解决异地商品交易中双方互不信任的矛盾。其基本业务流程是：银行应买方（购货方付款人）的要求，在收取一定的保证金（购货方向银行申请开证时，一般只将部分货款交给银行）后，开给卖方（销货方收款人）保证付款的信用证。信用证上注明付款条件，卖方在收到信用证后，按所列条件发货，并在发货后备齐所有单据向银行要求付款，银行对单据审核无误后即向卖方付款，同时向买方收取全部货款。信用证结算是以银行的信用作为担保，买方和卖方都有保证，银行划拨资金也很安全。而且，信用证保证在交易中，即使买方不付款，开证银行也必须支付给卖方款项，从而保证了卖方的权益。银行办理信用证业务，可以从中收取手续费，并可以占用部分客户的资金。

3. 代收业务

代收业务是指商业银行接受客户委托，根据各种凭证以客户名义代客户收取款项的业务。代收业务的对象包括支票、票据、有价证券、商品凭证等。代收支票款项是指客户收到其他银行的支票后，及时送交自己的开户行，并委托其代收款项。有价证券代收业务是指客户把证券交给银行，委托银行代收利息和股息等。在异地和国际贸易中广泛采用商品凭证代收业务。除此之外，商业银行还可为居民代收水费、电费、煤气费等公共事业费。

4. 信托业务

信托业务是指商业银行接受他人委托，代为管理、经营和处理所托管的资金和财产，并为其赢利的活动。商业银行对信托业务一般只收取相应的手续费，而经营所得的收入归委托人所有。商业银行在开展信托业务时，应忠实地执行委托人的指示，尽力保护和扩大委托人的收益；信托资金必须与商业银行的其他业务资金分开，禁止银行挪用信托资金做其他用途。

5. 租赁业务

租赁业务是指商业银行通过所属的专业机构将大型设备出租给企业使用的业务。租赁一般由专门的租赁公司承办，但大的商业银行也将其列入服务性项目中，由银行所控制的分公司经营。

6. 承兑业务

承兑业务是指商业银行为客户开出票据签章，承诺到期付款的业务。在票据到期时，客户应及时办理兑付，或提前将应付款项送交银行，由银行代为支付。若到期时客户无力支付款项，则承兑银行要负责支付。银行承兑使该票据有了付款保障，可以在市场上方便地流通。

7. 银行卡业务

银行卡是由银行发行，供客户办理存取款和转账支付的新型服务工具的总称，包括信用卡、支票卡、记账卡、智能卡等，其中以信用卡最为普遍。

信用卡是代替现金和支票使用的支付工具，发卡人可以是银行，也可以是公司或零售商店。银行作为发卡人的操作程序是：首先，与商店、宾馆等商户约定，接受持卡人凭信用卡购物或住宿等消费；其次，由商户根据持卡人用款数额向银行取款；再次，由银行于月底汇总向顾客收款。信用卡具有“先消费，后付款”的特点。当银行发行信用卡时，通常为持卡人规定透支限额，向持卡人提供延期支付的便利。发卡银行一般不向持卡人收取手续费，其发行和管理费用由特约商户负担一部分，其余部分由银行营业费用支付，信用卡服务过程基本上是电子化的。

（二）商业银行的表外业务

表外业务是指未列入商业银行资产负债表，不影响商业银行资产负债总额，却能为商业银行带来额外收益，同时使商业银行承受额外风险的经营活动。广义的表外业务泛指所有能给商业银行带来收入而又不在资产负债表中反映的业务，既包括传统的中间业务，又包括备用信用证、贷款承诺、贷款销售以及金融创新中产生的一些有风险的业务。狭义的表外业务专指后一类，仅指涉及承诺和或有债权的活动。以下仅就备用信用证和贷款承诺进行详细阐述。

1. 备用信用证

备用信用证是指商业银行应客户（借款人）的要求向其债权人（贷款人）做出的付款保证。客户与其债权人之间达成某种交易协议，如借贷协议，并向商业银行申请备用信用证。备用信用证是独立于借款人和贷款人之间的借贷合同。银行应客户的申请，向客户的贷款人（信用证受益人）开立备用信用证，保证当客户未能按协议进行偿付或履行其他义务时，代替客户向信用证受益人进行偿付，银行为此支付的款项变为银行对客户的贷款。银行支付时，借款人（客户）必须补偿银行的所有损失。备用信用证与商品信用证的区别是，在商品信用证业务中，银行承担的是第一付款责任，只要收款人提供合格的单据，银行就必须按合同履行支付义务；而在备用信用证中，银行承担的是连带责任，只有在借款人未能履行其付款义务时才代其支付。

2. 贷款承诺

贷款承诺是指商业银行向客户做出承诺，保证在未来一定时期内，按照事先约定的条件，应客户的要求随时提供贷款。银行在提供这种承诺时一般要按一定的比例向客户收取承诺费，即使在规定的期限内客户没有提出贷款申请，承诺费也不予以退还。贷款承诺可以采取多种形式，如向老客户提供一种无正式协议的信贷额度，或者有正式协议的循环贷款承诺；另外还有一种常见的做法叫票据发行便利，即银行保证在协议期限内客户可以不高于预定水平的利率出售商业票据，筹集所需资金，如果客户的票据未能在市场上全部售出，那么银行将购入未售出部分，或者以贷款方式予以融通。对于客户来说，贷款承诺可以使其避免未来贷款利率上升而多支付利息的风险，同时可以通过该承诺支持其在融资市场上的信誉，降低筹资成本。

表外业务是 20 世纪 80 年代以来西方国家银行业发展的重点，其规模和收益有的已大大超过了表内业务。表外有风险业务的出现，给银行业带来了更多的发展机会，有利于其提高收益和竞争能力，但随之而来的高风险也必须加以重视。

课后练习题

1. 商业银行的职能是什么？
2. 商业银行的业务主要有哪些？

项目十四

票据与结算

学习目标

1. 了解票据的种类。
2. 掌握汇票、本票和支票的概念、特征与种类。
3. 重点掌握汇票的法定记载事项、票据的变造和伪造。
4. 能够熟练、准确地填写各类票据，并能在实践中正确使用。

任务一 票据概述

一、票据的概念和特征

（一）票据的概念

票据是指出票人签发的、约定由自己或委托他人于见票时或确定的日期，向持票人或收款人无条件支付一定金额的有价证券。《中华人民共和国票据法》（简称《票据法》）上的票据仅指汇票、本票和支票。

（二）票据的特征

票据的特征主要有以下几点：

1. 无因性

票据上的法律关系是一种单纯的金钱支付关系，权利人以持有符合《票据法》规定的有效票据为依据享有票据权利。票据权利人在行使票据权利时，无须证明支付原因，即使原因关系无效或有瑕疵，均不影响票据的效力。票据债务人也不得以原因关系对抗善意第三人。例如，出票人 A 基于和收款人 B 之间的买卖关系，向 B 签发汇票，B 又基于和 C 之间的借贷关系，将该汇票背书转让给 C，则 C 在请求付款时，无须证明 A、B 间的买卖关系及 B、C 间借贷关系的存在。即使 A、B 间的买卖关系不存在了，或有瑕疵，亦可以背书连续的票据，当然地行使票据权利，这就是票据的无因性。

2. 要式性

票据法律法规严格地规定了票据的制作格式和记载事项。如果不按《票据法》及相关法规的规定进行票据事项的记载，就会影响票据的效力甚至导致票据的无效。此外，在票据上所为的，如出票、背书、承兑、保证、付款、追索等，也必须严格按照《票据法》规定的程序和方式进行，否则无效。

3. 文义性

票据上所载权利、义务的内容必须严格按照票据上所载文义确定，不能对行为人的意思做出与票据所载文义相反的解释或者对票据所载文义进行补充或变更。即使票据的书面记载内容与票据的事实相悖，也必须以该记载事项为准。当票据上记载的出票日与实际出票日不一致时，必须以票据上记载的出票日为准。

4. 设权性

票据权利的产生必须首先做成证券。票据权利是随着票据的做成而发生的，没有票据，就没有票据权利。

5. 流通性

票据的一个基本功能就是流通。一般来说，无记名票据，可依单纯交付而转让；记名票据，则须经背书交付才能转让。

二、票据的功能

1. 汇兑功能

汇兑功能是票据的原始功能。在现代社会经济生活中，异地转移现金的需要使得票据的汇兑功能仍发挥着巨大的作用。特别是在现代国际贸易中，几乎绝大多数是利用票据的汇兑功能进行国际结算，以减少现金的往返运送的风险，节约费用。

2. 支付功能

票据可以代替现金的使用。用票据代替现金作为支付工具，既是商品经济发展的需要，也是商品经济发展到较高阶段的表现。

3. 信用功能

信用功能是票据的核心功能。票据的信用功能在商品经济发展中发挥着巨大的作用。现代商品交易中，信用交易大量存在。卖方通常不能在交付货物的同时获得货款的支付。如果这时买方向卖方签发票据，就可以将挂账信用转化为票据信用，把一般债权转化为票据债权，从而使得权利外观明确、清偿时间确定、转让手续简便，且能获得更大的资金效益。

4. 结算功能

结算功能又叫债务抵消功能。简单的结算就是互有债务的双方当事人各签发一张票据给对方，待两张票据都接近到期日即可抵销债务，差额部分仅由一方以现金支付。复杂的结算是通过票据交换制度完成的，通过票据交换所将到期票据相互抵销。

5. 融资功能

融资功能就是利用票据筹集、融通或调度资金。这项功能主要是通过对未到期票据的买卖来完成的，使未到期票据的持有人通过出售票据获得现金。一般来说，银行经营贴现业务的目的就是向需要资金的企业提供资金。

三、票据权利

（一）票据权利的概念

持票人有向票据债务人请求偿付票据金额的权利，包括付款请求权和追索权。

付款请求权是指持票人对主债务人所享有的、依票据而请求支付票据所载金额的权利。付款请求权是第一次请求权，具有主票据权利的性质，持票人必须首先向主债务人行使第一次请求权。

付款请求权未能实现时，持票人有追索权，持票人对债务人享有请求偿还票据所载金额和其他有关金额的权利。

（二）票据权利的取得

1. 票据权利的原始取得

票据权利的原始取得是指持票人不经其他任何前手权利人而最初取得票据，包括发行取得和善意取得。

（1）发行取得。

发行取得是指权利人依出票人的出票行为，而原始取得票据权利。它是票据权利最主要的原始取得方式，也是其他取得方式的基础。

（2）善意取得。

善意取得是指票据依照《票据法》规定的转让方法，善意地从无处分权人处取得票据，从而取得票据权利。票据权利的善意取得必须符合以下几个构成条件：一是必须是从无权利人处取得票据。二是必须是依《票据法》规定的票据转让方式取得票据。根据我国《票据法》的规定：受让人必须依背书方式取得票据，并且能够以背书连续证明自己为合法持票人。三是受让人必须是善意的。所谓善意，是指无恶意或重大过失；恶意就是明知让与人无让与权；重大过失就是欠缺一般人应有的注意，没有发现让与人无让与权。对于受让人善意的判断，应以受让人取得票据时的情况为判断标准，且其注意义务也仅限于其直接前手。受让人就其善意与否不负举证责任。

2. 票据权利的继受取得

票据权利的继受取得是指受让人从有处分权的前手权利人处取得票据，从而取得票据权利。

（1）《票据法》上的继受取得。

《票据法》上的继受取得是指依《票据法》规定的转让方式，从有票据处分权的前手权利人处取得票据，从而取得票据权利。票据的背书转让是最主要的票据权利继受取得方式。此外，保证人履行保证义务或追索义务人偿还追索金额后取得票据也是《票据法》上的继受取得。

（2）非《票据法》上的继受取得。

非《票据法》上的继受取得是指没有依《票据法》规定的转让方式，而是依民事权利的转让方式取得票据权利，如赠予而取得。非《票据法》上的继受取得包括依普通债权的转让方式取得票据权利，也包括依继承、公司合并、营业受让等方式取得票据权利。这种继受取得通常只能得到一般法律的保护，而不能得到《票据法》对合法持票人权利的特别保护，不能主张抗辩切断和善意取得等。

（三）票据权利的行使与保全

1. 票据权利的行使

票据权利的行使是指票据权利人请求票据义务人履行义务，从而实现票据权利的行为。在行使票据权利时，票据权利人应实际地将票据向票据义务人出示，以此请示票据义务人履行义务。票据提示的处所通常为票据上载明的票据权利行使处所，票据上未指明处所的，则应在票据当事人的营业场所进行。

2. 票据权利的保全

票据权利的保全是指票据权利人为防止票据权利丧失所进行的行为。票据权利的保全方式包括进行票据提示、做成拒绝证书、中断时效。

（1）进行票据提示。

持票人应在法定期间行使票据权利。我国《票据法》明确规定，持票人只有在法定期间提示票据请求付款被拒绝时，才可行使追索权。按期提示请求承兑被拒绝也是期前追索进行的条件之一。

（2）做成拒绝证书。

我国《票据法》规定：持票人行使追索权时，应当提供被拒绝承兑或被拒绝付款的有关证明。而在持票人提示承兑或者提示付款被拒绝时，承兑人或者付款人必须出具证明。证明应记载被拒绝承兑或被拒绝付款的票据种类、主要记载事项，拒绝承兑、拒绝付款的事实依据和法律依据，拒绝承兑、拒绝付款的时间，拒绝承兑人、拒绝付款人的签章。在持票人通过票据交换所进行提示，并由承兑人或者付款人的代理银行代理承兑或代理付款时，应由相应的代理付款银行出具退票理由书，退票理由书与拒绝证书具有同一法律效力。此外，由有关机关出具的合法证明包括医院或有关单位出具的承兑人、付款人死亡证明，司法机关出具的承兑人、付款人逃匿证明，公证机关出具的具有拒绝证明效力的文书，有关的司法文书和处罚决定，包括承兑人或付款人被人民法院依法宣告破产时的有关司法文书、有关行政主管部门的处罚决定等，都具有拒绝证书的效力。

（3）中断时效。

诉讼可以中断时效，保全票据权利。

3. 票据权利的行使与保全的时间和地点

我国《票据法》第十六条规定，持票人对票据债务人行使票据权利或者保全票据权利，应当在票据当事人的营业场所和营业时间内进行。票据当事人无营业场所的，应当在其住所进行。关于营业时间，若期限的最后一日为非营业日，则以非营业日之后的第一个营业日为最后一日。持票人应根据票据义务人或票据当事人具体的营业时间，行使或保全票据权利。

（四）票据权利的消灭

1. 票据权利的消灭的概念

票据权利的消灭是指因一定的事由而使票据上的付款请求权和追索权失去其法律意义。当票据权利消灭后，票据法律关系随之消灭，票据上的当事人基于票据法律关系而享有的权利归于消灭，义务也归于消灭。可以继续存在的是当事人基于其他法律关系如合同关系等而享有的权利，但与《票据法》无关。

2. 票据权利的消灭的事由

票据权利的消灭，有些是基于票据权利得到了完全的实现和满足而消灭，这是通常的消灭原因；也有一些是在票据权利并未得到实现的情况下而归于消灭。

（1）付款。

根据我国《票据法》第六十条的规定，付款人依法足额付款后，全体汇票债务人的责任解除。

（2）追索义务人清偿票据债务及追索费用。

根据我国《票据法》第七十二条的规定，被追索人依持票人行使追索权，而进行相应金额的清偿后，其责任解除。这时，并不是所有的票据债务都归于消灭，依被追索人在票据关系中的地位不同而有所不同。汇票的承兑人或其他票据的出票人履行完追索义务后，票据权利完全消灭；被追索人为尚有前手的背书人或保证人的，在履行完追索义务后，还可以行使再追索权，这时的票据权利只是“相对消灭”。

（3）票据时效期间届满。

根据我国《票据法》第十七条的规定，票据权利在下列期限内不行使而消灭：一是持票人对票据的出票人和承兑人的权利，自票据到期日起两年；见票即付的汇票、本票，自出票日起两年。二是持票人对支票出票人的权利，自出票日起六个月。三是持票人对前手的追索权，自被拒绝承兑或被拒绝付款之日起六个月。四是持票人对前手的再追索权，自清偿日或被提起诉讼之日起三个月。

（4）票据记载事项欠缺。

我国《票据法》第十八条规定，票据可以因记载事项的欠缺而使持票人丧失票据权利，这时持票人只享有利益偿还请求权。

（5）保全手续欠缺。

我国《票据法》第六十五条规定，持票人不能出示拒绝证明、退票理由书，或者未按照规定期限提供其他合法证明的，丧失对其前手的追索权。

【延伸阅读】

票据权利的瑕疵

1. 票据的伪造与变造

（1）票据的伪造。

票据的伪造是指假借他人的名义，在票据上为一定的票据行为。一般来说，《票据法》意义上的票据的伪造指票据签章的伪造，而不包括其他事项的伪造。

（2）票据的变造。

票据的变造是指无票据记载事项变更权限的人，对票据上记载事项加以变更，从而使票据法律关系的内容发生改变。

2. 票据伪造、变造的法律责任

我国《票据法》第十四条规定，票据上的记载事项应当真实，不得伪造、变造。伪造、变造票据上的签章和其他记载事项的，应当承担法律责任。这涉及伪造者、变造者和其他签章人的法律责任问题。

(1) 伪造者、变造者的法律责任。

伪造者、变造者的法律责任包括民事责任、行政责任和刑事责任。因票据的伪造、变造而导致票据当事人不获承兑或付款时，其所支付的费用及利息损失，均应由伪造者、变造者承担；根据我国公司法、企业法和行政法规中的有关规定，应当给予伪造、变造的责任者个人处分，给公司、企业以警告、罚款、停业整顿、吊销营业执照的行政处罚。根据我国《票据法》第一百零二条及《中华人民共和国刑法》的有关规定，对伪造、变造责任者处以刑事处罚。

(2) 其他签章人的法律责任。

我国《票据法》第十四条第二款规定，票据上有伪造、变造的签章的，不影响票据上其他真实签章的效力。其他签章人仍须依其签章，按照票据所载文义承担票据责任。

我国《票据法》第十四条第三款规定，票据上其他记载事项被变造的，在变造之前签章的人，对原记载事项负责；在变造之后签章的人，对变造之后的记载事项负责；不能辨别是在票据被变造之前或者之后签章的，视同在变造之前签章。票据变造与票据伪造的不同之处在于有票据的变造人，却无被变造人。因为票据变造使得票据上的权利、义务关系发生变化，所以票据变造涉及的不仅是被变造票据的记载事项的原记载人，而是所有票据的当事人。票据是文义证券，票据变造前的效力显然与变造后的票据的签章人有关，要求其依签章时的票据文义承担责任，这样才符合法律的公平和正义。

3. 票据的更改和涂销

票据的更改和涂销是指将票据上的签名或其他记载事项加以更改或涂抹消除的行为。

我国《票据法》第九条规定，票据金额、日期、收款人名称不得更改，更改的票据无效。根据《最高人民法院关于审理票据纠纷案件若干问题的规定》，更改银行汇票的实际结算金额，也会导致票据无效。对票据上的其他记载事项如付款人名称、付款日期、付款地、出票地等，原记载人可以更改，更改时只需签章证明即可。

权利人故意所为票据的涂销行为就其实质来说就是票据内容的更改，会导致上述票据更改的法律后果。权利人非故意所为的票据涂销，涂销行为无效，票据依其未涂销时的记载事项发生法律效力；非权利人所为的票据涂销行为，会导致票据伪造、变造的法律后果。

任务二 汇　票

一、汇票的概念和特征

(一) 汇票的概念

汇票是票据中最重要的票据类型，它是出票人签发的，委托付款人在见票时或者在指定的日期无条件支付确定的金额给收款人或者持票人的票据。

（二）汇票的特征

汇票的特征如下：

（1）汇票关系中有三个基本当事人，即出票人、付款人和收款人。其中，出票人和付款人为票据义务人，收款人为票据权利人。

（2）汇票是委托他人进行支付的票据。汇票的出票人仅仅是签发票据人，而不是票据的付款人，他必须另行委托付款人支付票据金额，所以说汇票是委托证券，而非自付证券。

（3）汇票通常都需要由付款人进行承兑，以确认其愿意承担绝对的付款义务。在付款人未承兑时，汇票上所载的付款人并无绝对的付款义务。

（4）汇票是在见票时或者指定的到期日无条件支付给持票人一定金额的票据。汇票不以见票即付为限，许多汇票都有一定的到期日，这体现了汇票的信用功能。

（5）汇票对于当事人特别是出票人和付款人，没有特别的限制，既可以是银行，也可以是公司、企业或个人。

二、汇票的种类

汇票可以根据不同的标准进行分类。

1. 根据汇票当事人身份划分

根据汇票当事人身份的不同，汇票可分为银行汇票和商业汇票。

（1）银行汇票是以银行为出票人，同时以银行为付款人的汇票。通常情况下，银行汇票中的出票行与付款行为同一银行，也存在不是同一银行的情况。

（2）商业汇票是以银行以外的其他公司、企业为出票人，以银行或者其他公司、企业等为付款人的汇票。其中，付款人为银行并进行承兑的，则称为银行承兑汇票；付款人为银行以外的公司、企业等并由其进行承兑的，则称为商业承兑汇票。

2. 根据汇票付款期限划分

根据汇票付款期限的不同，汇票可分为即期汇票和远期汇票。

（1）即期汇票实际上是见票即付的汇票，指汇票上没有到期日的记载或者明确记载见票即付，收款人或者持票人一经向付款人提示汇票、请求付款，该汇票即为到期，付款人就应当承担付款责任的汇票。

（2）远期汇票是指汇票上记载了到期日，付款人在到期日承担付款责任的汇票。根据记载到期日方式的不同，远期汇票又可以分为定日付款的汇票、出票后定期付款的汇票、见票后定期付款的汇票。定日付款的汇票又称为定期汇票，是以确定的日期为到期日的汇票；出票后定期付款的汇票又称为约期汇票，是约定以出票日后一定期间届满为到期日的汇票；见票后定期付款的汇票又称为注期汇票，是收款人或者持票人向汇票上所记载的付款人提示见票并以付款人在汇票上注明见票日之后一定期间届满为到期日的汇票。

我国《票据法》规定，汇票既可以是即期汇票，也可以是远期汇票。在实际的票据使用过程中，银行汇票均为即期汇票，商业汇票多为远期汇票。

【延伸阅读】

汇票的法定记载事项

根据我国《票据法》第二十二条的规定，汇票上必须记载下列事项，否则汇票无效：

1. 表明“汇票”的字样

通常情况下，该文句在统一印制好的票据用纸上事先就已印制好，出票人无须自行记载。汇票包括银行汇票、银行承兑汇票和商业承兑汇票三种，出票人应该依照与收款人的合同选择汇票的种类。

2. 无条件支付的委托

汇票是出票人委托他人进行付款的票据。为增强票据的流通性和付款的确定性，使这种委托关系变得单纯，就不得附条件。如果票据在付款上附有条件，就会导致票据无效。

同样，无条件支付的文句通常也无须出票人自行记载，而是事先印制在汇票的相应位置。

3. 确定的金额

由于票据是以金钱的支付为目标的债权证券，因此汇票金额的记载当然是绝对必要的。在汇票金额记载欠缺或更改时，汇票无效。

在记载汇票金额时，首先，应确定货币的种类，当汇票金额以外币为单位记载时，按照付款日的市场汇价，以人民币支付。但当事人另有约定的，从其约定。其次，在金额的记载上不得做选择性和浮动性的记载。最后，汇票上的中文和数码两种记载必须一致，否则票据无效。

4. 付款人名称

汇票作为一种委托证券，出票时必须明确记载出票人所委托的人。付款人可以是法人，也可以是自然人。根据《支付结算办法》的规定，银行汇票均以出票银行为付款人。汇票出票时记载的付款人，是汇票上的付款人，不是实际结算关系上的付款人，对此须加以区分。

付款人只有在承兑后才成为汇票上的主债务人，承担到期无条件付款的绝对责任。

5. 收款人名称

票据是一种指示证券。出票人在出票时，必须明确记载票据权利人即收款人，此后才能以收款人为第一背书人进行票据的背书转让。收款人名称的记载必须用全称，不得使用简称或企业的代号。

6. 出票日期

出票日期对于出票行为具有重要意义。

(1) 它是决定票据权行使期间的计算基准日。对于约期汇票来说，它是确定到期日的基准日；对于见票即付的汇票或见票后定期付款的汇票，它是确定汇票提示期间的基准日；对于见票即付的汇票，它同时还是确定票据权利消灭时效的基准日。

(2) 它是汇票到期后计算利息的基准日，也是决定保证是否成立的基准日。

(3) 它是确定出票人民事行为能力的依据。

由于票据是文义证券，所以汇票上记载的出票日不必一定为实际出票日。但出票日期不得为公历上没有的日期（如2月30日），也不能晚于汇票的付款日期，否则汇票无效。

7. 出票人签章

出票人是通过其签章确实地加入到票据法律关系中承担票据义务的。同时，票据签章还是对票据上记载的出票人和实际出票人进行同一性认定的依据。所以汇票上的其他记载事项无须出票人本人亲自完成，但其签章必须由本人完成（签名）或授权他人代为完成（盖章）。

(1) 商业汇票上出票人的签章，为该法人或该单位的财务专用章加其法定代表人、单位负责人或者其授权的代理人的签名或盖章。

(2) 银行汇票上出票人的签章和银行承兑汇票上承兑人的签章，为该银行汇票专用章及其法定代表人或者其授权的代理人的签名或盖章。

(3) 银行汇票的出票人及银行承兑汇票的承兑人在票据上未加盖规定的专用章而加盖该银行的公章，签章人应当承担票据责任。

8. 汇票未记载事项的认定

(1) 汇票上未记载付款日期的，根据我国《票据法》第二十三条的规定，视为见票即付，付款人在持票人提示票据时，即应履行付款责任。若以到期日补充记载完成后的汇票提示承兑或提示付款，则应认为该汇票在见票时即已记载到期日。

(2) 汇票上未记载付款地的，以付款人的营业场所、住所或者经常居住地为付款地。付款地的记载原本是为了使持票人便于找到付款人，顺利进行票据提示，同时确定票据不能付款时的拒绝证书做成地，还可以确定发生票据诉讼时法院的管辖地。所以，我国的《票据法》才在出票人未记载时补充记载。

(3) 汇票上未记载出票地的，以出票人的营业场所、住所或者经常居住地为出票地。出票地记载的意义，主要在于确定涉外票据适用法律的准据法。

三、汇票的票据行为

票据行为泛指票据权利、义务关系发生、变更或消灭所必要的全部法律行为，包括出票、背书、提示、承兑、付款、拒付、追索和保证八种。

1. 出票

出票即票据的签发，包括两个环节：先做成汇票，由出票人本人或授权人签名；然后交付给付款人承兑或交给收款人，有时是当面交付，不在一地的可邮寄交付。若出票人仅有开票的行为而无交付的行为，则汇票无效。出票人出票后，对收款人或持票人担负汇票的及时承兑和付款。若付款人拒绝，则持票人有权向出票人行使追索权。对收款人来说，出票只是单方面的法律行为，付款人并不因此而负有付款的义务。

出票在票据诸行为中是最主要的票据行为，其他的行为都是在出票的基础上进行的，称为附属票据行为。

2. 背书

背书是指在票据背面或者粘单上记载有关事项并签章的票据行为。背书的目的是表明票据权利的转让，由背书人转让给被背书人。可通过连续的背书，证明持票人具有行使票据权利的资格，另外还有担保的效力。

实际上，背书人对票据所负的责任与出票人是相同的，只不过他属于从债务人，只有在汇票的主债务人即出票人或承兑人拒付时，才会被追索。

若是未到期的票据背书转让给银行，则涉及贴现。

（1）票据贴现。

票据贴现是指在持票人需要资金时，将持有的未到期商业汇票通过背书的方式转让给银行，银行在票据金额中扣除贴现利息后，将余款支付给贴现申请人的票据行为。贴现既是一种票据转让行为，又是一种银行授信行为。银行通过接受汇票而给持票人短期贷款，汇票到期时，银行就能通过收回汇票金额来冲销贷款。若银行到期未获得票据付款，则可以向汇票的所有债务人行使追索权。

票据贴现就其性质而言是银行的一项授信业务，银行实际上是通过贴现的方式给持票人贷款。但与一般贷款不同的是：由于贴现银行是通过背书方式取得票据的票据权利，所以出票人、收款人、背书人、承兑人和保证人均对该贷款（票据金额）承担连带责任，从而最大限度地保证了这种短期贷款的资金安全。

（2）汇票贴现的限制：

①出票人在票据上记载“不得转让”字样，其后手以此票据进行贴现的，通过贴现取得票据的持票人不享有票据权利。

②背书人在票据上记载“不得转让”字样，其后手以此票据进行贴现的，原背书人对其后手的被背书人不承担票据责任。

③商业汇票的持票人向非其开户银行申请贴现，与向其开户银行申请贴现具有同等的法律效力。但是，持票人有恶意或者与贴现银行恶意串通的除外。

④再贴现和转贴现。再贴现是指票据到期前，贴现银行向中央银行背书转让票据，中央银行扣除再贴现利息后，将余额支付给贴现银行的一种票据行为；转贴现是指贴现银行向其他商业银行背书转让票据的票据行为。再贴现和转贴现均为票据尚未到期，贴现银行基于资金的需要，向中央银行或其他商业银行转让权利的行为。

（3）一般商业银行办理贴现的程序：

①持票人（贴现申请人）填写贴现凭证，向其开户银行申请贴现。

②开户银行审查贴现申请人的资格，审核商业汇票的合法性、完整性、准确性、规范性。

③受理符合条件的贴现申请，并计算贴现利息和贴现额。

$$\text{贴现利息}=\text{票据到期值}\times\text{贴现率}\times\text{贴现期}$$

$$\text{贴现额}=\text{票据到期值}-\text{贴现利息}$$

$$\text{票据到期值}=\text{票据面值}\times(1+\text{票面利率}\times\text{期值})$$

④持票人将票据背书转让给其开户银行，开户银行将所计算出来的贴现金额转让给持票人账户。

3. 提示

提示是指汇票持票人将汇票交给付款人，要求付款或承兑的行为。即期汇票一经提示，付款人就要付款，这叫付款提示；远期汇票提示时，付款人要承兑，这叫承兑提示，到期时再进行付款提示。提示一般要在付款地进行，且要在合理时间内提示。

我国《票据法》规定，见票即付的汇票的付款提示是出票后一个月内；定日付款的汇票、出票后定期付款的汇票提示时间为到期日起十日内。对于承兑提示，定日付款的汇票、出票后定期付款的汇票是在到期日前，见票后定期付款的汇票是从出票日起一个月。

如果汇票的付款人是两个或两个以上，而他们又不是合伙人，就必须向全体付款人提示承兑和付款，除非其中一人被授权代表全体付款人承兑或付款，方可只向一人提示。如果承兑人或付款人已死亡，就可向他们的个人代表做出提示。

4. 承兑

承兑是指汇票付款人承诺在汇票到期日支付汇票金额的票据行为。承兑也包括两个动作：写成和交付。交付可以是实际的交付，即在承兑后将汇票交给持票人；也可以是推定的交付，只要付款人通知持票人在某日已做了承兑，就算交付。国际上习惯的做法是对 180 天以内的远期汇票承兑后不退给持票人，而只是书面通知（发一个“承兑通知”）。

承兑人保证他将按汇票的文义来付款，他是主债务人，而且不能以出票人的签字是伪造的或出票人不存在或未经授权而否认汇票的效力。承兑前，汇票的责任顺序为：出票人—收款人（第一背书人）—第二背书人……承兑后，汇票的责任顺序为：承兑人—出票人—收款人（第一背书人）—第二背书人……

5. 付款

付款是指汇票的付款人于汇票到期日支付汇票金额以消灭票据关系的行为。付款是一种支付汇票金额的行为，但其目的是消灭票据关系，因此只有汇票上的主债务人向持票人支付票据的行为才能产生消灭票据关系的效力。至于其他人如出票人、背书人、付款人和保证人等的付款，都不能称为票据的付款。比如，承兑人退票，持票人可要求任一前手付款。假如背书人被迫付了票款，他同样可以向其前手背书人或出票人索偿。当汇票还留有一个责任当事人，而且有人能向他追索时，汇票所涉及的交易就没有完结，票据关系就不能消灭。

付款是票据关系的最后一个环节，其具体过程是：汇票的持票人向付款人提示汇票，请求付款，然后付款人付款并收回汇票，从而使汇票上的法律关系消灭。

6. 拒付

当持票人提示汇票要求承兑和付款时，如果遭到拒绝，就叫拒付，也叫退票。事实上是不可能的付款，如破产、死亡等也属于拒付。一旦发生拒付，持票人要及时通知前手，即发生退票通知或拒付通知。这个通知可以是书面的，也可以由人传达，措辞不限，只要能说明是哪一张汇票遭到退票就可以了。但我国《票据法》规定，退票通知只能以书面形式做成。为了使每一个前手都负责，持票人应在发生退票时，通知每一个前手。

退票通知必须在合理的时间内发生。英国《票据法》规定，如被通知人和通知人同住一地，退票通知应于退票的第二天送达；如被通知人住在其他城市，退票通知要在次日邮寄出去。我国《票据法》第六十六条规定，持票人应当自收到被拒绝承兑或者被拒绝付款的有关证明之日起三日内，将被拒绝事由书面通知其前手；其前手应当自收到通知之日起三日内书面通知其再前手。

7. 追索

汇票遭到拒付时，持票人要求其前手偿还票款和费用的行为称为追索。持票人是主债权人，有权向背书人、承兑人、出票人及其他债务人追索。持票人可以依次向背书人、承兑人、出票人及其他的债务人追索，也可越过其前手，向其中任何一个债务人请求偿还。为节省时间，他甚至可以跨越所有的中间环节，直接向最主要的债务人追索。汇票承兑前，向出票人追索；已承兑时，如承兑人拒付，也是向出票人追索。出票人清偿之后，还可向承兑人追索。承兑人要是还拒付，出票人可以向法院起诉。

索偿的金额和费用包括：

(1) 汇票金额。

汇票金额包括汇票上规定的利息。

(2) 损失的利息。

凡汇票上载明按一个特定的利率支付利息的，属于损失的利息，可以按照该利率计算，也可以不按照该利率计算。损失的利息，即期汇票从付款提示日起计息，远期汇票从汇票到期日起计息。

(3) 做成拒绝证书的费用。

可行使追索权的期限：英国规定为六年，《日内瓦统一法》规定为一年，我国规定为两年。行使追索权必须以持票人经过提示，并通知其前手以及做成拒绝证书为前提。

8. 保证

保证是指非汇票债务人对于出票、背书、承兑等行为予以保证，也是对汇票债务的担保。保证人一般是第三者，被保证人则是出票人、承兑人、背书人等。

任务三 本　　票

一、本票的概念与特征

(一) 本票的概念

本票是指出票人签发的，承诺自己在见票时无条件支付确定的金额给收款人或者持票人的票据。国际上，本票有银行本票与商业本票、企业本票与个人本票、即期本票与远期本票之分，但我国《票据法》上的本票仅指银行本票，不包括商业本票和个人本票，而且均为即期本票，无远期本票。

银行本票是银行签发的，承诺在见票时无条件支付确定的金额给收款人或者持票人的票据。银行本票是银行提供的一种银行信用，见票即付，可当场抵用。

商业本票又称一般本票，是由企业、单位或个人签发并承诺在见票时或指定日期无条件支付一定金额给收款人或持票人的票据。国际上所使用的商业本票，有远期商业本票和即期商业本票之分。远期商业本票简称期票，可分为定期付款的期票、出票后定期付款的期票和见票后定期付款的期票。商业本票主要在同城使用，用以清偿出票人的自身债务。

（二）本票的特征

（1）本票是票据的一种，具有一切票据所共有的性质，包括无因证券、设权证券、文义证券、要式证券、金钱债权转让券、流通证券等。

（2）本票是自付证券。它是由出票人对收款人支付并承担绝对付款责任的票据，这是本票和汇票、支票最重要的区别。在本票法律关系中，基本当事人只有出票人和收款人，债权债务关系相对简单。

（3）无须承兑。本票在很多方面可以适用汇票法律制度，但由于本票是出票人本人承担付款责任，无须委托他人付款，所以，本票无须承兑就能保证付款。

二、本票的出票

1. 出票人资格

根据我国《票据法》的规定，本票的出票人必须具有支付本票金额的可靠资金来源，并保证支付。

根据我国相关法律关于本票的规定，在商业银行辖属营业机构开户的单位和个人在票据交换区域内支付各种款项时，可以申请使用银行本票。银行本票分为转账银行本票和现金银行本票。若申请人或收款人为单位，则不得申请现金银行本票。只有申请人或收款人均为个人，才能申请现金银行本票。在银行开立存款账户的持票人向开户银行提示付款时，应在银行本票背面“背书人签章”栏签章，签章应与预留银行签章相同，并将银行本票、进账单送交开户银行，银行审查无误后办理转账。未在银行开立存款账户的个人持票人，凭注明“现金”字样的银行本票向指定代理付款人支取现金的，应在银行本票背面“背书人签章”栏签章，记载本人身份证件名称、号码及发证机关，并交验本人身份证件及复印件，银行审核无误后支付现金。

2. 本票的法定记载事项

根据我国《票据法》第七十五条的规定，本票的法定记载事项包括：

（1）表明“本票”的字样。定额本票由中国人民银行统一印制并发行，不定额本票由各银行按中国人民银行规定的同一格式印制和发行，出票人不得擅自印制本票，更不得以其他票据、单据或白纸书写有关事项代替本票。凡不符合格式的本票一律无效。

（2）无条件支付的承诺。

（3）确定的金额。

（4）收款人名称。

（5）出票日期。我国《票据法》规定，本票一律为见票即付，本票的出票日期就成为计算持票人本票权利期限的基准点，是法定绝对必要记载事项。

（6）出票人签章。

以上这些事项是本票的法定绝对必要记载事项，本票上欠缺其中任何一项，都会导致本票无效。

3. 本票的付款

本票的出票人在持票人提示见票时，必须承担付款的责任。本票自出票日起，付款期限最长不超过两个月。

4. 本票适用汇票规定的情况

本票的背书、保证、付款行为和追索权的行使，除我国《票据法》“本票”一章规定的外，其他适用该法第二十四条有关汇票的规定。

任务四 支　票

一、支票的概念、特征和种类

（一）支票的概念

支票是指出票人签发的，委托办理支票存款业务的银行或者其他金融机构在见票时无条件支付确定的金额给收款人或者持票人的票据。

（二）支票的特征

（1）支票是票据的一种，与汇票、本票一样具有票据所具有的共同特征。

（2）《票据法》对支票付款人的资格严格限制，仅限于银行或其他金融机构，不能是其他法人或自然人。

（3）支票是见票即付的票据，不像汇票、本票有即期和远期之分（虽然我国《票据法》只规定了即期本票，但本票可以为远期）。支票只能是即期的，因为支票是支付证券，其主要功能在于代替现金进行支付。

（4）支票的无因性受到一定限制。我国《票据法》第八十七条规定，支票的出票人所签发的支票金额不得超过其付款时在付款人处实有的存款金额；出票人签发的支票金额超过其付款时在付款人处实有的存款金额的，为空头支票。禁止签发空头支票。

（三）支票的种类

1. 以支票上权利人的记载方式为标准划分

以支票上权利人的记载方式为标准，支票可分为记名支票、无记名支票和指示支票。

我国《票据法》第八十四条未将支票的收款人名称作为法定绝对必要记载事项，而第八十六条规定，支票上未记载收款人名称的，经出票人授权，可以补记，这就说明我国是承认无记名支票的。

2. 以支票的付款方式为标准划分

以支票的付款方式为标准，支票可分为现金支票和转账支票。

现金支票只能用来支取现金，而转账支票只能用来转账，不能支取现金。

3. 以支票当事人是否兼任为标准划分

以支票当事人是否兼任为标准，支票可分为一般支票和变式支票。

变式支票又分为对己支票（出票人自己为付款人）、指己支票（出票人自己为收款人）、付受支票（付款人也是收款人）。我国《票据法》第八十六条第四款规定，出票人可以在支票上记载自己为收款人。

二、支票的出票

（一）出票人资格的限制

我国《票据法》规定，支票的出票人只有符合下列条件才能签发支票：

1. 建立账户

我国《票据法》第八十二条第一款规定，开立支票存款账户，申请人必须使用本名，并提交证明其身份的合法证件。所以，作为支票的出票人首先要在银行或其他金融机构开立存款账户，以建立和银行或其他金融机构的资金关系。

2. 存入足够支付的款项

我国《票据法》第八十二条第二款规定，开立支票存款账户和领用支票，应当有可靠的资信，并存入一定的资金。

3. 预留印鉴

为便于付款银行在付款时进行审查，同时免除付款银行善意付款的责任，票据法律法规均规定开立支票存款账户的申请人应该在银行留下其本名的签名样式和印鉴样式。

（二）支票的法定记载事项

（1）表明“支票”的字样。

（2）无条件支付的委托。

（3）确定的金额。《票据法》要求出票人就支票的金额填写清楚、准确。但实际生活中，出票人在出票时出于某种需要，往往将金额空白，待交易后再填写。我国《票据法》第八十二条亦允许此种做法，但在提示付款时，金额的填写必须符合法律规定，否则无效。

（4）付款人名称。

（5）出票日期。

（6）出票人签章。

支票上未记载上述规定事项之一的，支票无效。

（三）未记载事项的补救

（1）我国《票据法》第八十五条规定，支票上的金额可以由出票人授权补记，补记前的支票，不得使用。

（2）我国《票据法》第八十六条做了如下规定：

①支票上记载收款人名称的，经出票人授权，可以补记。

②支票上未记载付款地的，以付款人的营业场所为付款地。

③支票上未记载出票地的，以出票人的营业场所、住所或经常居住地为出票地。

（四）出票的效力

（1）出票人必须按照签发的支票金额承担保证向持票人付款的责任，包括保证自己在付款行有足够的存款，未签发空头支票等。

（2）出票人在付款银行的存款足以支付支票金额时，付款人应当在持票人提示付款的当日足额付款，使持票人能够及时得到票款的支付。

三、支票的付款

1. 提示付款

支票的持票人应当在出票日起十日内提示付款。异地使用的支票，其提示付款的期限由中国人民银行另行规定。超过提示付款期限的，付款人可以不予付款。

2. 逾期提示的法律后果

因超过提示付款期限付款人不予付款的支票，持票人仍享有票据权利；出票人仍应对持票人承担票据责任，支付票据所载金额。

3. 付款的意义

付款人依法支付支票金额的，对出票人不再承担受委托付款的责任，对持票人不再承担付款的责任。但是，付款人以恶意或者有重大过失付款的除外。

4. 签发空头支票的后果

因出票人签发空头支票或者签发与其签名式样或预留印鉴不符的支票，给他人造成损失的，支票的出票人和背书人应当依法承担民事责任。

四、支票适用汇票规定的情况

我国《票据法》第九十三条规定，支票的背书、付款行为和追索权的行使，除“支票”一章规定的外，其他适用该法第二章有关汇票的规定。支票的出票行为亦适用于汇票的有关规定。

课后练习题

1. 票据的特征有哪些？
2. 简述汇票的种类。
3. 支票的特征有哪些？

项目十五

财政政策与货币政策

学习目标

1. 了解财政政策和货币政策的目标、类型以及两者进行配合的必要性。
2. 了解财政政策与货币政策的配合方式及其所适用的经济条件。
3. 掌握财政政策与货币政策的工具及运用。
4. 能够运用所学知识对我国近几年来的财政政策和货币政策对经济的影响进行分析。

任务一 宏观经济调控概述

一、宏观经济政策的形成和发展

宏观经济政策是指国家或政府为了增进社会经济福利而制定的解决经济问题的指导原则和措施。

宏观经济政策的形成和发展，是与凯恩斯主义和宏观经济学的形成、发展相一致的。20 世纪 30 年代以来，宏观经济政策的形成、发展大致经历了三个阶段。

第一阶段：从 20 世纪 30 年代到第二次世界大战。其间，凯恩斯在 1936 年发表的《就业、利息和货币通论》为各国政府干预经济提供了理论依据。该书从总需求的角度分析国民收入的决定，并用有效需求不足来解释失业存在的原因，提出了放弃自由放任、由国家干预经济的主张。

第二阶段：第二次世界大战后到 20 世纪 70 年代。美国政府在 1946 年通过的《就业法》把实现充分就业、促进经济繁荣作为政府的基本职责。英国也在 1944 年发表了《就业政策白皮书》。这标志着国家将全面而系统地干预经济，由此，宏观经济政策的发展进入一个新时期。这一时期的宏观经济政策是以凯恩斯主义为基础的，主要政策工具是财政政策与货币政策。

第三阶段：20 世纪 70 年代初，西方国家出现了高通货膨胀率与高失业率并存的“滞胀”局面，这就迫使它们对国家干预经济的政策进行反思，于是，宏观经济政策的发展进入了第三个阶段。在这个阶段，最主要的特征是自由放任思潮的复兴。自由放任思潮主要要求减少国家干预，加强市场机制的调节作用。因此，经济政策的自由化和多样化，成为宏观经济政策的重要发展。

总体来说，20 世纪 30 年代以后的资本主义国家进入了国家垄断资本主义时期。这一时期的总趋势是要借助国家的力量克服市场经济本身所固有的缺陷。当然，资本主义社会的基础是市场经济，利用市场机制来调节经济是基本的，但国家的宏观调控已是现代市场经济的一个重要组成部分。当今，宏观经济政策的一项重要任务，是把市场机制与国家干预更好地结合起来。

二、宏观经济政策的目标

任何一项经济政策的制定都是根据一定的经济目标而进行的。宏观经济政策的目标被认为有四个，即充分就业、物价水平稳定、持续均衡的经济增长和国际收支平衡。

（一）充分就业

充分就业一般是指在现有的激励下，所有愿意工作的人都能找到工作。自愿失业和摩擦性失业等自然失业的存在，使得自然失业率大于零。实现充分就业，就是把失业率保持在自然失业率的水平，让自然失业以外的所有愿意为现行工资工作的人都找到工作，实现最大量的就业。在西方经济学家眼中，4%~6%的失业率一般被认为是正常的。

（二）物价水平稳定

物价水平稳定是指价格总水平的稳定。物价稳定不是价格不变，经济要增长，没有一点通货膨胀是很难的。一般说来，通货膨胀率与经济增长率有一定的正相关关系。但过高的通货膨胀对社会经济生活的危害是极其严重的。因而，物价稳定就是要维持一个低而稳定的通货膨胀率。

（三）持续均衡的经济增长

持续均衡的经济增长是指在一个特定时期内国民经济要达到一个适度的增长率。超出社会各方面承受能力的过高的增长率，将会扭曲经济结构，破坏经济平衡，带来适得其反的结果。因此，适度的增长率既要能满足社会发展的需要，又应该是人口增长和技术进步所能达到的。

（四）国际收支平衡

国际收支平衡主要要求一国能保持汇率稳定，同时其进出口达到基本平衡，达到既无大量的国际收支赤字又无过度的国际收支盈余。因为过度的国际收支赤字和盈余都会对国内经济发展造成不利的影响。前者会给一国带来沉重的债务负担；后者会造成资源的闲置，机会损失大。

以上四种目标之间既存在着密切的联系，又存在着矛盾。例如，充分就业和物价稳定往往是矛盾的，因为要实现充分就业，就必须运用扩张性财政政策和货币政策，而这些政策又会由于财政赤字的增加和货币供给量的增加而引起通货膨胀。充分就业与经济增长有一致的一面，也有矛盾的一面。这就是说，经济增长一方面会提供更多的就业机会，有利于充分就业；另一方面经济增长中的技术进步又会引起资本对劳动的替代，相对缩小对劳动的需求，使部分工人，尤其是文化技术水平低的工人失业。此外，物价稳定与经济增长之间也存在矛盾，因为在经济增长过程中，通货膨胀是难以避免的。

宏观经济政策目标之间的矛盾，就要求政策制定者或者确定重点政策目标，或者对这些政策目标进行协调。政策制定者在确定宏观经济政策目标时，既受自己对各项政策目标重要程度理解的限制，又受社会可接受程度的制约。如何对这些目标做出最适当的抉择和取舍，是当代各国政府与经济学者所面临的难题。不同的国家，在不同时期，对宏观经济政策目标的选择和侧重点会有所不同。同时，不同流派的经济学家对政策目标也有不同的理解。

三、宏观经济政策工具

宏观经济政策工具是用来达到政策目标的手段。宏观经济政策工具，在不考虑对外经济交往的情况下，常用的有需求管理和供给管理政策。

（一）需求管理

需求管理是通过调节总需求来达到一定政策目标的宏观经济政策工具。这也是凯恩斯主义所重视的政策工具。

需求管理是要通过对总需求的调节，实现总需求等于总供给，达到既无失业又无通货膨胀的目标。在总需求小于总供给时，经济中由于需求不足而产生失业，这时就要运用扩张性的政策工具来刺激总需求。在总需求大于总供给时，经济中会因为需求过度而引起通货膨胀，这时就要运用紧缩性的政策工具来抑制总需求。需求管理包括财政政策与货币政策。

（二）供给管理

供给管理是要通过对总供给的调节，来达到一定的政策目标。供给即生产，在短期内影响供给的主要因素是生产成本，特别是生产成本中的工资成本。在长期内影响供给的主要因素是生产能力，即经济潜力的增长。因此，供给管理包括控制工资与物价的收入政策、人力政策、产业政策以及促进经济增长的增长政策。

四、宏观经济政策的手段

（一）经济手段

经济手段是指政府在自觉依据和运用价值规律的基础上借助于经济杠杆的调节作用，对国家经济进行宏观调控。经济杠杆是对社会经济活动进行宏观调控的价值形式和价值工具，主要包括价格、税收、信贷、工资等。

（二）法律手段

法律手段是指政府依靠法制力量，通过经济立法和司法，运用经济法规来调节经济关系和经济活动，以达到宏观调控目标的一种手段。通过法律手段可以有效保护公有财产、个人财产，维护各种所有制经济、各个经济组织和社会成员个人的合法权益；调整各种经济组织之间横向和纵向的关系，保证经济运行的正常秩序。

法律手段的内容包括经济立法和经济司法两个方面。经济立法主要是由立法机关制定各种经济法规，保护市场主体权益；经济司法主要是由司法机关按照法律规定的制度、程序，对经济案件实行检察和审理的活动，维护市场秩序，惩罚和制裁经济犯罪。

(三) 行政手段

行政手段是行政机构采取强制性命令、指示、规定等行政方式来调节经济活动，以达到宏观调控目标的一种手段。行政手段具有权威性、纵向性、无偿性及速效性等特点。社会主义宏观经济调控手段还不能放弃必要的行政手段。因为其他手段的调节功能都有一定的局限性，如经济手段具有短期性、滞后性和调节后果不确定性。当经济手段等的调节都无效时，就只能采取必要的行政手段。尤其当国家经济重大比例关系失调或社会经济某一领域失控时，运用行政手段调节将能更迅速地扭转失控，更快地恢复正常的经济秩序。当然，行政手段是短期的非常规的手段，不可滥用，必须在尊重客观经济规律的基础上，从实际出发加以运用。

任务二 财政政策

一、财政政策的概念

财政政策是政府根据客观经济规律的要求，为实现一定目标而制定的指导财政工作的基本方针和准则。作为国家经济政策的重要组成部分，财政政策主要是通过财政支出与税收政策来调节总需求，以保持国民经济的正常运行。

财政政策作为一个有机的整体主要由三个要素组成：一是财政政策的目标，即通过财政政策的实施所要达到或实现的目的，它构成财政政策的核心内容，使财政政策具有确定的方向和指导作用。二是财政政策的主体，是指财政政策的制定者和执行者，即各级政府。政府主体的行为是否规范，对于政策功能的发挥和政策效应的大小都具有直接的作用。三是财政政策的工具，是指财政政策主体所选择的用以达到财政政策目标的各种财政手段。财政政策主体主要是通过控制财政政策的工具来实现预期的目标。

二、财政政策的目标

财政政策的目标是政府制定和实施财政政策所要达到的预期目标。财政政策的目标虽然与国家总的经济政策目标和宏观调控目标是一致的，但由于财政政策是通过国家参与社会产品的分配活动来影响经济和社会的发展，因而又具有其特殊性，一般情况下，可以把财政政策的目标归纳为以下几个方面。

(一) 经济增长

经济增长指的是国民生产总值与国民收入保持一定的增长速度，避免经济停滞或下降。一般采用国民生产总值扣除价格变动因素后的年增长率来测定。当前经济增长是世界各国政府均在追求的重要目标。我国实行的是社会主义市场经济，经济增长是实现其他一切目标的基础，因此，这一目标应作为我国财政政策的首选目标。

（二）物价稳定

物价稳定是指物价总水平的稳定。物价稳定并不排斥个别商品价格的剧烈波动，也并非是物价总水平的固定不变。只要在一定时期内，价格总水平的上涨在社会可接受范围内，即可视为物价稳定。

（三）充分就业

所谓充分就业并不是指每个人都有工作，而是指每一个有工作能力并且愿意工作的劳动者都有工作。从更广泛的范围讲，充分就业又指现实的、可供利用的各种资源都得到了充分利用，不存在闲置无用的资源。

（四）国际收支平衡

国际收支平衡是指在一定时期内，一国与他国之间进行的各种经济交易的收支平衡，具体体现为一个适当的国际储备水平与一个相对稳定的外汇汇率，它对一个国家的经济发展具有重要影响。

三、财政政策的类型

财政政策种类繁多，为了更好地研究、运用财政政策，充分发挥财政政策的作用，必须对财政政策进行科学的分类。

（一）根据财政政策对社会经济总量的影响分类

1. 扩张性财政政策

扩张性财政政策是指通过减少财政收入或扩大财政支出刺激社会总需求增长的政策。由于减少财政收入、扩大财政支出的结果往往表现为财政赤字，因此，扩张性财政政策也可以称为赤字财政政策，我国习惯称之为积极的财政政策。具体措施是：减少税收、减少上缴利润、扩大投资规模、增加财政补贴和实行赤字预算。

在 20 世纪 30 年代经济危机以前，经济学家都强调预算平衡的重要性，把年度预算的平衡视为财政健全的标志，而在经济大萧条之后，许多国家通过大量增加财政支出以恢复经济，使得财政赤字逐渐取得合法地位，赤字财政政策亦成为一些国家经济政策的重要内容。

2. 紧缩性财政政策

紧缩性财政政策是指通过增加财政收入或减少财政支出以抑制社会总需求增长的政策。由于增加财政收入、减少财政支出的结果往往表现为财政结余，因此紧缩性财政政策也称盈余性财政政策。具体措施包括提高税率、提高国有企业上缴利润的比例、降低固定资产折旧率、缩小投资规模、减少财政补贴以及实现盈余预算。紧缩性财政政策是作为反通货膨胀的对策出现的。一些国家实行赤字政策后，引起了巨额财政赤字，导致通货膨胀的出现。为了避免通货膨胀对国民经济的破坏性影响，一些国家开始实行紧缩性财政政策，力图通过缩小财政赤字来缓和通货膨胀及其对国民经济的冲击。

3. 中性财政政策

中性财政政策是指财政的分配活动对于社会总需求的影响保持中性的政策，即财政的收支活动既不产生扩张效应，也不产生紧缩效应。也就是说，不管社会经济怎么变化，财政收支自始至终保持平衡。实践证明，这种中性政策只是理论上的存在，在实践中到目前为止无国家采用，也无法采用，除非这个国家的经济非常稳定，但当前各国经济都处于不稳定的状态，只要社会经济不稳定，中性政策就不能付诸实施。

（二）根据财政政策对经济的调节是否是自动的分类

1. 自动稳定的财政政策

自动稳定的财政政策是指政府不须改变其政策，而是利用财政工具与经济运行的内在联系来影响经济运行的政策。这种内在联系是指财政政策工具在经济周期中能够自动调节社会总需求的变化所带来的经济波动，因此，这种财政政策工具被称作“内在稳定器”。所得税与各种社会保障支出是常用的手段。在经济繁荣时期，个人收入与公司利润都增加，符合所得税纳税规定的个人或公司企业随之增加，就会使所得税总额自动增加；同时，由于经济繁荣时期失业人数减少，各种社会保障支出也随之减少，这样就可以在一定程度上抑制总需求的增加与经济的过分扩张。而在经济衰退时期，个人收入与公司利润都减少，失业人数增加，那么所得税总额会降低，各种社会保障支出需要增加，从而在一定程度上刺激有效需求，防止经济进一步衰退。

需要指出的是，对于短期的、较小的经济波动，“内在稳定器”可以取得一定的效果，但对于长期的、较大的经济波动它就有些力不从心了。正是由于自动稳定的财政政策的这一局限性，使许多国家越来越重视采取另外一种类型的财政政策即相机抉择的财政政策对经济进行调节。

2. 相机抉择的财政政策

相机抉择的财政政策是政府在对宏观经济形势进行分析的基础上，适时调整财政收支规模和结构的财政政策。实行相机抉择的财政政策要求政府根据客观经济形势的不同状况，机动灵活地采取财政政策和措施。当整个社会需求不足，以致失业率提高时，政府就应增加支出，减少收入；当社会上需求过旺，为避免发生通货膨胀，政府就应减少支出，增加收入；当社会上借贷资本过剩，就应出售政府债券；当社会上资金不足，就应回收政府债券。相机抉择的财政政策要求政府不必拘泥于预算收支之间的对比关系，而应当保持整个经济的平衡。

根据财政政策的长、短期目标，还可以将财政政策分为长期财政政策和短期财政政策。长期财政政策是为国民经济发展的战略目标服务的财政政策，具有长期稳定的特点。短期财政政策属于战术性政策，适用于特定时期和特定范围。

四、财政政策的工具

财政政策的工具是财政政策主体所选择的用以达到政策目标的各种财政手段。没有财政政策工具，财政政策的目标就无从实现，而财政政策的工具如选择不适也会导致财政政策目标的偏离。财政政策工具主要有税收、国债、公共支出、政府投资、财政补贴等。

（一）税收

税收是国家凭借政治权力参与社会产品分配的重要形式。它具有强制性、无偿性和固定性的特征，这使得税收具有广泛的调节作用，成为实施财政政策的一个重要手段。税收的宏观调控功能，表现为以下几个方面。

1. 在资源配置中的作用

首先，税收调节资源在积累和消费之间的分配。在市场经济条件下，通过税收组织的财政收入，基本上是用于满足公共消费需要的支出。因此，总的来看征税的结果会降低积累率，提高消费率。其次，税收调节资源在产业之间的配置，即调节产业结构。一方面，通过征收投资方向调节税、实行有区别的折旧等政策引导投资方向，调整投资结构；另一方面，通过征收消费税，引导消费方向，从而间接引导投资方向。最后，调节资源在政府部门和非政府部门（企业和居民）之间的配置。这主要是通过确定适度的税率来实现的。

2. 在实现收入公平分配中的作用

这个作用主要是通过调节企业的利润水平和居民的个人收入水平来实现的。调节企业利润水平主要是通过统一税制、公平税负，以及征收资源税、土地使用税、房产税和消费税等税种，剔除或减少客观因素对企业利润水平的影响，为企业创造一个平等竞争的外部环境。在调节个人收入分配不公方面，发挥作用最大的是个人所得税和社会保障税。社会保障税目前在许多西方国家已成为第一或第二大税，它不仅对建立社会统筹的现代社会保障制度有利，对深化企业改革，保持社会稳定，保证市场经济体制正常运行也有重要意义。因此，尽快建立和完善社会保障税和个人所得税并不断提高其在整个税制结构中的比重，是今后我国深化税制改革的一项重要任务。

3. 在实现经济稳定和增长中的作用

要实现经济的稳定和增长，关键是要保持社会总供给与社会总需求之间的平衡。税收在这方面的作用，主要表现在以下几点：第一，通过征收流转税，特别是消费税，可以控制对消费品的需求；通过征收个人所得税会直接减少居民可支配收入，从而控制居民用于消费的支出；通过征收投资方向调节税，有利于控制投资需求的膨胀。第二，通过征收企业所得税可以直接调节供给，即通过减税可以刺激投资和供给；反之，增税则可以抑制供给。第三，通过实行累进的所得税制，对经济波动进行调节，发挥“内在稳定器”的作用，即当经济过热，出现通货膨胀时，企业和居民收入增加，适用税率相应地提高，税收的增长幅度超过国民收入的增长幅度，从而可以抑制经济过热；反之，当经济萧条时，企业和居民收入下降，适当降低税率，可以刺激经济复苏和发展。

4. 税收优惠与税收惩罚的特别调控

税收优惠与税收惩罚主要是在征收正税的基础上，为了某些特殊需要而实行的优惠性措施或惩罚性措施。这种措施在运用上具有较大的灵活性，它往往起到正税所难以起到的作用，因而在各国税法中都不同程度地保留着某些税收优惠性和惩罚性的措施。税收的优惠性措施包括减税、免税、宽限、加速折旧以及建立保税区等。与税收优惠措施相反的是税收的惩罚性措施，比如报复性关税、双重征税、税收加成、征收滞纳金等。无论是优惠性的还是惩罚性的措施，对实现财政政策的某些目标都起到了一定作用。

（二）国债

国债是国家按照有偿的信用原则筹集财政资金的一种形式，同时也是实现宏观调控和财政政策的一个重要手段。国债的调节作用主要表现在以下几点。

1. 国债可以调节国民收入的使用结构

国民收入从最终使用形式来看分为积累基金和消费基金两部分。国债可以在调节积累和消费的比例关系方面发挥一定的作用。例如，国家向居民发行国债，是在不改变所有权的条件下，将居民尚未使用的消费基金转化为积累基金，用于生产建设的需要。

2. 国债可以调节产业结构

企业投资和银行投资更多地注重项目的微观效益和偿还能力，这往往同宏观经济目标发生矛盾，而国家可以把以财政信用形式筹集的资金投到那些微观效益不高，但社会效益和宏观经济效益较高的项目上，如用于农业、能源、交通和原材料等国民经济的薄弱部门和基础产业的发展。这就能够调节投资结构，促进国民经济结构的合理化。

3. 国债可以调节资金供求和货币流通量

在发达国家，国债是调节金融市场的重要手段，通过增加或减少国债的发行，以及调整国债的利率和贴现率，可以有效地调节资金供求和货币流通量。

（三）政府投资

政府投资是国家财政安排的预算内投资，它是进行国家重点建设和其他大中型项目的主要资金来源，是形成国有资产的主要物质基础。在市场经济条件下，政府投资的项目主要是那些具有自然垄断特征、外部效应大、产业关联度高、具有示范和诱导作用的基础性产业、公共设施，以及新兴的高科技主导产业。政府的投资能力与投资方向对经济结构的调整起关键作用，它可以将受到制约和压抑的社会部门的生产潜力释放出来，并使国民收入的创造达到一个较高的水平。这种方式被称为政府投资的“乘数效应”。因此，政府投资是实现国家宏观调控的强有力的手段。

（四）财政补贴

财政补贴是国家为了某种特定需要将一部分财政资金直接补助给企业或居民的一种再分配形式。从补贴与供求平衡的关系来看，它与税收的作用正好相反。为了抑制总需求，既可以通过增加税收，也可以通过减少补贴的办法来实现，而减少税收或增加补贴，则可以刺激总需求。从调节供给来看，减税或增加补贴，可以刺激生产，有利于促进供给的增加；反之，增税或减少补贴，能起到抑制生产和供给的作用。总体来看，增加财政补贴，一方面会减少财政收入，另一方面又会增加财政支出，不利于财政收支平衡，属于扩张性财政政策，从而引起需求的膨胀；反之，减少财政补贴，有利于增收节支，从而有助于财政收支平衡，属于紧缩性财政政策，可以抑制总需求。总之，只要运用得当，财政补贴可以配合价格、税收、工资等杠杆，发挥一定的调节作用。

任务三 货币政策

一、货币政策的概念

货币政策是指中央银行为实现其特定的经济目标，在金融领域内所采取的控制和调节货币供应量的各种金融措施的总称。货币政策是国家宏观经济政策的重要组成部分，主要通过中央银行在国家法律授权的范围内独立地或在中央政府领导下制定并组织实施货币政策。

货币政策主要由三个要素组成：一是货币政策的目标，即通过货币政策的实施所要达到或实现的目的；二是货币政策的主体，是指货币政策的制定者和执行者，即政府或代表政府的中央银行；三是货币政策的工具，是指政府或中央银行为实现货币政策目标而使用的各种调控手段。

二、货币政策的目标

货币政策的目标包括货币政策的最终目标和中介目标，前者一般是一国宏观经济的目标；后者则是为实现宏观经济目标的中央银行的货币供给目标与利率目标。

（一）货币政策的最终目标

货币政策的最终目标是指中央银行通过货币政策操作而最终要达到的宏观经济目标，包括物价稳定、充分就业、经济增长和国际收支平衡等。就此而论，货币政策目标同财政政策目标是一致的。

（二）货币政策的中介目标

货币政策的最终目标对中央银行来说在操作和控制上都是比较困难的，因为最终目标效果的出现需要一定的作用时间，而且还会受到其他相关因素的影响。因此，中央银行必须寻求和设立能直接操作和控制的中介目标。所谓货币政策的中介目标，就是中央银行为实现货币政策的终极目标而设置的可供观测和调整的指标。

中央银行在选择货币政策的中介目标时，必须遵循四个原则。一是可测性原则。可测性是指中央银行所选择的金融控制变量必须具有明确而合理的内涵和外延。具体地说，第一，中央银行能够迅速获得中介目标变量的准确数据资料。第二，中央银行能够对这些数据资料进行有效的分析并做出相应的判断。二是可控性原则。可控性是指中央银行通过各种货币政策工具的运用，能对货币中介目标变量进行有效的控制与调节，并能准确地控制中介目标变量的变动状况及其变动趋势。三是相关性原则。相关性是指中央银行所选择的中介目标变量必须与货币政策最终目标紧密关联，当中央银行通过对中介目标的控制与调节，使之达到预期水平时，也能使货币政策的最终目标达到或接近预期水平。四是抗干扰性原则。抗干扰性是指作为中介目标变量的金融指标应能较准确地反映政策效果，并且较少受外来因素的干扰。只有这样，才能通过货币政策工具的操作达到最终目标。

按照上述原则，常用的货币政策的中介目标包括以下内容。

1. 利率

利率是金融市场的一个最基本的影响因素，原因在于以下几点：①利率与经济状况高度相关。当经济繁荣时，货币的需求量增加，为限制过度需求，中央银行会提高利率；当经济衰退时，货币的需求量下降，为鼓励需求，中央银行又会降低利率。②利率的变动对市场资金需求也起调节作用。利率上升，会抑制资本投资，减少投资需求；利率下降，会刺激资本投资，增加投资需求。③利率的指标便于中央银行的控制。中央银行可以通过货币政策工具来调节和控制利率，而且还可以在金融市场中观测出其水平的高低。因此，利率是货币政策重要的中介目标。

2. 货币供应量

货币供应量是较理想的货币政策中介指标，原因主要有以下几点：①货币供应量的变动直接影响宏观经济的运行。一方面，货币供应量是经济过程的内生变量（即由客观因素所决定的变量），生产和商品交换规模的变化必然引起货币供应量相应的变化；另一方面，货币供应量又是货币政策的外在变量（即由中央银行人为决定的变量），它的多少变化会直接影响经济活动。可见，货币供应量是与货币政策最终目标高度相关的指标。②货币供应量便于观测，不会发生政策性与非政策性因素的混淆，可以避免因此而发出的错误信号。③中央银行易于控制货币供应量大小。

3. 超额准备金和基础货币

超额准备金是金融机构在中央银行的准备金中超过法定准备金的那一部分。这部分的大小直接影响着商业银行的资产业务规模，影响着整个社会的信贷供应。中央银行可以通过货币政策工具影响这一指标。基础货币是流通中的现金和商业银行存款准备金的总和。通过货币乘数的作用，基础货币可以直接调节社会的货币供应量。中央银行对基础货币的控制能力也很强，是可控性较强的指标。

三、货币政策的类型

根据货币供应量和货币需求量之间的对比关系，可以将货币政策分为扩张性货币政策、紧缩性货币政策和均衡性货币政策。

（一）扩张性货币政策

扩张性货币政策是指通过增加货币供应量带动社会总需求以刺激经济增长的一种货币政策。这种政策通常是在以下情况下采用：一是生产要素利用不足；二是存在很大的潜在市场，通过扩大需求能带动市场潜力的发掘；三是货币容量弹性大，注入一定的超量货币不会引起经济震荡和物价波动。

（二）紧缩性货币政策

紧缩性货币政策是一种通过削减货币供应量以减少社会总需求，挤出市场多余货币，来促进社会总需求与总供给平衡的货币政策。这种政策一般在以下情况下使用：一是已经出现明显的通货膨胀，经济紊乱；二是有意识地控制经济过热，我国称为经济“软着陆”。

（三）均衡性货币政策

均衡性货币政策指的是在社会总需求与总供给基本平衡的状态下采取的一种货币政策，目的在于保持原有的货币供应量与需求量的大体平衡。

四、货币政策的工具

货币政策的工具是中央银行为实现货币政策的目标而对货币供给量、信用量进行调控的手段，因此货币政策的工具也可称为货币政策手段。中央银行通过对货币政策的工具的直接控制和运用，可以对货币政策的中介目标产生直接影响，进而促进货币政策最终目标的实现。货币政策的工具种类繁多，各有其特点和适用条件，必须根据其政策目标的要求、经济体制和经济运行的客观条件有针对性地选择使用。

货币政策的工具可分为一般性政策工具、选择性政策工具，以及其他货币政策工具。

（一）一般性政策工具

一般性政策工具是中央银行对货币供给总量或信用总量和一般利率水平进行控制的政策

工具。它是中央银行经常使用的、针对货币总量进行调节的工具。它主要是由再贴现政策、存款准备金政策和公开市场业务“三大法宝”组成。

1. 再贴现政策

再贴现政策是指中央银行通过提高或降低再贴现率的办法，影响商业银行等存款货币机构从中央银行获得的再贴现贷款和超额准备金，以达到增加或减少货币供应量、实现货币政策目标的一种政策措施。比如，中央银行提高再贴现率，商业银行以票据贴现方式取得贷款的成本就相应增加，从而迫使商业银行贷款规模收缩；反之，则会刺激贷款规模的扩大。

2. 存款准备金政策

存款准备金政策是指中央银行通过规定和调整商业银行缴存中央银行的存款准备金比率，控制商业银行信用创造，从而间接控制社会货币供应量影响国民经济的活动。

存款准备金政策也可以称为法定存款准备金政策。若中央银行降低法定存款准备金率，则商业银行会有更多的剩余准备用于投资和贷款，银行的信用创造能力增强，整个社会的货币供应量增长；反之，如果中央银行提高法定存款准备金率，则会引起存款货币的紧缩，产生相反的效果。

存款准备金政策最大的优点是中央银行具有完全的自主权，它是货币政策的工具中最容易实施的一种，而且中央银行利用存款准备金率这个工具，可以有效地调节整个社会的货币供应量。但是这种政策的作用过于猛烈，准备金率微小的变动都会使货币供应量发生重大变化，可能给国民经济带来巨大的震荡，因此应谨慎使用。

3. 公开市场业务

公开市场业务是指中央银行在公开市场上买进或卖出有价证券用以增加或减少货币供应量的一种政策手段。当需要减少货币供给量时，中央银行在公开市场上卖出证券，无论是个人还是单位购买了证券，都会有相当数量的货币流回中央银行，从而导致货币量的减少；反之，当需要增加货币供给量时，中央银行买人证券，向社会投放货币，增加货币量。

（二）选择性政策工具

以上介绍的货币政策的三大工具，都属于对货币总量的调节，政策效果涉及整个宏观经济。此外，中央银行还可运用选择性政策工具对某些特殊领域或特殊用途的信贷、信用加以调节，主要有以下几种。

1. 消费信贷控制

消费信贷控制是指中央银行对消费者购买不动产以外的各种耐用消费品的信用规模和期限等要素所采取的限制性措施。这种控制主要包括消费信贷的首次付款的最低金额、消费信贷的最长期限、适用消费信贷的消费品种类、不同消费品的放款期限等。中央银行通过对上述内容的规定，可以达到调节社会消费需求的货币政策目标。

2. 不动产信用管制

不动产信用管制是指中央银行对住房或商品房的购买者的购房信贷的限制措施。对不动产信用实施管制，实际上就是对商业银行及其他金融机构的不动产放贷的各种限制性措施，主要包括不动产贷款的最高金额、最长期限、首次付款的金额以及分期付款中的分期还款的最低金额等方面的规定。采取这些措施的目的主要在于限制房地产投机，抑制房地产泡沫。

3. 证券市场信用控制

证券市场信用控制是指中央银行对有价证券交易规定应支付的保证金限额（即法定保

证金比率），以此来限制用借款购买有价证券的措施。中央银行通过对最低保证金比率的规定，间接规定了证券经纪人向证券购买者的最高贷款额，既限制了证券市场上的资金供给者，也限制了证券市场上的资金需求者，相应调整了整个货币与信用供给的构成，促进了信用运用的合理化。

（三）其他货币政策工具

除了以上两类货币政策工具外，中央银行还根据本国的具体情况和不同时期的具体要求，运用其他的一些政策工具。这类政策工具很多，其中，既有直接信用控制，也有间接信用指导，我们选择较常用的几种做简要介绍。

1. 直接信用控制

直接信用控制是指中央银行从质和量两个方面以行政命令或其他方式对金融机构尤其是商业银行的信用活动进行直接控制。其手段主要包括最高利率管制、信用配额、规定流动性比率（或称可变流动性资产准备比率）和直接干预等。

2. 间接信用指导

间接信用指导是指中央银行可通过道义劝告和窗口指导的方式对信用变动方向和重点实施间接指导。①道义劝告，是指中央银行利用其声望和地位，对商业银行和其他金融机构经常发出通告、指示或与各金融机构的负责人进行面谈，使商业银行和其他金融机构自动采取相应措施来贯彻中央银行的政策。这一工具在英国使用最为成功。②窗口指导，是指中央银行根据产业行情、物价趋势和金融市场动向，规定商业银行的贷款重点投向和贷款变动数量等。虽然这种办法不具有法律效力，但出于中央银行的地位及其监管权力，往往会迫使各银行按其旨意行事。窗口指导曾一度是日本银行货币政策的主要工具。

任务四 财政政策与货币政策的配合

一、财政政策与货币政策配合的必要性

国民经济的运行需要财政政策和货币政策的协调配合。虽然两者都是稳定宏观经济的工具，其目标具有某些一致性，如两者在宏观调控中的作用是一致的，且作用机制都是通过调节企业、居民的投资活动和消费活动而达到政策目标。然而还有诸多不同特点要求两者必须相互配合，并采用不同的搭配模式才能达到预期的目的。两者的不同主要体现在：

（一）作用的领域不同

财政政策主要对社会产品和国民收入进行分配和再分配，对整个国民经济的调节主要在分配领域；而货币政策则是通过货币供给调节国民经济的运行，对整个国民经济的调节主要在交换领域。生产、交换、分配、消费之间是相互影响的，故两者必须协调配合，才能最大限度地发挥各自的积极作用。

（二）政策调节的侧重点不同

财政政策侧重于对经济结构的调节，其各种工具的运用，首先是通过对结构的调节来发

挥其作用的，如支出结构的调整直接引起社会需求结构的变化等。货币政策侧重于经济总量的调节，其各种政策工具的运用基本上最终都将导致货币规模的变动，进而实现对需求的调节。国民经济运行当中，可能单独出现总量或结构问题，但更多的是总量、结构双失调；另外，总量问题会引起结构问题，结构问题也会引起总量问题，故财政政策和货币政策必须协调配合。

（三）在膨胀和紧缩需求方面的作用不同

财政与信贷在膨胀和紧缩需求方面的作用是有区别的。财政赤字可以扩张需求，财政盈余可紧缩需求，但财政本身并不直接具有创造需求，即“创造”货币的能力，银行信贷则具有“创造”货币的能力。因此，财政的扩张或紧缩效应一般要通过信贷机制的传导才能发生作用。当财政发生赤字或盈余时，银行也同时扩大或收缩信贷规模，财政的扩张或紧缩效应才能现实发生。另外，银行自身还可以直接通过信贷规模的扩张或收缩来膨胀或紧缩需求。从以上意义讲，银行信贷是扩张和紧缩需求的总闸门，但财政在其中的作用也不可忽视，只有将二者有机结合起来，才能达到最理想的效果。

（四）“时滞”不同

一般来说，货币政策的内部时滞较短，而财政政策则长些。反之，货币政策的外部时滞较长，因为货币政策手段发挥作用要经过三个环节，即中央银行掌握的货币政策工具要经过金融市场或商业银行这些中介环节，再影响到经济单位和个人，间接地对经济起作用；财政政策的外部时滞较短，因为财政政策作用较直接，如通过调整税率或累进的个人所得税率会直接影响到社会大众的经济行为。为了充分发挥财政政策和货币政策的效力，两者必须协调配合。

二、财政政策与货币政策协调配合的方式

财政政策与货币政策的配合，就是指同时调整财政政策和货币政策作用的手段、方法和作用的方向，以适当的方式共同完成既定的政策目标。财政政策与货币政策配合的方式见表15-1。

表 15-1　财政政策和货币政策组合类型表

财政 / 组合类型 / 货币		财政政策	
		松	紧
货币政策	松	松松	松紧
	紧	紧松	紧紧

由表 15-1 可知财政政策与货币政策的组合一般分为两类四种，即“松”的财政政策与“松”的货币政策；“紧”的财政政策与“紧”的货币政策；“紧”的财政政策与“松”的货币政策；“松”的财政政策与“紧”的货币政策。前两种属于一类，“双松”“双紧”是同方向组合；后两种属于一类，“一紧一松”是反方向组合。

（一）“双松”政策：松的财政政策和松的货币政策

松的财政政策主要通过减少税收或扩大支出等手段来增加社会总需求；松的货币政策主

要通过降低法定准备金率、利率等来扩大信贷规模，增加货币供给。在社会总需求严重不足、生产能力和生产资源大量闲置的情况下，宜选择这种政策组合，从而刺激经济增长，扩大就业。但调控力度过大、过猛，也可能带来严重的通货膨胀。

（二）“双紧”政策：紧的财政政策和紧的货币政策

紧的财政政策是通过增税、削减政府支出等手段，限制消费和投资，从而抑制总需求；紧的货币政策通过提高法定存款准备金率、贴现率、收回再贷款等措施，使利率上升，以减少货币供给量，抑制总需求的过速增长。这种组合可以治理需求膨胀和通货膨胀。但调控力度过大、过猛，也可能会造成通货紧缩、经济停滞甚至滑坡。

（三）“一紧一松”政策：紧的财政政策和松的货币政策

紧的财政政策可以抑制社会总需求，防止经济过热，控制通货膨胀；松的货币政策可以保持经济的适度增长。因此，这种政策搭配的经济效应是：在保持一定经济增长率的同时尽可能地避免总需求膨胀和通货膨胀。但由于执行的是松的货币政策，货币供给量的总闸门处在相对松动的状态，所以难以防止通货膨胀。

（四）“一松一紧”政策：松的财政政策和紧的货币政策

松的财政政策可以刺激需求，对克服经济萧条较为有效；紧的货币政策可以避免过高的通货膨胀。这种政策搭配效应是：在防止通货膨胀的同时保持适度的经济增长率，但如果长期运用这种政策搭配，则会使政府财政赤字不断扩大。

除了以上财政政策与货币政策配合使用的一般模式，财政政策、货币政策还可呈中性状态。中性的财政政策，指财政收支量入为出、自求平衡的政策。中性的货币政策，指保持货币供应量合理、稳定地增长，维持物价稳定的政策。若将中性财政政策与中性货币政策分别与上述松紧状况搭配，又可产生多种不同配合。

总之，根据财政政策与货币政策各自调控范围、调控重点以及互补性很强的特点，在实施宏观经济调控时必须协调运用这两种调控方式，以期达到理想的调控效果。

课后练习题

1. 简述财政政策与货币政策的主体。
2. 简述财政政策与货币政策的目标。
3. 简述财政政策与货币政策的工具。
4. 简述财政政策与货币政策的类型。
5. 简述财政政策与货币政策的异同。
6. 简述财政政策与货币政策的配合。

参 考 文 献

[1] 张文明，孙德营．财政与金融［M].2 版．南京：南京大学出版社，2020.

[2] 徐州全，徐景泰．财政学［M].4 版．北京：中国财政经济出版社，2020.

[3] 单祖明，龚静．财政与金融［M].2 版．北京：科学出版社，2013.

[4] 高建侠．财政与金融［M].北京：中国人民大学出版社，2020.

[5] 景莹，张亚军．财政与金融基础［M].北京：电子工业出版社，2020.

[6] 赵立华，张淑华，周宇，等．财政与金融［M].北京：清华大学出版社，2015.

[7] 刘邦驰，王国清．财政与金融［M].5 版．成都：西南财经大学出版社，2013.

[8] 吕宝林，翟利艳．财政与金融［M].北京：科学出版社，2011.

[9] 宋慧英．财政与金融教程［M].北京：中国传媒大学出版社，2011.

[10] 赵振然．财政与金融［M].西安：西北工业大学出版社，2012.

[11] 薛桂芝．财政与金融［M].天津：天津大学出版社，2013.

[12] 钱水土．货币银行学［M].北京：机械工业出版社，2014.

[13] 田文锦．国际金融实务［M].北京：机械工业出版社，2010.

[14] 人力资源和社会保障部人事考试中心．经济基础知识（中级）［M].北京：中国人事出版社，2016.

[15] 人力资源和社会保障部人事考试中心．金融专业知识与实务（中级）［M].北京：中国人事出版社，2016.

[16] 朱耀明，宗刚．财政与金融［M].6 版．北京：高等教育出版社，2015.

[17] 李鸿昌，杨贵仓．财政与金融［M].北京：北京邮电大学出版社，2015.

[18] 周海燕．财政与金融［M].北京：中国水利水电出版社，2015.

[19] 苏艳丽，余谦．新编财政与金融［M].5 版．辽宁：大连理工大学出版社，2014.